LA VIE DE P'OU YI

Le dernier Empereur de Chine

BRIAN POWER

LA VIE DE P'OU YI

Le dernier Empereur de Chine

traduit de l'anglais
par Suzanne Charpier

BALLAND

Titre original :

The Puppet Emperor.
The Life of Pu Yi, Last Emperor of China.
Peter Owen Publishers

« *L'essence de l'histoire ne réside point dans le recueil des faits mais dans les pensées, les émotions, les idées et les aspirations des hommes qui l'ont faite. Les faits n'en sont que la coquille extérieure...* »

Amaury de Riencourt,
L'Ame de la Chine

« *L'exactitude n'est pas la vérité.* »
Georges Braque

REMERCIEMENTS

Toute ma reconnaissance va à Ling Su Houa, qui assista au mariage de P'ou Yi et de Belle Contenance dans la Cité interdite et qui, plus tard, rencontra le couple impérial à plusieurs reprises ; et à Innes Herdan qui, de 1934 à 1935, suivit les cours de Sir Reginald Johnston (ancien précepteur impérial), alors qu'il était chef du Département de chinois à la School of Oriental Studies de Londres.

Ling Su Houa et Innes Herdan m'ont, toutes deux, raconté dans le moindre détail leurs souvenirs sur les différents personnages qui apparaissent dans cet ouvrage.

B. P.

Note de l'éditeur

Pour la transcription des noms chinois, nous avons adopté le système de l'École française d'Extrême-Orient.

AVANT-PROPOS

Lorsque j'étais enfant, j'ai souvent prêté l'oreille aux conteurs ambulants sur la place du marché de Tientsin, un port fluvial de la Chine du Nord. Ils parlaient d'empereurs, de paysans, de guerriers, de mandarins, de moines, de courtisans et de bandits d'honneur qui volaient au secours des opprimés. Comme s'ils déroulaient un écran, ils présentaient leurs récits de chevalerie, où se mêlaient le réel et l'imaginaire, en maints épisodes dramatiques et inoubliables.

Je suis né à Tientsin en 1918, j'ai passé les dix-huit premières années de ma vie dans cette ville. Je devais avoir environ trois ans, quand, pour la première fois, notre amah chinoise nous emmena avec elle au marché, mon frère aîné Pat et moi-même. Ainsi, dès mon plus jeune âge, suis-je tombé sous le charme de ces conteurs d'histoires. Ce charme venait en partie du parfum d'exotisme qu'ils traînaient après eux. Dans les années 1920 et 1930, il était hasardeux de voyager en Chine du Nord. Il y avait peu de routes, les trains, le plus souvent, étaient réquisitionnés par les soldats des Seigneurs de la Guerre qui se livraient des luttes sans merci, et fort peu de bateaux atteignaient Tientsin sans avoir été pillés par les pirates.

Voyageant vers le Nord par les rivières et les canaux, ces intrépides conteurs s'arrêtaient dans les principales villes pour y donner leurs récitals, comme à Nankin. Au printemps, ils arrivaient à Tientsin. En été, ils partaient pour Pékin, à une centaine de kilomètres de là. En

11

novembre, alors que fleuves et rivières commençaient à geler, ils reprenaient leur route vers le Sud.

Le petit marché de Tientsin était toujours plein de carrioles tirées par des mules, de coolies et de colporteurs. Parfois, on voyait arriver une caravane de chameaux portant des paquets couverts de poussière, qui venait du désert. Alors, les cris des chameliers recouvraient le tumulte de la foule. Pour se faire entendre dans tout ce vacarme les conteurs avaient fort à faire.

Ils racontaient de vieilles histoires, transmises de père en fils, pendant des générations, mais les meilleurs d'entre eux ne se gênaient pas pour improviser. Ils ne s'inquiétaient guère de restituer l'histoire de la Chine et s'abandonnaient plutôt à leur imagination. (Les grands romans classiques chinois doivent beaucoup à leur génie inventif.) Comédiens consommés, ils faisaient passer leur public du rire aux larmes en s'accompagnant de simples mimiques, et ils excitaient les passions de l'assistance en se livrant à de sinistres récits de viols ou en évoquant les délices du jeu de l'amour.

Paysans et coolies menaient une existence misérable ; et ceux qui entouraient ces conteurs devaient éprouver je ne sais quel réconfort à l'évocation de ces héros et de ces héroïnes au destin admirable et trouver ainsi un peu d'espoir pour vivre.

L'un de ces conteurs avait installé un théâtre de marionnettes dans un coin du marché. Il n'avait à sa disposition que deux figurines dont il devait rapidement changer le costume entre deux scènes. Un jour, je me faufilai derrière le théâtre. L'une de ces figurines revêtue de la robe de soie rose des concubines gisait sur le sol. L'autre se trouvait dans un coffre ouvert avec quelques défroques impériales dont on venait de la dévêtir. Elle avait environ trente centimètres de haut, les bras écartés comme ceux d'un épouvantail. Elle portait sur le visage un masque de fer et ses yeux, qui pouvaient s'ouvrir et se fermer comme ceux d'une poupée, n'étaient plus que deux fentes. La séance était maintenant terminée et cette figure sinistre me donna la terrifiante impression que, la nuit venue, elle menait une existence qui lui était propre.

De nombreuses années plus tard, alors que j'étais en train d'écrire l'histoire de P'ou Yi, le dernier empereur de Chine, que j'avais rencontré plusieurs fois à Tientsin, cette sorte d'épouvantail me revint en mémoire d'une façon si insistante que j'y vis comme l'image même de cet empereur.

D'autres souvenirs de cette place de Tientsin envahirent mon esprit, comme les accents d'une langue jadis connue et aimée et désormais perdue. Inconsciemment, je me mis à revivre des épisodes de la vie de P'ou Yi et les organisai comme si j'en eusse été moi-même le témoin. Il me semblait naturel que l'histoire dût être écrite de cette façon. Il faut être véridique quand on raconte la vie d'un personnage. Mais cela ne veut pas dire qu'il faille simplement respecter les faits. Au-delà des faits, on entre dans la vérité de l'imaginaire. Si j'ai été le témoin digne de foi de certains épisodes inventés de la vie de P'ou Yi, je le dois aux conteurs de la Chine !

PROLOGUE

LA PORTE DE LA PAIX CÉLESTE

A Pékin, les jardins d'agrément de la cité céleste de Koubilaï Khan renferment un sanctuaire fortifié, dont les hautes murailles sont couleur de sang séché. C'est la fameuse Cité interdite. Là, pendant cinq cents ans, les empereurs des dynasties Ming et Ts'ing ont vécu, séparés du reste du monde, y menant une existence décadente et souvent menacée. Aujourd'hui, ce labyrinthe de palais n'est plus habité que par les fantômes de la Chine impériale. Au cours des récentes années, ces murailles ont été abattues, mais la tour de garde et les remparts de la Porte de la Paix Céleste commandent l'approche de la Cité. Au-delà de cette porte gigantesque, la place Tien An Men, véritable *no man's land*, sépare la populeuse ville chinoise de la Cité de Koubilaï Khan (appelée aussi « Cité tartare ») qui contient les palais impériaux.

Un jour de l'automne 1960, une douzaine d'hommes descendit d'un autobus qui s'était arrêté place Tien An Men. Ils étaient vêtus d'uniformes gris, portaient des casquettes de toile et des chaussures en coton. Le fonctionnaire qui les escortait arborait le brassard du ministère de la Sécurité. Deux ou trois d'entre eux avaient un masque sur le visage. Le vent d'ouest soufflait et le ciel devenait d'un jaune sombre, signe évident qu'une tempête de sable venue du désert de Gobi s'annonçait.

Sans se soucier des rares passants, les hommes en gris se dirigèrent, à travers des tourbillons de poussière, vers la Cité interdite. Un véhicule officiel aux rideaux soigneusement tirés passa ; dans le lointain on entendait une cloche tinter. Une bicyclette, sortie du brouillard, se dirigea vers le petit groupe d'hommes. Ceux-ci traversèrent le pont menant aux bâtiments impériaux et s'avancèrent vers un édifice moderne en béton couronné de drapeaux rouges. C'est là que, le 1er octobre 1949, Mao Tsé-toung avait proclamé la République populaire de Chine. Son portrait était accroché à l'édifice ; le regard était grave, mais on devinait sur ses lèvres l'ombre d'un sourire.

Un peu plus loin se dessinait la silhouette de la tour surmontant la Porte de la Paix Céleste. Des sentinelles armées y montaient la garde. Les hommes en gris étaient attendus. Un personnage officiel, conservateur du palais, devait les recevoir. La Cité interdite n'était pas encore ouverte au public. Un an plus tard, elle allait être baptisée Musée du Palais et, au cours de vacances organisées, des paysans, par camions entiers, allaient y être conduits, du plus profond de leur province, pour admirer ce monde inconnu. Pour le moment, on s'occupait à réparer les bâtiments laissés à l'abandon et seuls quelques privilégiés étaient admis à visiter les lieux. Les hommes en gris en faisaient partie.

Chacun d'eux était un criminel de guerre et un traître qui avait collaboré avec l'ennemi pendant l'invasion et l'occupation japonaise, de 1937 à 1945. Trois hommes du groupe étaient des généraux. Les autres, pour la plupart, des fonctionnaires de l'État. Après avoir passé dix années en prison, ils avaient été « politiquement rééduqués et réhabilités par le travail ». Et ils avaient obtenu une grâce spéciale de la Cour suprême du peuple. Dans le cadre de leur réhabilitation, les autorités municipales de Pékin avaient organisé pour eux une série de visites aux lieux dignes d'intérêt, à savoir : une commune paysanne dans la région de Pékin, quelques usines récemment construites, des immeubles d'habitation collectifs et le site historique de la Cité interdite.

A la Porte de la Paix Céleste, on examina les laissez-passer des hommes en gris. Ensuite, accompagnés par le conservateur, ils passèrent sous l'arche et entrèrent dans la première des cours intérieures conduisant aux palais impériaux. A deux ou trois cents mètres de là se trouve le Wu Men, ou Porte du Midi, dernier bastion qui défendait les palais. Le conservateur et les trois ex-généraux marchaient d'un pas alerte. A l'arrière du groupe venait un homme qui portait un masque. Il avait des mouvements saccadés, comme un jouet mécanique qui eût été cassé et qu'on eût remis en mouvement. Sa casquette était trop grande pour lui, et il tenait la tête en arrière pour voir à travers ses lunettes noires. Malgré son aspect comique, les autres le traitaient avec déférence. Lorsqu'il traînait un peu trop, ils s'arrêtaient pour l'attendre.

Les hommes en gris passèrent sous l'arche principale de la Porte du Midi. Devant eux s'étendait le Da Nei, ou Grand Intérieur, une suite de six magnifiques salles d'audience, orientées vers le sud et reliées entre elles par des ponts et des volées d'escaliers aux balustrades de marbre. Tout autour, au milieu de jardins aux senteurs troublantes, a été érigé un ensemble de palais, de temples et de pavillons.

Après un moment, le conservateur sortit un carnet et commença à réciter : « La Cité interdite fut construite par Yong Lö, le troisième empereur de la dynastie Ming, entre 1398 et 1420. Elle mesure 960 mètres du sud au nord, et 750 mètres d'est en ouest... » La voix morne et officielle semblait accentuer, si tant est que cela fût possible, le silence régnant dans ces salles et ces temples déserts. Les toits de tuiles jaunes incurvés qui couvrent les bâtiments de ce sanctuaire comme un dais se confondaient avec la couleur ocre du ciel. Le moment était venu de pénétrer dans le Grand Intérieur. Le fonctionnaire du ministère de la Sécurité prit l'homme masqué par la main, le conduisit en face du groupe et déclara avec un sourire : « Maintenant, c'est à vous de nous guider. » Les autres applaudirent et hochèrent la tête en signe d'assentiment.

Désemparé, leur compagnon tiraillait sur son masque. Après ce qui sembla une éternité, il finit par l'enlever. C'était P'ou Yi, Fils du Ciel, et dernier empereur de Chine.

LA CHINE
SOUS LA DYNASTIE
DES TS'ING

(1644-1912)

PREMIÈRE PARTIE

LA CITÉ INTERDITE

1

LA TOILE D'ARAIGNÉE

Aux premières heures de la matinée du 13 novembre 1908, le prince mandchou Tch'ouen et toute sa maisonnée furent réveillés par des coups frappés à la porte de fer de leur résidence, la Demeure du Nord, dans la cité tartare de Pékin. Nerveusement, le prince enfila sa robe de chambre et chaussa ses pantoufles. « Ce sont des bandits ! » se dit-il. A deux reprises au cours de ce mois, des hors-la-loi descendus des montagnes avaient effectué des raids dans le voisinage. Il se dirigeait vers son bureau, son refuge habituel, quand il entendit quelqu'un crier d'une voix aiguë : « Au nom de Son Altesse Impériale, l'Impératrice douairière !.... » Le prince revint sur ses pas et se précipita vers la cour d'entrée, ordonnant au gardien stupéfait : « Vite ! Ouvre la porte ! Tu n'as pas entendu ? »

Tandis que le gardien s'efforçait de tirer les lourds battants, le prince jeta un coup d'œil au-dehors, poussa un cri, puis se frappa la poitrine en maugréant : « Qu'avons-nous donc fait ? Qu'avons-nous donc fait ! »

Devant la porte se tenait une petite bande armée. A sa tête se trouvait le héraut du Palais. Derrière lui piaffait un détachement de cavaliers tartares appartenant à la garde impériale. Dans l'air froid du matin, leurs petits poneys mongols aux longs poils soufflaient des jets de vapeur. Posées à terre, quatre chaises à porteurs étaient entourées d'hommes en uniforme. Dans la première avait pris place un grand conseiller revêtu des habits de son état. La deuxième et la troisième étaient occupées par des eunuques impériaux portant des tuniques et des casques d'un rouge éclatant. La quatrième chaise, recouverte de soie jaune, était vide. Plus en arrière, flânaient des soldats mal fagotés dans leurs uniformes étrangers : ils appartenaient à l'armée du Nord commandée par le célèbre général Yuan Che-k'ai. Se trouvait également là une petite foule de serviteurs des maisons voisines et de marchands ambulants qui jacassaient avec excitation.

Dès que les portes furent ouvertes, les serviteurs s'emparèrent des chaises et les déposèrent au grand trot dans la cour. Au grand soulagement du prince, les soldats restèrent à l'extérieur. Après avoir échangé quelques salutations avec ses visiteurs de marque, Tch'ouen les conduisit vers la salle de réception qui était aussi un théâtre, meublée en partie dans le style Louis XV, en partie dans le style traditionnel chinois. Les serviteurs s'empressaient en pleine confusion au beau milieu de ce capharnaüm, tandis que les enfants du prince, P'ou Yi et son petit frère P'ou Kie dans les bras de leur nurse, poussaient des cris stridents. La mère du prince, soutenue par deux servantes, ne cessait de hurler : « Qu'est-ce qui se passe ? »

« Non ! pas ce fauteuil ! celui-là ! » criait le prince courant dans tous les sens. Finalement, le grand conseiller se retrouva à la place d'honneur, une *chaise longue* (1) disposée devant la scène, dont les rideaux étaient tirés.

Une personne de l'assistance conservait tout son calme, regardant le spectacle d'un œil froid. C'était la princesse Tch'ouen, vêtue d'une robe impeccable. Elle commanda le thé. Puis, en quelques mots, elle demanda à son mari de quitter la salle et d'aller s'habiller. « Voilà une femme de tête ! » se dit le grand conseiller, en contemplant cette charmante personne, qui était fille de Jong Lou, le grand général mandchou gouverneur de Tientsin. Il se souvenait de ce que lui avait dit, un jour, l'Impératrice douairière au cours d'une audience : « La princesse Tch'ouen ne craint personne, pas même

_____

(1) En français dans le texte (N.d.T.)

moi ! » Elle l'avait donnée en mariage au prince, en 1901, pour le récompenser de la mission qu'il avait accomplie auprès du Kaiser, à qui il avait présenté les excuses de la Chine à la suite de l'assassinat du plénipotentiaire allemand, le baron von Ketteler, par les Boxers. Venant d'une famille de basse extraction, le prince était ravi d'avoir pour épouse une femme d'une telle distinction. Ce n'était un secret pour personne que la mère de Tch'ouen était une concubine d'un rang peu élevé et que son père, officier de la police secrète, avait été nommé prince pour avoir aidé l'Impératrice douairière dans une de ses meurtrières entreprises...

Le grand conseiller, confus d'une pensée aussi sacrilège, se reprit et laissa ses regards errer sur les rouleaux suspendus aux murs où étaient peints des idéogrammes. Il s'agissait surtout de maximes attribuées à Confucius vantant la vie de famille et l'autorité paternelle. Mais l'un de ces rouleaux suspendu près de la scène était de la main du prince Tch'ouen. Le grand conseiller le lut non sans un certain déplaisir :

> *Les Richesses et la Chance engendrent encore plus de Chance,*
> *Les Royales Faveurs encore plus de Faveurs.*

Tout en buvant leur thé, les deux eunuques regardaient à la dérobée par-dessus leur bol, l'agréable figure de la princesse. Leurs espions les tenaient au courant de chaque détail de sa vie privée. Elle aimait à se déguiser en homme et fréquentait les théâtres de la ville chinoise. Elle se rendait souvent au bordel, le Bateau d'Or, en compagnie de jeunes acteurs. Et dépensait allégrement avec ses soupirants la pension de 50 000 taels d'argent que lui faisait le prince. Il était dommage qu'elle ne vécût point à la Cour.

Le prince réapparut, s'inclina et se confondit en excuses. Le grand conseiller attendit qu'il se calmât puis se leva et sortit de sa manche un document scellé par deux cachets de cire qu'il brandit aux regards de tous les assistants. C'était un décret de l'empereur Kouang Siu, rédigé, en fait, par l'Impératrice douairière de connivence avec le grand conseil. Un grand silence se fit, tandis qu'il commençait à lire d'une voix solennelle. Bientôt, disait le décret, l'empereur Kouang Siu allait monter au Ciel porté par le Chariot du Dragon. C'est pourquoi son Impériale Majesté avait le plaisir de nommer son successeur P'ou Yi, fils du prince Tch'ouen…

La mère du prince poussa un cri et s'évanouit. Ses deux servantes, incapables de la soulever, appelèrent à l'aide. Les enfants se remirent à crier et la nourrice de P'ou Yi tenta de le calmer en lui donnant le sein. Le prince sauta sur ses pieds en murmurant : « P'ou Yi, empereur ? Pourquoi cela ? Le fils du prince Ts'ing, P'ou Louen, est l'héritier direct du trône. Et le général Yuan Che-k'ai est son ami. Que vont faire les soldats qui sont restés dehors quand ils apprendront cela ? Et s'ils ouvraient le feu ? »

La princesse réclama le silence et le grand conseiller continua. On demandait au prince Tch'ouen d'amener, sur-le-champ, P'ou Yi au palais, afin qu'il fût présenté à l'Empereur et à l'Impératrice.

Quand le grand conseiller eut terminé son discours, il prit congé, avec ses eunuques, de la princesse, tandis que le prince Tch'ouen transportait P'ou Yi, tout gigotant, dans la chaise à porteurs impériale. Avant que le cortège ne se mît en route, un poney approcha sa tête du visage de P'ou Yi, montra ses longues dents jaunes et renâcla. Terrifié, P'ou Yi se serra contre son père et éclata en sanglots.

Au cours de son voyage vers la Cité interdite, un trajet de plus d'un kilomètre, le cortège passa tout près du palais du prince Ts'ing, « patron » du clan mandchou des Nurhachi, dont le fils, P'ou Louen, était précisément l'héritier direct du trône. A la vue de ce palais, le prince Tch'ouen eut un frisson. Il redoutait un complot, s'attendait à voir les gardes du corps du prince Ts'ing s'emparer de son escorte et les faire prisonniers, lui et son fils P'ou Yi. Une fois passée la Porte de la Valeur Spirituelle, à l'entrée nord de la Cité interdite, Tch'ouen poussa un soupir de soulagement.

P'ou Yi avait deux ans et neuf mois, le jour où il fut

conduit au Palais impérial. Huit années allaient s'écouler avant qu'il ne revoie sa mère. Elle demeurait toujours pour lui une sorte de fantôme, seule dans un théâtre désert, attendant que la pièce commence.

Ce soir-là, le prince Tch'ouen et son fils furent logés dans un pavillon proche du Palais de la Tranquille Vieillesse, résidence de l'Impératrice douairière. Cette résidence se trouvait parmi des cours et des palais au cœur de la Cité interdite. « Faites évacuer la Cité ! Fermez les portes ! Allumez les lanternes ! » Entendant ces cris des eunuques, le prince eut l'impression d'être pris au piège. Il lui tardait de rentrer dans sa propre demeure, loin de cette Cité peuplée de spectres. Le visage étrangement calme de son fils P'ou Yi, qui serait bientôt Fils du Ciel, l'inquiétait. Ce nom de P'ou Yi — à savoir « Rite Universel » — c'était sa femme qui l'avait choisi. Lui le considérait comme un peu trop solennel : il eût mieux convenu à une haute autorité religieuse. A présent, il se disait que sa femme avait eu une inspiration véritablement prophétique. Après que les cris des eunuques se furent tus, il resta là, attendant le lever du soleil, moment où il lui faudrait présenter P'ou Yi à l'Empereur agonisant et à la vieille douairière. « Sa Majesté Sacrée », comme l'appelaient les eunuques. « Sa Majesté Sacrée »... Le prince tremblait à l'idée de cette femme terrible qui avait gouverné la Chine pendant près de cinquante ans et qui était considérée à l'égal d'une divinité.

Fille d'un obscur préfet de province, l'Impératrice douairière était arrivée à la Cour de l'empereur Hien Fong en 1852, comme concubine de second rang. On l'appelait alors Yehonala, un nom qui lui venait du clan de son père·mandchou. Les membres de la famille impériale la traitaient avec dédain : tous étaient, en effet, du clan rival des Nurhachi. Jadis guerriers valeureux et excellents cavaliers, ces princes avaient été corrompus par la vie qu'on menait, depuis des générations, dans la Cité interdite, mais possédaient encore maints privilèges héréditaires. Avide de plaisirs et pleine d'ambition, Yehonala comprit tout de suite que le meilleur moyen d'obtenir les faveurs de l'Empereur était de se mettre au mieux avec le chef de ses eunuques.

Des eunuques, il y en avait depuis longtemps à la Cour, exactement depuis que le tyran Ts'in avait fondé la première dynastie impériale en 221 avant J.-C. Ts'in, s'intitulant lui-même Fils du Ciel, et son compère, le Premier ministre, Li Sseu avaient établi un gouvernement centralisé et bureaucratique destiné à remplacer les anciens États indépendants. Ils le firent à la pointe des armes et promulguèrent des lois draconiennes. C'est ainsi que 120 000 familles d'aristocrates furent déportées de leurs terres d'origine et obligées de vivre dans les environs de la capitale impériale, où le pouvoir central pouvait les surveiller à loisir. Vice-rois, gouverneurs, magistrats, inspecteurs furent nommés pour administrer les provinces. Craignant de voir ces hauts fonctionnaires créer de véritables charges héréditaires, l'Empereur s'entoura d'eunuques qui, nantis de leurs réseaux d'espions, formaient une sorte de contre-pouvoir. Incapables de fonder des oligarchies familiales — et pour cause ! — les eunuques n'avaient aucune raison de se montrer déloyaux à l'égard de leur maître.

Avec le temps, ils devinrent tout-puissants. Fort peu de courtisans pouvaient s'opposer à ces grands prêtres d'un monde ténébreux où des orgies sexuelles et un mélange de rites religieux se combinaient en un culte grotesque.

Quand la jeune concubine Yehonala arriva à la Cour, elle y trouva 3 000 eunuques. Ils étaient sous l'autorité d'une véritable hiérarchie à la tête de laquelle se trouvait l'eunuque en chef, un certain An Tö-haï. En dehors de leurs emplois domestiques, les eunuques de haut rang étaient chargés des plaisirs de l'Empereur. Ils faisaient venir des comédiens professionnels de la Cité chinoise, qu'ils fournissaient en pièces et autres farces, avaient leurs entrées dans la chambre impériale et, en liaison avec une cinquantaine de concubines, s'efforçaient de combler les appétits sexuels de l'Empereur. A cette fin, ils utilisaient des livres érotiques compilés depuis des siècles. Ces ouvrages contenaient des illustrations répertoriant les diverses positions amoureuses, accompagnées de commentaires émanant d'eunuques et de concubines expérimentés.

Dès la première nuit où le chef des eunuques enveloppa dans une couverture le corps nu de Yehonala pour la transporter dans la chambre impériale et l'étendre au pied de la couche du Dragon, il comprit qu'elle était une amoureuse hors pair. En la contemplant dans les attitudes classiques de *l'Approche de l'Odorant Bambou* et de *la Fille de Jade jouant de la flûte,* il fut étonné de l'invention qu'elle montrait dans son art. Bien entendu, d'autres concubines pouvaient être expertes aux jeux de l'amour, mais ce qui distinguait Yehonala, c'était toute la séduction qu'elle mettait dans ses propos. Le chef des eunuques lui-même était ému en entendant ce qu'elle soufflait à l'oreille de l'Empereur subjugué.

Elle ne tarda pas à monter dans l'estime de l'Empereur et fut promue au premier rang des concubines. Et après lui avoir donné un fils, elle détint le statut d'épouse consort. Cette réussite ne lui fit toutefois pas oublier son attachement pour le chef des eunuques. Il arrivait que des acteurs, non castrés, invités à la Cour, se glissent dans les rangs des eunuques, et à voir la conduite de Yehonala avec le chef des eunuques, échangeant avec lui des baisers passionnés, ses rivales de la noblesse mandchoue et les autres concubines étaient convaincues que l'enfant de Yehonala n'avait point pour père l'Empereur, mais le chef des eunuques en personne. D'autres courtisans croyaient que ce père était Jong Lou, un officier de la garde impériale. Femme pleine d'énergie et de détermination, Yehonala possédait ce genre de qualités qui, jointes au charme féminin, prédisposent au commandement. Ayant pour elle l'armée et les eunuques, elle était fort capable de résister aux attaques de ses ennemis — qui étaient nombreux — y compris au courroux de l'empereur Hien Fong, lui-même.

En 1861, ce dernier mourut dans son palais de Jehol, situé au-delà de la Grande Muraille. Il s'y était réfugié avec sa cour pour échapper à ces diaboliques armées étrangères qui s'étaient emparées de Tientsin et marchaient sur la Cité interdite. Redoutant que Yehonala ne nourrît à son égard d'horribles desseins, il refusa de la voir. Dans un de ses derniers édits, il donna l'ordre qu'elle fût enfermée dans le Palais d'Hiver, où se trouvaient emprisonnées les concubines tombées en défaveur. Mais Yehonala, avec la complicité de Li, un eunuque de la chambre impériale, s'empara du sceau de l'Empereur. N'étant point marqué de ce sceau, l'édit n'avait aucune valeur.

Le fils de Yehonala, alors âgé de six ans, monta sur le trône. Il prit le nom de T'ong Tche. Yehonala, désormais, était Impératrice douairière et se fit appeler Ts'eu Hi : « Maternelle et Protectrice ». A la faveur d'un coup d'État militaire, ses trois principaux ennemis furent arrêtés. Il s'agissait du grand Secrétaire et de deux princes impériaux, dont l'un était le Régent. Après un procès expéditif, ils furent condamnés à être décapités. Ts'eu Hi ordonna que leurs têtes fussent exposées sur la place Tien An Men. Tel fut le premier acte de sa longue régence.

Les femmes ne se montraient pas aux audiences impériales, et il était de coutume pour une Impératrice douairière, si elle était Régente, de se tenir derrière un rideau de soie jaune qui pendait à côté du trône. Lorsque T'ong Tche s'asseyait sur le trône du Dragon, les courtisans, les ministres et autres hauts fonctionnaires, se prosternaient longuement, agenouillés depuis l'aube sur le dallage froid. Mais ce n'était pas le tout jeune Empereur qu'ils redoutaient. C'était l'inquiétante silhouette de l'Impératrice douairière cachée derrière son rideau de soie. Telle une araignée vorace aux aguets devant la toile qu'elle a tissée et où se sont prises ses victimes, l'Impératrice douairière confortait son autorité dans la pénombre de la Cité interdite. Et, comme une araignée, reliée à sa toile par des fils de soie, peut en détecter le moindre frémissement, de même était-elle avertie de ce qu'il pouvait y avoir d'hostilité à son égard dans son entourage. Prompte à réagir, elle fondait alors sur sa proie ou, le cas échéant, attendait patiemment que celle-ci faiblît pour l'achever. C'est ainsi que par des moyens horribles, tout en prenant son temps — personne ne pouvait rivaliser avec elle en matière de poisons — elle se débarrassa de la co-Régente, Tzu An, l'Impératrice Mère, de son propre fils, le dolent empereur T'ong Tche, qu'elle avait encouragé à mener une vie dissolue, et de sa femme, la jeune Impératrice qui était enceinte lorsqu'elle fut assassinée. Ces trois victimes avaient manifesté quelques velléités d'indépendance.

T'ong Tche mourut en décembre 1874. Ce fut alors au tour de l'empereur Kouang Siu, âgé de cinq ans et frère du prince Tch'ouen, de se prendre dans les rets de la toile d'araignée. Son nom voulait dire « Brillante Succession », le choix d'une telle dénomination semble relever de l'esprit diabolique de l'Impératrice douairière qui, ne tenant aucun compte des lois dynastiques de succession, et malgré l'opposition du clan des Nurhachi, avait placé sur le trône ce malheureux enfant. Une fois de plus, l'Empereur était mineur et membre du clan de Yehonala, qui demeurait Impératrice douairière et unique Régente. Kouang Siu avait beau signifier « Brillante Succession », il fut considéré comme « le plus solitaire des monarques du monde ». On épiait le moindre de ses gestes. Quand il donna l'impression de vouloir échapper à l'emprise de l'Impératrice douairière, il fut condamné à passer le reste de sa vie dans le plus grand isolement.

Au début, tout avait été pour le mieux. A dix-neuf ans, on l'avait marié à la nièce de T'seu Hi. La jeune Impératrice régnante reçut le nom de Lung Yu : Honorable Abondance. La vieille douairière s'était alors retirée dans le Palais d'Été, à une dizaine de kilomètres de la Cité interdite.

Sous l'influence de son tuteur, le jeune Kouang Siu fut mêlé au Mouvement réformateur qui recommandait de se mettre à l'écoute de l'Occident et d'abolir la plupart des privilèges héréditaires des courtisans mandchous. Les révoltes paysannes du XIXe siècle et les invasions étrangères avaient provoqué le déclin de la Chine. Battue par les Britanniques et les Français au cours des « guerres de l'opium » en 1839-1842 et 1856-1860, ruinée par la révolte des T'ai-ping, la dynastie mandchoue se trouvait contrainte de céder de plus en plus de territoires, y compris les ports les plus importants de la Chine, à quelque neuf puissances étrangères : les « vautours », comme les désigna un correspondant étranger, Peter Fleming.

Nombre de concessions acceptées par la Chine furent sanctionnées par d'iniques traités. Mais la Chine n'avait pas le choix. L'ultime humiliation survint en 1895. Le Japon, ce petit empire insulaire, que les Chinois avaient toujours méprisé, annexa l'île de Formose (aujourd'hui Taïwan). Le Japon avait accru sa puissance militaire en s'inspirant de modèles étrangers, et les dirigeants du Mouvement réformateur estimaient que la Chine devait en faire autant si elle voulait résister aux agressions étrangères. Ils exigeaient que les chefs militaires fussent choisis selon leur mérite et entraînés aux méthodes occidentales.

De telles idées étaient tout simplement sacrilèges aux yeux de l'Impératrice douairière, archiréactionnaire, et qui n'avait que profond mépris pour ces « diables d'étrangers », qu'ils fussent soldats, missionnaires ou commerçants. Avec l'aide de son amant, le général Jong Lou, beau-père du prince Tch'ouen, elle était déterminée à réduire *a quia* les « réformistes ». Sachant ce dont Ts'eu Hi était capable, l'empereur Kouang Siu donna l'ordre au général Yuan Che-k'ai, partisan du mouvement réformiste, de la mettre en résidence surveillée au Palais d'Été. Mais le général « retourna sa veste » et s'empressa de tout révéler à l'Impératrice. Celle-ci regagna la Cité interdite. Le même jour, six membres du Mouvement réformateur furent décapités et leurs têtes exposées place Tien An Men. S'il avait pu deviner ce qu'il allait souffrir, le reste de sa vie, l'Empereur aurait dû se porter volontaire pour ce genre d'exécution !

En dehors de ses sympathies pour le Mouvement réformateur, Kouang Siu avait une autre raison d'encourir la haine de l'Impératrice douairière. Il ne cachait point son amour pour une de ses concubines, Perle, qu'il préférait à son épouse. Son mariage avec Honorable Abondance n'avait jamais été consommé. Et la vieille douairière avait dû apprécier l'ironie du nom qu'elle avait choisi pour sa nièce !

« L'Empereur étant malade, l'Impératrice douairière doit assumer la régence du trône. » Cette laconique information parue dans *La Gazette de la Cour* du mois de septembre 1898 ne révélait pas ce qu'il était advenu de l'Empereur, désormais enfermé dans la Chambre Vide, au centre d'un modeste pavillon situé sur l'Île Enchantée du Lac du Couchant dans la Cité interdite.

La Chambre Vide ! Comme ces simples mots définissent bien cette petite cellule sombre, sans chauffage, sans fenêtre, à l'atmosphère fétide. Une ou deux fois, pendant les années qui suivirent, l'Empereur « malade » fut conduit sous bonne escorte au Palais d'Été, mais là également les fenêtres de sa chambre étaient murées. C'était pour lui une torture d'entendre clapoter l'eau du lac avec pour seul horizon les murs de sa prison.

Ce *coup d'État* (1) de l'Impératrice douairière fut applaudi dans plusieurs journaux étrangers. Le *Peking and Tientsin Times* la comparait à la première reine Élisabeth d'Angleterre. Il y était dit que l'Impératrice douairière était le symbole vivant de l'unité que le régime impérial avait donnée au peuple chinois. Le *North China Daily Mail* la félicitait d'avoir mis fin au Mouvement réformateur et à ses dangereux discours sur le progrès. La Chine, ajoutait l'article, n'est pas encore prête pour un changement aussi radical. Un jour viendra, peut-être...

Il est facile de comprendre pourquoi ces journaux étrangers soutenaient ainsi les gouvernants de la Chine. Le ton avait été donné depuis longtemps par le Premier ministre britannique, Lord Palmerston. Irrité par l'opiniâtre résistance que l'Empereur et ses mandarins opposaient au trafic britannique de l'opium, il avait déclaré : « Les Chinois doivent recevoir une leçon. » En 1860, Lord Elgin avait ordonné que fût incendié le Palais d'Été. Pendant plus de huit jours, une épaisse fumée plana sur la capitale. Réfugiée au-delà de la Grande Muraille, à Jehol, avec l'Empereur,

_____
(1) En français dans le texte.

33

Ts'eu Hi, qui n'était alors que seconde épouse, put ainsi ne pas voir son palais bien-aimé réduit en cendres.

Ayant « donné une leçon » aux Chinois et obtenu les concessions qu'elles désiraient, les puissances étrangères, la Grande-Bretagne, la France, l'Allemagne, les États-Unis et le Japon, avaient intérêt à soutenir la dynastie mandchoue en pleine décadence et à la protéger contre les révoltes des paysans. La dernière chose que souhaitaient les commerçants étrangers était l'anarchie ! En 1864, le général « chinois » Gordon prit la tête d'une armée composée de mercenaires et de soldats de l'armée impériale pour liquider les rebelles T'ai-ping qui étaient près de mettre à bas la dynastie des Ts'ing. Avec le temps, les résidents étrangers, dans des ports comme Tientsin, Weihaiwei et Shangaï, s'habituèrent à voir le fouet régenter la Chine. Grâce aux traités signés par leurs gouvernements respectifs, missionnaires et négociants bénéficiaient du privilège d'échapper aux lois chinoises. N'étant pas inquiétés par les fonctionnaires de l'Impératrice douairière, ils pouvaient se permettre d'être généreux à son égard. Certains d'entre eux allaient jusqu'à la comparer à la reine Victoria ! Cette mansuétude devait cependant être mise sévèrement à l'épreuve. A l'automne de 1898, la Chine du Nord connut une période de sécheresse à laquelle succéda une grande famine. La Société des Poings Harmonieux (que les résidents appelaient les Boxers), issue en partie de l'ancienne société secrète du Lotus Blanc, se révolta. Elle comptait dans ses rangs de nombreux paysans dépossédés de leurs terres. Au début, leur cible principale fut leur ennemie héréditaire, la cour mandchoue de la Cité interdite, et ils réclamaient la restauration de la dynastie Ming. Astucieusement, Ts'eu Hi s'arrangea pour détourner leur colère contre les étrangers. Une amazone célèbre du nom de Lotus Jaune conduisit une attaque contre la concession britannique de Tientsin. Après un siège qui dura un mois, une force internationale sous les ordres de l'amiral anglais Seymour réussit à libérer les assiégés.

Après Tientsin, ce fut le tour de Pékin. 800 soldats et résidents étrangers, dont un grand nombre de femmes et d'enfants, et 3 000 réfugiés chinois chrétiens, s'entassaient dans le quartier des légations à quelque cent mètres de la Porte de la Paix Céleste. Pendant plus de sept semaines, au cours de l'été 1900, ils durent supporter les bombardements quotidiens des Boxers, qui avaient installé leurs canons sur les remparts de la cité. Pendant ce temps, les forces impériales chinoises et leurs généraux se bornaient à contempler le spectacle.

Au mois d'août, soixante-cinq étrangers avaient été tués et cent quarante-deux blessés. Les pertes étaient encore plus élevées chez les réfugiés chinois. Une épidémie de fièvre typhoïde s'était déclarée. Les vivres et l'eau commençaient dangereusement à manquer. C'est alors que les forces de l'amiral Seymour atteignirent les faubourgs de Pékin.

Quand elle entendit les canons étrangers, l'Impératrice se prépara à s'enfuir. Elle se déguisa en paysanne et demanda aux eunuques d'amener l'empereur Kouang Siu, pareillement déguisé, dans la cour du Palais de la Vieillesse Tranquille. Près d'un grand puits attendaient deux chars tirés par des chevaux. L'Empereur, espérant enfin échapper à ses griffes, la supplia de le laisser à Pékin. Mais Ts'eu Hi demeura inflexible : il devait l'accompagner. La concubine Perle tomba à genoux pour plaider la cause de l'Empereur. Folle de rage, l'Impératrice douairière ordonna au chef des eunuques de la jeter dans le puits. Deux autres eunuques retinrent l'Empereur. Au bruit des éclaboussures se mêlèrent les cris de Perle. Puis on plaça un couvercle sur la margelle du puits et ce fut le silence.

Une avant-garde étrangère avait déjà atteint la Porte de la Paix Céleste quand les deux chars transportant l'Impératrice, l'Empereur et quelques serviteurs sortirent de la Cité interdite. Comme Ts'eu Hi l'avait prévu, ils passèrent inaperçus au milieu du tumulte de la foule rassemblée dans les rues. D'étape en étape, ce singulier cortège finit par atteindre l'ancienne capitale de Sian, où les rejoignirent quelques généraux et courtisans fidèles.

Un an plus tard, en octobre 1901, l'Impératrice conclut la paix avec les puissances étrangères qui occupaient Pékin et, escortée par le général Yuan Che-k'ai, retourna triomphalement dans la Cité interdite. A peine entrevu par la foule qui bordait le chemin, l'empereur Kouang Siu se trouvait à ses côtés, solidement surveillé. Quand la procession eut pénétré dans le Grand Intérieur, il fut reconduit par ses gardiens dans la Chambre Vide. A ceux qui lui demandaient de ses nouvelles, l'Impératrice répondait que l'Empereur était trop malade pour donner des audiences.

La Chine devait payer cher la paix que les puissances victorieuses lui avaient concédée. Celles-ci exigèrent une indemnité énorme que les Chinois durent verser, avec intérêts, pendant de longues années. Malgré cela, l'Impératrice douairière étonnait ses courtisans par l'admiration toute nouvelle qu'elle montrait à l'égard de ses anciens ennemis qu'elle appelait les « puissants étrangers ».

En général, les « puissants étrangers » répondaient avec complaisance à ces sentiments d'admiration. Mais certains d'entre eux ne pouvaient oublier le siège barbare du quartier des légations qui avait failli se terminer par le massacre de tous les étrangers résidant à Pékin, et ils doutaient de la franchise de l'Impératrice. D'autres, comme Sir Robert Hart, directeur général des douanes chinoises, désiraient obtenir par des faits patents la preuve que Ts'eu Hi et son favori, le général Jong Lou, n'avaient pas pris parti en faveur des Boxers.

Le désir de Sir Robert Hart fut bientôt satisfait. Sir Edmund Backhouse, un orientaliste, donateur de la Bodleian Library d'Oxford, agent du gouvernement britannique et marchand d'armes, était fasciné par l'Impératrice douairière. Avec un autre orientaliste, J.O.P. Bland, il publia *China under the Empress Dowager* (La Chine sous l'Impératrice douairière). L'ouvrage s'appuie surtout sur le journal d'un nommé Ching-shan, secrétaire adjoint de la maison impériale et parent de l'Impératrice. Ching-shan avait été assassiné par son fils durant la révolte des Boxers et Backhouse déclarait avoir trouvé son journal dans sa demeure de Pékin peu après l'entrée des troupes alliées dans la ville. Ce journal montrait clairement que l'Impératrice et le général Jong Lou étaient pro-occidentaux et qu'ils avaient tout fait pour protéger les étrangers des Boxers. Cette opinion fut désormais accréditée dans les milieux universitaires. L'*Encyclopaedia Britannica* (dans son édition de 1926) la résume en ces termes : « C'est grâce au général Jong Lou, beau-père du prince Tch'ouen, que les légations étrangères doivent d'avoir échappé à l'extermination. »

China under the Empress Dowager connut un grand succès. Il s'en vendit, en peu de temps, huit éditions successives et le livre fut traduit en de nombreuses langues. Le *Times* déclara que c'était « peut-être le document le plus important qui ait jamais été publié sur la Chine ». L'ouvrage devint un véritable bréviaire pour des générations d'historiens et de lecteurs. En fait, comme le démontra Hugh Trevor-Roper dans son livre remarquable, *A Hidden Life : The Enigma of Sir Edmund Backhouse* (Une vie cachée : l'énigme de Sir Edmund Backhouse) paru en 1976, le prétendu journal de Ching-shan n'était qu'une habile mystification forgée de toutes pièces par Backhouse pour donner de l'Impératrice et de son favori Jong Lou une image favorable.

Avec une femme animée d'aussi bonnes intentions que Ts'eu Hi à la tête de la Chine, les négociants étrangers voyaient l'avenir sous les meilleurs auspices. Ce grand pays était désormais ouvert au monde extérieur. Lord Elgin alla jusqu'à déclarer devant la Chambre de Commerce britannique de Tientsin que viendrait bientôt le temps où les « croisés du commerce », comme il appelait ses auditeurs, pourraient répandre à travers toute la Chine « les influences bénéfiques d'une plus haute civilisation ». Ce temps était venu. Les journaux se complaisaient à noter la rapide expansion des mœurs étrangères parmi les mandarins et la classe montante des riches marchands chinois. Le *North China Daily Mail* fut le premier à apprendre à ses lecteurs que le *Wagon-lits Hôtel* de Pékin était le fournisseur officiel du Palais impérial en produits occidentaux. Ceux-ci étaient servis à la table de l'Impératrice douairière, où l'on mangeait avec des couteaux et des fourchettes importés directement de Sheffield, en Angleterre.

Au-delà de la porte ouest de la Cité tartare, des scientifiques étrangers avaient aménagé le nouveau jardin zoologique contenant entre autres animaux des lions et des tigres. L'Impératrice y fit une visite et exprima son étonnement. Les Chinois se plaisaient à mettre de petits oiseaux en cage... mais des tigres !

Dans les dernières années du règne, des courtisans serviles avaient pris l'habitude de s'adresser à l'Impératrice douairière, lors des audiences, en l'appelant « Vénérable Bouddha ». Ce titre, qui lui conférait une sorte d'immortalité, fut malencontreusement traduit par « Vieux Bouddha » par un secrétaire de la légation britannique qui avait des connaissances douteuses en chinois. Ce n'était là qu'une bourde d'écolier, mais le nom lui resta. Il emplit les journaux. Bientôt, les négociants, les militaires, les missionnaires et leurs familles se mirent à l'utiliser. Leurs *whiskies and soda* à la main, les hommes d'affaires britanniques du Tientsin Club parlaient du « Vieux Bouddha » comme ils l'eussent fait de cette « chère tante Edith » qui était de retour dans sa maison de Kingston, dans le Surrey.

Vers la fin de sa vie, le « Vieux Bouddha » était considéré avec un mélange d'affection et de curiosité morbide par les épouses et les filles des diplomates en poste à Pékin. Elles se battaient pour être invitées à prendre le thé au Palais de la Vieillesse Tranquille. Là, au milieu d'un bric-à-brac de meubles et d'objets où se mêlaient les styles étrangers et les chinoiseries (typique du mauvais goût des monarques mandchous), ces dames étaient sous le charme. Elles trouvaient le « Vieux Bouddha » fascinant, plein d'allure et de grâce. Sur le chemin qui les menait vers la Porte de la Paix Céleste, elles s'arrêtaient un instant pour admirer la sérénité de l'Île Enchantée sur le Lac du Couchant.

Peu de temps avant son soixante-treizième anniversaire, qui devait être le dernier, l'Impératrice douairière reçut sept de ces dames dans son palais. Elle avait une surprise pour elles. On tira un rideau jaune et elles purent contempler l'empereur Kouang Siu, porté par quatre eunuques. Pour l'occasion, on avait particulièrement soigné son apparence et sa tenue. Après une brève présentation, le rideau fut baissé et l'Empereur reconduit à la Chambre Vide. On servit alors le thé. Si ses invitées avaient été capables de lire dans l'esprit du Vénérable Bouddha, elles ne se seraient pas senties aussi béates. Ts'eu Hi les détestait, elles et leur race, du plus profond d'elle-même. Pouvaient-elles espérer que l'Impératrice eût oublié la profanation du Palais d'Été ? Pendant la révolte des Boxers, elle avait promis aux rebelles une récompense de 50 taels d'argent (environ 8 livres) pour la tête d'un étranger de sexe masculin et 40 pour celle d'une femme. En dépit du récent intérêt qu'elle montrait pour les coutumes occidentales, sa haine de ces diables d'étrangers n'avait pas diminué. Tout en souriant par-dessus sa tasse de thé à ces dames, sans doute rêvait-elle de les faire découper en mille morceaux. Une mort lente, c'était là son fort !

Ces dames prirent congé du Vieux Bouddha. Après cette visite, le ministre plénipotentiaire britannique à Pékin rapporta à Lord Salisbury que « l'aimable courtoisie de Sa Majesté avait fait la meilleure impression ».

A peine triomphalement réinstallée dans la Cité interdite, en octobre 1901, l'Impératrice douairière, inquiète des histoires qui couraient sur l'assassinat de la concubine Perle, avait publié un édit au nom de l'Empereur. Celui-ci rendait les honneurs posthumes à la jeune femme et la félicitait de son courage « qui l'avait conduite à se donner la mort quand elle n'avait pu quitter Pékin avec la Cour ». Ce monument d'hypocrisie, que l'Empereur avait été contraint de signer de son sceau, avait accentué la terreur que lui inspirait cette impitoyable douairière. Convaincu qu'elle voulait l'empoisonner, il touchait à peine à sa nourriture. La nuit, il entendait des gloussements derrière les rideaux de son lit. La douairière ! Terrifié, il tirait les rideaux et ne trouvait personne. Son seul espoir de survivre, pensait-il, était qu'elle mourût. Cela était devenu pour lui une obsession. Au début de l'hiver de 1908, il crut que son espoir allait se réaliser. Le 3 novembre, pendant la célébration de son soixante-treizième anniversaire qui devait durer une semaine, le Vénérable Bouddha était allé pique-niquer dans un bateau sur le Lac du Couchant et la chose avait duré tard dans la soirée. L'Impératrice avait pris froid. Pis encore, lors de ce pique-nique, elle s'était régalée d'un plat de pommes sauvages généreusement garnies de crème fouettée — ce qui donnait à son dessert une touche étrangère. Le lendemain elle fut atteinte de dysenterie et se trouva mal. Entendant dire qu'elle était sur le point de mourir, l'Empereur soudoya ses gardiens qui l'autorisèrent à aller vérifier de ses yeux que la vieille dame était à l'agonie. Il écarta les rideaux de son lit et, avec horreur, la vit assise sur son séant, qui l'attendait. Ses hideux gloussements l'accompagnèrent tandis qu'il regagnait sa prison.

Quelques jours plus tard, quatre eunuques le tirèrent dans un corridor menant à la Salle du Ciel sans Nuages. Là, on le fit s'agenouiller devant le fameux rideau jaune. Un gong résonna. Le rideau fut levé, découvrant le Vénérable Bouddha sur son trône. A côté d'elle se tenait son favori, Li, qui avait succédé à An Tö-haï comme chef des eunuques. L'Empereur se prosterna devant le trône.

Chaque mois, pendant ces dix dernières années, une telle audience avait eu lieu, permettant au Vénérable Bouddha de se délecter sadiquement au spectacle de son pitoyable prisonnier. Cette audience fut la dernière. C'était le 13 novembre 1908 et l'Impératrice avait décidé que P'ou Yi serait le prochain empereur. Aidé par ses geôliers, l'Empereur prostré se remit à genoux. Il courba alors la tête jusqu'à ce qu'elle touche le sol. Lentement et péniblement, il accomplit ce geste neuf fois de suite. C'était pour lui la pire des humiliations, car une telle marque d'obéissance n'était due qu'à l'Empereur lui-même de la part de ses sujets.

Il est difficile de croire que le Vénérable Bouddha n'éprouvait pas quelque compassion en le voyant ainsi se prosterner devant elle. Elle l'avait vu sur ce trône alors qu'il n'avait que cinq ans. Maintenant, il en avait trente-huit, mais cette créature à moitié morte de faim et dans le plus pitoyable état paraissait un vieillard de quatre-vingt-dix ans. Le Vénérable Bouddha leva sa main pareille à une griffe. Un gong résonna de nouveau. Le rideau jaune fut fermé et l'Empereur ramené dans la Chambre Vide.

Li, le chef des eunuques, lui apporta ce qu'il fallait pour rédiger ses ultimes volontés. Il le fit en quelques lignes. Il déclara que le général Yuan Che-k'ai l'avait trahi et il implorait les membres de la famille impériale de le venger de toutes ces années d'agonie qu'il avait supportées.

Ce testament fut une fatale erreur. Dans l'heure qui suivit, ses geôliers lui apportèrent ses vêtements de funérailles. Il se débattit farouchement pour ne pas les endosser. Le prince Tch'ouen arriva alors, portant P'ou Yi dans ses bras. Les geôliers s'enfuirent, laissant l'Empereur étendu à plat ventre sur son lit. Il était revêtu d'une chemise blanche. On lui avait mis de force un bonnet également blanc qui lui cachait presque tout le visage. Les autres vêtements étaient épars sur le sol. Péniblement, il se redressa sur un coude et se tourna vers ses visiteurs. Aucun mot ne fut échangé entre eux.

Frappé à la vue de son frère qu'il n'avait plus vu depuis des années, le prince Tch'ouen posa P'ou Yi à terre. L'Empereur et l'enfant se regardèrent, puis tous deux se mirent à crier. Leurs cris n'en faisaient qu'un, les unissant dans une même angoisse. Avant que les échos se fussent éteints, l'enfant en P'ou Yi était mort, et l'Empereur enveloppé dans son linceul.

Dans la Salle du Ciel sans Nuages, une invisible main souleva le rideau jaune et l'Impératrice douairière, Li à ses côtés, apparut. En tant que maître des cérémonies, Li avait servi sa maîtresse pendant plus de quarante ans, depuis le jour où il l'avait aidée à s'emparer du sceau impérial des mains de Hien Fong mourant. Le prince Tch'ouen frissonna à ce terrifiant spectacle. Depuis leur dernière rencontre, l'Impératrice s'était recroquevillée. Sous les cheveux teints en noir retenus par des peignes d'argent et de jade, la tête était celle d'un squelette à la peau jaune parcheminée. L'année d'avant, une attaque lui avait laissé la bouche tordue. Ce que le prince voyait, c'étaient la décadence et la fin de la dynastie Ts'ing.

Avec une mauvaise grimace, le chef des eunuques obligea Tch'ouen à s'agenouiller et à accomplir les neuf prosternations d'usage. Tenant P'ou Yi d'une main, le Prince s'exécuta. Il craignait que l'enfant ne se mît à crier, mais celui-ci restait tranquille, regardant, fasciné, la vieille douairière. Il eut deux hoquets qui irritèrent celle-ci, mais ne versa pas une larme. Il semblait n'y avoir aucune émotion en lui. L'Impératrice leva la main. En bon acteur professionnel qu'il était, le chef des eunuques accomplit les gestes indiquant la fin de cette liturgie impériale.

Le rideau jaune fut baissé pour cacher le trône. Après avoir remis aux eunuques le petit P'ou Yi, toujours aussi placide, le prince Tch'ouen fut soulagé de s'en aller. Dans cette salle, il se sentait comme un intrus : « Sa Majesté Sacrée », le chef des eunuques et le futur empereur faisaient partie d'un univers aux rites mystérieux interdit aux simples mortels.

Le lendemain 15 novembre 1908, à six heures du matin, l'Impératrice douairière convoqua un grand conseil. Elle annonça que le regretté empereur Kouang Siu avait été porté au Ciel par le Chariot du Dragon et décréta P'ou Yi héritier par adoption de son fils, T'ong Tche, mort il y avait bien longtemps de cela. Elle annulait par cette manœuvre les prétentions légitimes de la famille du prince Ts'ing. Il y eut quelques murmures chez les partisans de Ts'ing, y compris le général Yuan Che-k'ai, mais l'Impératrice imposa silence. P'ou Yi serait Fils du Ciel lors des cérémonies d'intronisation, déclara-t-elle. Néanmoins, elle conserverait l'autorité suprême. Elle espérait encore passer de nombreuses années à gouverner la Chine derrière son rideau jaune.

Un édit spécial, promulgué au nom de P'ou Yi, l'élevait au rang de « Grande Impératrice douairière ». Elle était la première à jouir de ce titre depuis la fondation de l'Empire par Ts'in, en 221 avant J.-C. Elle devait être la dernière. A midi, la « Grande Impératrice douairière », alors qu'elle allait se mettre à table, se sentit mal. Sa récente maladie, qu'elle avait pu surmonter par un grand effort de volonté, l'avait laissée affaiblie. Les événements de ces derniers jours avaient été de trop. En reprenant conscience, elle eut l'intuition qu'elle allait mourir. Elle ordonna aussitôt une nouvelle réunion du grand conseil. Elle y déclara qu'elle avait nommé le prince Tch'ouen Régent, mais que toutes les décisions relèveraient de la nouvelle Impératrice douairière, Honorable Abondance. Yehonala avait parfaitement servi les intérêts de son clan.

Revenue dans ses appartements du Palais de la Vieillesse Tranquille, elle ordonna que son décret d'adieu fût rédigé. Quand le grand secrétaire lui présenta le texte, elle l'étudia soigneusement et y apporta un grand nombre de corrections. Toujours soucieuse de sa propre image, aussi bien à la Cour qu'au-delà de la Cité interdite, elle entendait que son dernier acte de gouvernement confirmât qu'elle était bien « Maternelle et Protectrice ». Dans ce décret — qu'un de ses biographes étrangers devait décrire comme un document impressionnant et plein de noblesse — elle déclarait qu'elle avait été bouleversée par la mort de l'empereur Kouan Siu et ne pouvait la supporter plus longtemps. « Me voici parvenue à un point où n'existe plus aucun espoir de guérison. » Elle terminait en recommandant que Sa Majesté P'ou Yi « se dévoue aux intérêts du Pays... et ajoute un nouveau lustre à l'œuvre de ses glorieux ancêtres ».

A trois heures de l'après-midi, elle mourut. Jusqu'au dernier moment, elle avait gardé toute sa lucidité.

Nombreux étaient ceux qui, à la Cour et dans le clan mandchou, ne pouvaient croire que le Vénérable Bouddha fût vraiment mort. Pendant des années, le chef des eunuques et quelques hauts fonctionnaires l'avaient entretenue dans la croyance qu'elle était immortelle. Un groupe de ses disciples partageait cette croyance. Comme leur nombre grandissait, il devint nécessaire de veiller à ce qu'un traître ne se cachât pas parmi eux.

La forme de son immortalité était celle d'un Bodhisattva. En l'occurrence, elle était, disait-on, la réincarnation de Kouan Yin, la Déesse de la Miséricorde. Au cours de nombreuses réjouissances, elle s'était plu à apparaître dans le costume de Kouan Yin, accompagnée du chef des eunuques habillé en archange. Ce n'était pas une plaisanterie. Elle croyait vraiment à son rôle. Mais il y avait un problème. Cette auguste position de Déesse de la Miséricorde était déjà occupée. Sa Sainteté le Dalaï-Lama du Tibet était considéré, lui aussi, par ses sujets comme l'incarnation de Kouan Yin. En outre, de nombreux bouddhistes considéraient que si deux Bodhisattva occupaient la même place, l'un d'eux devait retourner dans l'autre monde. Les loyaux disciples du Vénérable Bouddha n'allaient pas se laisser décontenancer pour si peu. Le Tibet était loin et ils pensaient qu'il était peu vraisemblable que le Dalaï-Lama apprît l'existence de sa rivale.

Or, le destin voulut que leur assurance fût profondément ébranlée. En 1904, à l'instigation de Lord Curzon, des troupes britanniques envahirent le Tibet et, après une bataille sanglante, entrèrent dans la cité sacrée de Lhassa. Le Dalaï-Lama s'enfuit en Chine. Lentement, avec quelques disciples et une caravane de chameaux et de yaks, Sa Sainteté fit route vers le Nord. Enfin, en novembre 1908, ce cortège dépenaillé atteignit la Cité interdite de Pékin, au moment même où on y célébrait l'anniversaire du Vénérable Bouddha.

On imagine l'embarras des courtisans mandchous, en voyant les deux divinités de la Miséricorde assises côte à côte dans la salle du trône. On cacha soigneusement au Dalaï-Lama cette coexistence de deux incarnations de Kouan Yin, mais il ne fut pas dupe.

Les festivités données pour l'anniversaire de l'Impératrice douairière comprenaient des représentations théâtrales qui durèrent cinq jours. Le 3 novembre, on s'en souvient, elle tomba malade. Le Dalaï-Lama lui offrit une image sacrée du Bouddha. Si cette image était placée dans sa tombe sur les Collines du Levant, déclara-t-il, elle était sûre de recouvrer la santé. Douze jours plus tard, elle était morte. Son corps fut mis au tombeau dans un cercueil orné de pierreries sous le portrait du Bouddha au sourire perpétuel.

Les derniers disciples de l'Impératrice refusèrent d'admettre leur défaite. Aussitôt que le Dalaï-Lama eut regagné le Tibet, on signala des apparitions de *leur* Kouan Yin. L'un des passe-temps favoris de l'Impéra-

44

trice avait été de se promener dans les cours du palais à la fin de la nuit, escortée par des eunuques portant des lanternes et suivie d'autres eunuques tirant de leurs flûtes de roseau et de leurs cymbales une musique mystérieuse. Lorsque, après ses funérailles, des gens dirent avoir vu l'Impératrice douairière et ses eunuques dans l'ombre de la Cité interdite, même les plus blasés des fonctionnaires de la Cour se mirent à frissonner.

2

LES ARTICLES
DU FAVORABLE TRAITEMENT

A l'aube du 2 décembre 1908, le prince Régent Tch'ouen se rendit à l'Autel du Ciel. Cette terrasse circulaire à laquelle on accédait par un escalier de marbre constituait un lieu de culte en plein air. Au nord, à l'est et au sud, elle donnait sur une vaste plaine. A l'ouest, la vue était bornée par une ligne sombre de collines. Au-delà s'étendaient les steppes et les déserts de l'Intérieur. Sur un feu de charbon de bois, on jetait de l'encens, dont la fumée s'élevait au-dessus du Temple du Ciel et se perdait dans le crépuscule du matin. Le prince Tch'ouen s'inclina devant l'autel, tandis que les premières lueurs de l'aurore se levaient derrière lui. Au nom de P'ou Yi, il adressa une prière au Ciel, s'inclina à nouveau en direction du soleil. Cette brève cérémonie était terminée.

Le cortège du Régent, avec son escorte d'hommes en armes, retourna dans la Cité interdite. Alors qu'ils se dirigeaient vers la Salle de la Suprême Harmonie, ils passèrent en revue une longue rangée de nobles et de fonctionnaires attendant, dans l'ordre hiérarchique, que commençât le rite du couronnement. Les musiciens de la Cour, juchés sur la terrasse supérieure, se mirent à frapper sur leurs gongs de pierre, produisant des sons étouffés qui ponctuaient le silence. Ces échos de l'ancienne Chine dataient de l'époque des États indépendants, bien avant la fondation de l'empire. Un dernier coup de gong résonna, et tandis que mouraient ses dernières vibrations, les courtisans entrèrent en rang dans la salle où leur place était désignée sur le dallage. Des eunuques se tenaient derrière le trône vide. Tout le monde se prosterna. P'ou Yi fut placé sur le trône du Dragon. Un autre coup de gong, et ses nouveaux sujets se soumirent aux neuf prosternations rituelles, puis ils se mirent à genoux. Alors seulement, ils osèrent lever leurs regards vers le Fils du Ciel.

P'ou Yi avait les yeux à moitié clos. Sur ses lourds habits de cérémonie, il portait la robe impériale de soie jaune où était brodé le Dragon aux cinq griffes. Immobile, il gardait les bras levés et les jambes étendues devant lui. Le Vieux Li, chef des eunuques, se tenait à la gauche du trône. A sa droite était suspendu le rideau de soie jaune. Quelques vieux courtisans ne cessaient de le regarder. Le Vénérable Bouddha, songeaient-ils, avait coutume de s'asseoir derrière ce rideau. Où était-elle, maintenant, leur Impératrice bien-aimée ? Et pourquoi le chef des eunuques avait-il un tel sourire sur les lèvres ? Le prince Tch'ouen se mit debout en face du trône pour proclamer le nom du nouvel empereur. P'ou Yi poussa soudain un cri étranglé. Il n'y avait pas la moindre larme dans ses yeux, mais il agitait bras et jambes comme s'il était en colère. Craintivement, le prince Tch'ouen tendit la main, mais on eût dit qu'il n'osait toucher l'enfant. Après un instant de silence, il reprit son sang-froid. D'une voix haut perchée, il déclina le nom sous lequel P'ou Yi allait régner et que le Vénérable Bouddha avait choisi : Yuan Tong, ce qui signifie « Vaste Horizon ».

Les cérémonies eurent lieu dans la Cité tartare. Toutes les boutiques, dans les étroites ruelles de la ville chinoise, étaient pavoisées de drapeaux à l'enseigne du Dragon jaune. Les canons de l'armée de Peiyang tirèrent une salve de bienvenue. Seul dans son bureau de la Demeure du Nord, le prince Tch'ouen fit la grimace. « Que va faire Yuan Che-k'ai, maintenant ? » Depuis l'intronisation de son fils, il redoutait un coup de force en faveur de P'ou Louen, le prince Ts'ing. « Vont-ils nous massacrer ? » Il se souvenait de la mission qu'il avait accomplie en Allemagne, il y avait de cela sept ans. Le Kaiser lui avait donné un conseil d'ami :

« Assurez-vous que le commandement de l'armée impériale est entre vos mains. Vous ne pouvez faire confiance à un seul général. » Maintenant, c'était trop tard. Il regrettait profondément de ne pas avoir suivi l'avis du Kaiser.

La Peiyang, ou armée du Nord, était la plus nombreuse et la mieux équipée des forces impériales. Bien que n'ayant jamais gagné une seule bataille, elle avait la réputation d'être invincible. Sa principale tâche était de défendre la capitale et les palais impériaux. En 1900, quand les Boxers avaient assiégé Pékin, elle s'était tenue hors de portée des canons. Une fois les combats terminés, elle était restée l'arme au pied, tandis que Pékin était lamentablement saccagé par les soldats et les civils étrangers, comme aucune ville ne l'avait été depuis le sac de Constantinople par les Croisés. Lorsque l'Impératrice douairière avait pu regagner sa capitale, un de ces régiments l'avait escortée avec ses fanfares jusqu'à la Porte de la Paix Céleste. Tous les officiers avaient été décorés pour cet acte de galanterie !

Parfois, des unités de l'armée du Nord étaient envoyées en patrouille pour réprimer quelques désordres dans la région de Pékin. Habitués à vivre dans des baraquements et à voyager en chemin de fer, les soldats considéraient ce genre d'expéditions comme des tâches déplaisantes et dangereuses. Les paysans chinois, jaloux de leur indépendance et haïssant par tradition les fonctionnaires impériaux, avaient un dicton concernant les soldats, qui datait de l'époque de leur premier empereur, le tyran Ts'in : « On ne doit pas utiliser du fer de bonne qualité pour fabriquer des clous. » Les soldats étaient méprisés non seulement pour eux-mêmes, mais à cause de leurs liens avec la capitale de l'empire. Pékin était une ville qui ne produisait rien. Elle était peuplée d'un million de Mandchous et de Chinois — fonctionnaires, parasites, boutiquiers — qui s'y engraissaient, grâce aux impôts prélevés sur les paysans.

A l'est et au sud de Pékin, le *gaoliang*, une sorte de maïs grossier dont les tiges, en été, atteignaient plus de trois mètres de haut, procurait aux villageois un excellent abri. Aussitôt qu'était signalée l'approche des soldats, les paysans mettaient à l'abri leurs filles et leurs stocks de nourriture. Il arrivait que des villages entiers fussent ainsi évacués. Pour les paysans, devoir loger des soldats de l'armée du Nord représentait la pire des choses. A coup sûr, c'étaient le pillage et le viol, autant pour le simple plaisir de détruire que pour conjurer leur peur ! Cheminant entre les rangées de *gaoliang*, les soldats redoutaient de déboucher soudain dans une clairière où les attendaient des paysans armés de coupe-coupe, qui ressemblaient plus à des guérilleros qu'à des moissonneurs ! D'un homme qui labourait un champ, d'une jeune femme qui portait des légumes au marché, qui pouvait dire qu'ils n'étaient pas des rebelles ? Il suffisait qu'un seul soldat fût tué à l'improviste pour que toute la compagnie fût prise de panique.

Même en hiver, alors que les *gaoliang* avaient été taillés, il semblait aux soldats qu'ils ne pussent échapper à ce maudit maïs, nourriture de base des paysans chinois du Nord, qui devenait aussi la leur. Dans les baraquements à Pékin, on leur donnait du millet et une ration hebdomadaire de riz. Ici, dans la campagne, ils devaient s'accommoder de l'amer gruau et de l'alcool râpeux qu'on en tirait.

En dehors de leurs aventureuses expéditions, les soldats de l'armée du Nord devaient faire face à des tâches plus pénibles encore dans cette contrée qui leur était hostile. Au nord et à l'ouest de Pékin, les champs de *gaoliang* se prolongeaient par des plaines sableuses et des champs soutenus par des murs de pierres, qui s'étageaient sur les collines au sommet desquelles courait la Grande Muraille. C'était un repaire de brigands et, bien que l'armée du Nord eût effectué quelques expéditions dans les plaines, elle ne s'aventurait que rarement dans ces collines, sinon pour venir en aide aux garnisons qui défendaient le *yamen,* ou quartier général des fonctionnaires impériaux : gouverneurs, magistrats et collecteurs d'impôts qui vivaient et travaillaient dans des bastions fortifiés au centre des villes. Ces villes et les campagnes sauvages qui les entouraient étaient le domaine de la société secrète du Lotus Blanc. Ennemis jurés de la dynastie Ts'ing, les dirigeants du Lotus Blanc avaient inspiré maintes révoltes paysannes, surtout aux époques de grands cataclysmes naturels comme la sécheresse. Ils commençaient par s'attaquer aux *yamens*, mais leur but final était de détruire le symbole impérial que représentait à leurs yeux la Cité interdite.

Sur les places du marché des villes de province et parfois jusqu'aux portes du *yamen*, les conteurs ambulants racontaient des histoires de concubines emprisonnées et torturées dans la Cité interdite et attisaient la haine de leurs auditeurs en rappelant comment cette citadelle aux murs couleur de sang avait été construite. En 1368, Tchou Yuan-tchang, un moine mendiant, avait pris la tête d'une révolte de paysans pour défaire la puissante armée mongole et abattre la dynastie Yuan que Koubilaï Khan avait fondée une centaine d'années auparavant. Après avoir obtenu la victoire, Tchou s'était établi à Nankin. Il n'avait nullement l'intention de devenir empereur, mais il était heureux de gouverner un petit État indépendant avec le titre de duc. Comme les autres membres du Lotus Blanc, il rêvait d'en revenir à l'âge d'or qu'avait connu la Chine, quand elle était exempte du fardeau que représentaient les fonctionnaires impériaux et les militaires. Pourtant, Tchou fut amené à devenir le premier empereur des Ming, ou « brillante dynastie » (terme inspiré par la révérence de la secte du Lotus Blanc pour les éléments « brillants » de la nature : le soleil et la lune, le feu, l'eau limpide et la brise). On a dit qu'il n'avait permis que s'interposât entre lui et ses sujets paysans le moindre fonctionnaire.

Après la mort du Vénérable Bouddha, sentant que la fin de la dynastie Ts'ing était proche, les dirigeants du Lotus Blanc entrèrent de nouveau en action et l'on rapporta des rassemblements de paysans rebelles au pied de la Grande Muraille dans le nord-ouest de la province de Shensi. Les *yamens* furent attaqués et plusieurs unités de l'armée du Nord, venues relever les garnisons, tombèrent dans des embuscades. La tâche des rebelles était facilitée par le fait que nombre de soldats se portaient déserteurs, certains rejoignant les rangs des rebelles, d'autres se débrouillant pour se mettre à l'abri à Pékin ou à Tientsin.

Le commandant en chef de cette armée du Nord, le général Yuan Che-k'ai, était une sorte de nabot avec une bosse dans le cou et une tête toute ronde. Les officiers supérieurs des armées impériales étaient presque tous des Mandchous, mais lui faisait exception. Il était natif du Ho-nan, une province de la Chine centrale. Officier d'état-major, on le voyait rarement sur le terrain avec ses troupes. C'était plutôt un militaire salonnard, familier du Palais impérial où il n'avait pour arme que sa langue de vipère. Il était en bons termes avec les attachés militaires étrangers. C'est grâce à eux qu'il procura des uniformes allemands et des fusils autrichiens à ses hommes. Il avait aussi une fanfare de style britannique. Sir Robert Hart, directeur général des Douanes chinoises, en avait une à son quartier général et il avait prêté son chef portugais à l'armée du Nord.

Le général Yuan Che-k'ai eut l'honneur d'obtenir la première audience du nouvel Empereur. P'ou Yi était assis sur le trône du Dragon. Autour de lui se trouvaient Honorable Abondance (devenue l'Impératrice douairière), le chef des eunuques, le ministre de la Guerre et le Régent, le prince Tch'ouen. Le général arborait un éclatant uniforme bleu avec des épaulettes dorées. Compte tenu de sa corpulence, il effectua les prosternations d'usage avec une étonnante agilité. On le pria de se relever. Avec des larmes d'émotion, il déclara qu'il ne désirait rien de mieux que servir l'Empereur jusqu'à la fin de ses jours. P'ou Yi le regardait avec ses yeux mi-clos. Le général eut une inspiration soudaine. Peut-être son Impériale Majesté aimerait-elle, un jour, entendre sa fanfare ? Les yeux de P'ou Yi s'ouvrirent un peu plus. Peut-être, continua le général, que son Impériale Majesté désirerait avoir un uniforme à sa mesure ? Bleu, avec des épaulettes dorées ? Alors P'ou Yi ouvrit tout grands ses yeux.

Honorable Abondance considérait avec mépris cette scène ridicule. C'était ce général qui avait détruit l'empereur Kouang Siu. Elle était demeurée éloignée de son mari pendant de longues années, mais elle ne pouvait tolérer que ce soudard attentât à l'honneur de sa famille. Il avait beau faire du charme, cela ne l'empêcherait pas, elle, de prendre sa revanche. Il appartenait au prince Tch'ouen de mettre le général en état d'arrestation, mais, quand il s'approcha, il ne sut que murmurer : « Qu'est-ce qui se passe avec l'armée de Peiyang ? Je suppose qu'elle a ouvert le feu ? » Honorable Abondance décida alors de prendre les choses en main.

Quelques jours après cette audience, *La Gazette de la Cour* annonça que le général avait été autorisé à retourner dans le Ho-nan où il pourrait faire soigner son pied malade. En bref, il était démis de ses fonctions.

Les manières étrangères qui avaient déjà pénétré dans la Cité interdite commencèrent à se répandre dans la liturgie des audiences impériales. Bien que donnée aux premières heures du jour, comme d'usage, l'audience suivante n'eut pas lieu en présence de toute la Cour : seuls quelques courtisans et fonctionnaires de haut rang assistèrent l'Empereur. Une fois qu'ils se furent agenouillés et livrés aux neuf prosternations rituelles, on leur permit de se lever. Un nouveau chef des eunuques se tenait à côté de l'Empereur. Li s'était retiré et avait été remplacé par Tchang Yuan-fou. C'était un homme charmant qui était entré, en un premier temps, à la cour impériale comme acteur. Il y était resté comme assistant personnel d'Honorable Abondance. Il en était, maintenant, devenu le favori. Certains prétendaient à la Cour que Tchang n'était pas un véritable eunuque.

A son signal, un grand conseiller, qui était aussi ministre des Affaires étrangères, entra dans la salle accompagné d'une douzaine d'hommes marchant à la queue leu leu. Ils étaient revêtus à la mode européenne, portaient des redingotes noires, des pantalons rayés, des chemises blanches, des cols cassés et des cravates blanches. Chacun avait sous le bras un chapeau haut de forme. Ils s'arrêtèrent à quelques pas du trône, se mirent sur un seul rang et s'inclinèrent devant l'Empereur. Les courtisans étaient choqués que des visiteurs étrangers oubliassent de s'agenouiller et de se prosterner devant le Fils du Ciel. D'une voix aiguë, le Régent les présenta.

Il s'agissait du ministre plénipotentiaire des États-Unis d'Amérique et de sa suite. Comme d'habitude, P'ou Yi les regarda à travers ses paupières mi-closes.

Le ministre américain exhiba un document. C'était, dit-il, une missive du président Taft. Avec la permission de Son Impériale Majesté, il désirait en donner connaissance. La lettre en question était longue. Les yeux de P'ou Yi commencèrent à se fermer. Une fois sa lecture terminée, le ministre s'inclina. Un interprète officiel donna à haute voix la traduction du message. Mr Gale, interprète du côté américain, remarqua que la traduction chinoise était plus courte que l'original. Elle résumait pourtant l'essentiel de ce message du président des U.S.A. Les États-Unis aimeraient venir en aide aux difficultés financières que connaissait la Chine. Le *North China Daily Mail* devait annoncer la chose en termes plus crus à la une : « L'ère de la diplomatie du dollar vient de commencer. »

A son tour, le Régent sortit un papier de sa manche et lut la réponse de l'Empereur au Président. Plusieurs courtisans lançaient des regards inquiets vers le rideau jaune derrière le trône impérial. Jamais le Vénérable Bouddha n'aurait toléré ce genre de discours. La liturgie du silence avait été remplacée par celle des mots !

Pendant que se déroulait l'entrevue, Mr Gale ne quittait pas des yeux l'Empereur. Son attitude était à ce point rigide qu'il se demanda s'il n'était pas un simple « jouet mécanique ».

« Faites évacuer la Cité ! Poussez les verrous ! Allumez les lanternes ! » L'eunuque poussait les cris d'usage repris par d'autres eunuques veillant dans les palais...

C'était une heure avant minuit. Rien ne bougeait. La lune était cachée par un nuage. Mais l'eunuque de garde à l'extérieur du Palais des Douairières consorts se raidit. Il entendait le bruit lointain d'une musique venant du Lac du Couchant. Une lumière s'alluma à l'intérieur du palais.

Brillante Concubine quitta son lit et enfila une robe. Sous la soie légère ses seins pointèrent, quand elle serra sa ceinture autour de sa taille fine. Sans se presser, elle se dirigea vers la terrasse qui menait de sa chambre à celle de l'Empereur. L'eunuque jeta un regard sur cette grande femme. Il avait senti une odeur de jasmin dans l'air tiède du printemps. Maintenant, il savait que cette odeur émanait d'elle.

Cette concubine qui portait le nom de Brillante était une des mères adoptives de P'ou Yi. Bien qu'elle eût maintenant le titre de Douairière consort et que P'ou Yi l'appelât « Auguste Mère », elle ne voyait aucune objection à ce nom de Brillante que lui donnaient les eunuques et les concubines qui étaient ses intimes. L'Impératrice douairière, Honorable Abondance, l'avait nommée gouvernante de la maison de P'ou Yi. C'était elle qui choisissait sa nourriture et ses nurses. Elle avait eu le droit à cet honneur parce qu'elle était une amie très proche de la vraie mère de P'ou Yi, la princesse Tch'ouen.

La musique se rapprochait. C'était une marche jouée par des flûtes et des cymbales sur un rythme imposant. L'eunuque de garde eut un frisson.

P'ou Yi se tenait avec deux autres eunuques sur la terrasse. Ils regardaient tous par-dessus la balustrade de marbre. L'un des eunuques prit P'ou Yi par la taille et lui dit : « N'ayez pas peur ! »

Brillante se glissa derrière eux. Un cortège portant des lanternes s'avançait lentement dans la cour sur laquelle donnait la terrasse. Au milieu marchait en se balançant la déesse Kouan Yin, appuyée sur un homme, un bâton à la main et vêtu en archange. Elle lui souffla quelque chose à l'oreille et un rire aigu se fit entendre par-dessus les sons de la musique. « N'ayez pas peur. Ce n'est qu'un masque », répéta l'eunuque à P'ou Yi, qui ne semblait pas du tout effrayé.

Le cortège disparut. On n'entendait plus que l'écho des flûtes et des cymbales. Sentant un riche parfum de jasmin, P'ou Yi se tourna vers son « Auguste Mère ». Brillante entra avec P'ou Yi dans ses appartements. Les nurses qui se trouvaient là mirent l'enfant au lit. « Quel être étrange ! pensait Brillante. Les eunuques l'emmènent dans tous les endroits hantés par le Vénérable Bouddha et il ne montre aucune trace de crainte, seulement de la curiosité. » Effectivement, le garçon paraissait plus vieux que son âge. Mais savait-il ce qui allait succéder à ce cortège ?

Au loin, derrière la Salle du Ciel sans Nuages, on entendit des cris. La déesse commençait de tourmenter son archange. A moitié endormie, Brillante se retourna dans son lit. Les cris se changèrent en gloussements puis en rires, en supplications et enfin en grognements de plaisir. On aurait dit deux chats sauvages à la saison des amours. Mais ce n'étaient plus Kouan Yin et son archange : c'étaient Honorable Abondance et Tchang qui se livraient aux jeux que le Vénérable Bouddha et Li leur avaient enseignés.

Brillante s'allongea sur le dos. Tchang, un eunuque ! Avec ses trois femmes et les concubines qu'on apportait dans son lit ! Et ces cris de plaisir d'Honorable Abondance !... Brillante savait la vérité, mais se refusait à en parler.

P'ou Yi, lui, restait éveillé, les yeux grands ouverts. Une faible senteur de jasmin planait dans sa chambre...

Brillante était étendue à plat ventre sur sa couche. On avait tiré les rideaux de soie. Une servante versait de l'huile parfumée au jasmin sur ses magnifiques épaules. Délicatement, la masseuse Tsai Yu étendait l'huile sur sa peau, de la nuque jusqu'au creux de ses reins. Tsai Yu n'était pas toujours aussi tendre. Ses mains si douces pouvaient tuer. Le Vénérable Bouddha l'avait envoyée un jour, à l'improviste, chez une concubine enceinte des œuvres de l'empereur T'ong Tche. Elle avait alors « massé » le ventre de la jeune femme jusqu'à tuer l'enfant qu'elle portait en elle. Brillante haïssait cette femme diabolique qui en savait trop sur elle.

Brillante avait été amenée au Palais à l'âge de quinze ans pour être mise au service de l'empereur Kouang Siu. Contrairement aux autres concubines dont la beauté se fanait vite, cette voluptueuse femme de trente-six ans était encore dans tout son éclat. Elle n'avait pas un joli visage ; sa bouche retombait un peu aux commissures des lèvres, lui donnant un air triste ; ses paupières étaient lourdes ; bien que ses jambes fussent longues et fines, ses genoux étaient un peu osseux… Mais elle avait un dos merveilleux. Même les concubines jalouses admiraient cette magnifique chute de reins. Lorsque le vieux Li l'avait vue nue pour la première fois, il n'avait pu s'empêcher de s'écrier : « Elle a un corps de jade ! » Il l'avait ensuite enveloppée dans une couverture et conduite au pied de la couche du Dragon. Caché derrière les tentures, il l'avait regardée, fasciné. En fait, elle ressemblait moins à une colonne de jade qu'à un serpent qui rampait lentement vers le lit où l'attendait l'Empereur.

Quand ce dernier avait été envoyé dans l'Ile Enchantée, Li avait songé à la prendre lui-même pour concubine. Mais il redoutait trop le Vénérable Bouddha pour se le permettre.

« Vous êtes très belle aujourd'hui. Prenez garde que le chef des eunuques ne vous envoie chercher ! » chuchota la masseuse.

Les servantes se mirent à rire. Puis l'une d'entre elles poussa un cri en montrant la porte de la chambre qui était grande ouverte. P'ou Yi se tenait sur le seuil, contemplant la scène d'un air grave. La masseuse s'agenouilla et se prosterna. Brillante posa les pieds sur le sol et s'assit sur le bord de sa couche. Alors P'ou Yi se retourna et regagna la terrasse.

Bien que Brillante eût grondé la servante quand elle avait crié, elle devait reconnaître que cette apparition avait quelque chose d'étrange. P'ou Yi jouait souvent à cache-cache avec les jeunes eunuques et les pages du palais. Elle avait alors remarqué que, lorsque les autres le découvraient caché derrière un rideau, ils s'en écartaient aussitôt comme s'ils étaient effrayés. Parfois même les pages éclataient en sanglots, tellement il les impressionnait.

Un jour, les eunuques amenèrent P'ou Yi dans un petit pavillon où le Vénérable Bouddha avait l'habitude de jouer aux échecs. Ils lui racontèrent qu'une fois un eunuque, ayant pris un Cavalier à l'Impératrice, avait éclaté de rire en lui disant : « Votre esclave va tuer ce Cavalier ! » Furieuse, elle avait ordonné que l'eunuque fût battu à mort. Après qu'on lui eut raconté cette histoire, P'ou Yi, avec un air sournois, avait demandé à un jeune eunuque s'il voulait jouer aux échecs avec lui. Celui-ci en tomba malade et, pendant longtemps, fut incapable d'accomplir son service.

Brillante se souvenait du jour où elle avait vu pour la première fois sourire le jeune empereur. Il avait dénoncé un eunuque pour son impertinence. L'Impératrice douairière avait ordonné que le coupable fût battu. P'ou Yi regardait la scène. Tandis que les coups de bambou s'abattaient sur le dos de l'eunuque dévêtu, P'ou Yi s'était mis à sourire.

Brillante comprenait que, tôt ou tard, le chef des eunuques lui reprocherait le traitement que l'Empereur faisait subir aux siens. Elle savait aussi qu'elle serait convoquée en sa redoutable présence. Tchang n'avait plus rien du charmant comédien qu'il était lors de son arrivée à la Cour. Il était devenu gras et perclus de rhumatismes. On le transportait en chaise à porteurs à travers la Cité interdite — un privilège réservé aux seuls nobles. Il avait amassé une immense fortune venant des pots-de-vin qu'il touchait sur les contrats passés avec le palais. Tout le monde à la Cour le redoutait. Le Régent, lui-même, se sentait prêt à défaillir, à voir les petits yeux de crapaud fixés sur lui du fond de la chaise à porteurs. Une fois, le duc Pu Shan, un cousin de l'Empereur, avait essayé de prendre la défense d'un pauvre diable attaqué par les serviteurs de Tchang. L'un d'eux s'était retourné contre le duc et lui avait donné un coup de cravache. Mais ce fut le duc qui dut présenter ses excuses à Tchang.

Le chef des eunuques convoitait Brillante. Il lui suffisait de la rencontrer sur sa terrasse pour sentir monter en lui un irrépressible désir. Mais elle se refusait à ses avances. Malgré son pouvoir, il ne pouvait l'obliger à lui porter attention. Ce fut, du moins, le cas jusqu'à ce que des événements survenus à l'extérieur de la Cité interdite la réduisent à sa merci.

A l'automne de 1909, tout un régiment de l'armée impériale tomba dans une embuscade dans la plaine du Nord. La police secrète pensait qu'une personne du palais avait averti les hors-la-loi du mouvement des troupes. Il était évident que ça ne pouvait être que Brillante ! Un seul fait l'avait rendue depuis toujours suspecte d'un tel manque de loyauté. Elle était la sœur de la concubine Perle jetée dans un puits sur ordre du Vénérable Bouddha. Tchang avait été témoin de la scène. Comment Brillante aurait-elle pu pardonner ce crime ? Les deux sœurs étaient très proches l'une de l'autre, et toutes deux avaient été mêlées au Mouvement réformateur.

En 1900, quand la Cour partit pour Sian, Brillante était restée à Pékin. On savait qu'elle rendait maintes visites à la ville chinoise, où elle avait des amis. Le Vénérable Bouddha avait pris un risque quand, un an plus tard, elle l'avait reçue à la Cour. Le bruit courait — connu de la police secrète et de Tchang lui-même — que Brillante, en fait, était morte dans la ville chinoise pendant la révolte des Boxers et que Lotus Jaune, dirigeante notoire de la société du Lotus Blanc, avait pris sa place. Quelle autre raison Brillante aurait-elle eu de porter toujours une bague de jade, symbole de cette société secrète ?

Le désir et la peur se mêlaient dans l'esprit de Tchang à la pensée que Brillante pût être Lotus Jaune. Cette dernière, enveloppée d'un fort parfum d'exotisme et de mystère, seule personne au monde qui eût jamais fait peur au Vénérable Bouddha, avait été jadis une prostituée de Tientsin. En 1900, elle avait pris, dans cette ville, la tête des Boxers. Son pouvoir était si grand que même le gouverneur se prosternait devant elle. Quand la ville avait été libérée par les troupes étrangères, elle s'était enfuie sous un déguisement. Après coup, la population avait déclaré l'avoir vue au Marché aux Fleurs, le quartier des bordels de la ville chinoise.

Cette ville chinoise était réputée pour être un lieu de rencontre entre les traîtres mandchous et les hors-la-loi de la plaine du Nord, une fois la nuit tombée. Les espions de la police secrète et de Tchang surveillaient tout spécialement le théâtre du Bateau d'Or, place du Marché aux Fleurs. Fréquenté jadis par l'empereur T'ong Tche, cet établissement était maintenant sous la coupe de quelques membres dissolus de la noblesse mandchoue des deux sexes. On voyait parfois de hauts fonctionnaires s'y glisser par une porte dérobée. A l'intérieur, on pouvait y contempler à loisir des spectacles érotiques donnés par des filles, des acteurs et de jeunes prostitués chinois. On pouvait ensuite s'y livrer aux plaisirs de la *coupe d'amour*. Tchang se souvenait d'y avoir pris part quand il était jeune. Le public, amis et étrangers de passage, s'asseyait autour d'une grande table. La femme assise à sa droite commençait à boire la première. Ensuite, elle portait ses lèvres à celles de Tchang ; il y buvait à son tour et baisait sur la bouche un jeune garçon se trouvant à sa gauche. Puis, les partenaires changeaient et cette ronde de baisers continuait.

Les espions du palais portaient un intérêt particulier à une grande femme masquée qui, de temps à autre, venait en ces lieux. Une nuit, un jeune prostitué, qui était un mouchard, la vit se glisser par la porte de derrière. Une heure plus tard, un homme quitta précipitamment la salle. Les espions étaient persuadés que la femme masquée avait un amant auquel elle communiquait des informations secrètes. Mais qui était-elle ? Un acteur déguisé ou la concubine Perle ? Tchang décida que le moment était venu de l'interroger à ce sujet. Il la reçut dans son pavillon luxueusement meublé et la menaça de la torturer si elle ne lui disait pas la vérité. Se rendait-elle dans la ville chinoise, la nuit venue ? Était-elle en rapport avec des hors-la-loi ? Brillante lui répondit par un sourire dédaigneux. En la voyant partir, il décida de la mettre à mort. La masseuse impériale pourrait s'occuper de ce joli cou ! Mais il ne pouvait effacer de son esprit l'image de cette femme baisant les lèvres d'un étranger, et son désir pour elle le reprit.

La même nuit, un eunuque vint avertir Brillante que Tchang la demandait. Elle s'y attendait et s'était déjà vêtue pour la circonstance. Elle se retrouva en face de Tchang. Il était allongé sur des coussins. Elle défit sa ceinture. Sa robe de soie tomba sur le sol. Le serpent au corps de jade se glissa dans le lit de l'eunuque, parmi les coussins. Elle lui souffla à l'oreille des propos érotiques à le rendre malade ! Ne pouvant en supporter plus, il s'écria qu'il serait son archange, son esclave…

Ainsi Brillante sauva-t-elle sa vie — et avec elle son secret.

Tandis que Yuan Che-k'ai se morfondait dans sa retraite campagnarde, les armées qu'il avait abandonnées étaient sur la brèche. Dans le Nord-Ouest, un millier de paysans conduits par un hors-la-loi nommé Loup Blanc, attaquèrent la ville de Nig Hsia, ouvrirent les portes des prisons et proclamèrent la ville indépendante. L'armée du Nord, épuisée par les luttes incessantes qu'elle devait mener contre ces rebelles auxquels elle s'affrontait au cours de chevauchées fantastiques ou d'embuscades dans les villages qui leur servaient de refuges, s'enfuit des plaines pour regagner les faubourgs de Pékin.

Dans la Chine centrale, les paysans de la province de Ho-nan, exaspérés par les lourds impôts que leur réclamaient les fonctionnaires impériaux, se révoltèrent. Conduits par une bande de hors-la-loi qu'on appelait les « Verts », ils s'emparèrent de l'ancienne capitale de Sian. Venant du Sud, des rapports arrivèrent au palais, faisant état d'une révolte à Canton où nombre de fonctionnaires avaient été tués. Il était temps pour le commandant des forces impériales d'agir. Le prince Tch'ouen assumait ce poste depuis la démission de Yuan Che-k'ai. Il tomba d'accord avec le grand conseil pour qu'un grand coup fût frappé.

Pour le Régent, ce « grand coup » consista à envoyer deux princes royaux, oncles de l'Empereur, en mission à l'étranger. Ainsi le prince Ts'ai Hiun prit-il la tête d'une mission navale en Angleterre, où il fut gracieusement accueilli par le roi Edouard VII. Il fut reçu sur le navire amiral de la *Home Fleet* à Portsmouth, et tous les journaux lui accordèrent une grande attention. La Chine, disaient-ils, entend constituer une grande flotte sur le modèle de la nôtre. L'avenir des arsenaux britanniques était assuré.

Quand le prince Ts'ai Hiun retourna à la Cité interdite, la principale impression qu'il ramenait de sa visite était celle que lui avaient faite le château de Windsor et les magnifiques meubles qu'il y avait vus.

Pendant ce temps, son frère, le prince Ts'ai Tao, avait été envoyé en mission militaire en Allemagne. Il y fut chaudement reçu par le Kaiser, passa plusieurs jours à assister aux grandes manœuvres de l'armée allemande et eut les honneurs d'une grande parade à Berlin. La Chine « entend constituer une armée nouvelle sur le modèle de l'armée allemande », dirent les journaux…

Il devait pourtant résulter quelque chose de plus pratique de son voyage que de celui de son frère en Angleterre. Une équipe de conseillers et d'instructeurs militaires allemands fut envoyée à Pékin, pour être attachée à l'armée du Nord. On avait de mauvaises nouvelles du Sud. Les troubles de Canton avaient dégénéré en une révolte de grande envergure conduite par un général démis de son poste. Les rebelles marchaient vers le Nord. Mais Canton était loin de Pékin et il n'y avait pas de quoi trop s'alarmer.

Le pire, pourtant, devait survenir. Des rébellions eurent lieu à Hankow et à Wuchang, deux villes proches l'une de l'autre sur les rives du Yang Tsé Kiang. Contrairement au soulèvement de Canton, ces rébellions avaient été soigneusement préparées par une société révolutionnaire. L'un de ses membres était Sun Yat-sen, un idéaliste et un visionnaire, qui depuis longtemps rêvait d'une république chinoise.

Le grand conseil se réunit et ordonna qu'on entrât en action. Le Régent ne pensait qu'à une chose : rappeler le général Yuan Che-k'ai. Quand il reçut la réponse de ce dernier, il se sentit profondément humilié. « Le pied de Yuan n'est pas encore guéri », disait le message. Mais il espérait qu'il le serait bientôt.

Les rebelles de Hankow, à leur tour, se mirent en marche vers le Nord. On apprit au palais que Sun Yat-sen était arrivé à Nankin et s'apprêtait à proclamer la république. Il n'y avait là rien d'étonnant, car Nankin était depuis toujours lié au chef paysan du Lotus Blanc qui y avait fondé la dynastie des Ming.

Un autre message parvint de Yuan Che-k'ai. Son pied allait mieux. Si on lui donnait le commandement suprême et un bureau au Palais impérial, à partir duquel il conduirait la lutte, il volerait au secours de la dynastie. Mais il y avait un *post-scriptum*. L'armée avait besoin d'argent. Il entendait avoir le contrôle complet du trésor impérial.

Ses conditions ayant été acceptées, le général arriva avec tous ses bagages, y compris ses vingt concubines, et s'installa dans une demeure de la Cité tartare. On lui donna également un bureau dans la Cité interdite. Il ordonna aux régiments d'élite de l'armée du Nord de marcher sur Hankow et d'empêcher les rebelles de poursuivre leur route. Les deux forces se rencontrèrent en un combat sans issue.

Tout le monde, à la Cour, jubilait. Les autres régiments de l'armée du Nord pouvaient désormais s'emparer de Nankin qui était sans défense. Les chefs rebelles seraient ramenés enchaînés à Pékin. Le grand conseil envisagea pour eux toute une liste de châtiments. Il serait bien de mettre Sun Yat-sen à mort en lui infligeant mille supplices, mais cela pourrait choquer les grandes puissances progressistes. Peut-être pourrait-on s'en tenir à une simple exécution capitale…

Les jours passaient. Yuan ne bougeait toujours pas. Des rumeurs commencèrent à se répandre sur ses propres intentions. Alors, un communiqué parvint de son bureau qui étonna fort le grand conseil. Yuan Chek'ai reconnaissait quelque mérite aux principes les plus modérés qui animaient les républicains. Il espérait parvenir à un compromis amical avec Sun Yat-sen.

A l'étonnement succéda la panique. Les gens assiégèrent la gare de chemin de fer. Les riches emplirent des camions entiers avec leurs familles et leurs biens. Dans les rues, on voyait de longues files de carrioles et de mules. En une semaine, plus de 300 000 personnes avaient fui Pékin. C'était une invitation pour les soldats de l'armée du Nord à envahir la ville chinoise et y piller boutiques et maisons. Certains essayèrent même de pénétrer dans la Cité tartare.

Pendant l'automne de 1911, il y eut de nombreux entretiens secrets entre le général impérial et le « visionnaire » républicain, dont la Cour n'eut aucune connaissance. A la fin, la principale condition de paix exigée par Yuan Che-k'ai fut acceptée. La Chine deviendrait une république, mais elle aurait son siège à Pékin. Cette ville, en effet, servait de base à l'armée du Nord et il allait sans dire que, une fois le gouvernement républicain établi, Yuan en serait le chef. Il avait gagné, mais il restait à traiter avec la Cour impériale.

De nombreux républicains auraient préféré que le gouvernement fût établi à Nankin, avec Sun Yat-sen à sa tête, mais le facteur décisif dans l'affaire était le soutien des amis étrangers de Yuan : impressionnés par sa force et son esprit de décision apparents, ceux-ci voyaient en lui le futur maître de la Chine.

Un an auparavant, lors du soulèvement de Canton, le *Times* de Londres avait salué le retour de Yuan Che-k'ai : c'était « le seul homme capable de sauver la situation ». Yuan devait rendre la pareille à ses « amis étrangers », en désignant G. E. Morrison, le correspondant du *Times* à Pékin, comme son conseiller politique.

Plus important que l'opinion de l'étranger était l'argent qu'on pouvait en obtenir. Un groupe de banques consentit des prêts très importants à Yuan. Vingt-cinq millions de dollars avaient été avancés pour la seule modernisation de l'armée du Nord. Contre cela, Sun Yat-sen ne pouvait rien. L'ère de la diplomatie du dollar avait bel et bien commencé.

P'ou Yi se trouvait dans sa salle d'études au palais de la Nourriture de l'Esprit, quand la cloche du Temple des Ancêtres sonna l'alarme. Aussitôt, les eunuques de garde se ruèrent à travers les cours, frappant sur des gongs et criant : « Les soldats aux portes ! » Au milieu de ce vacarme, un message arriva de la douairière : Honorable Abondance requérait la présence de P'ou Yi dans la salle de la Suprême Harmonie.

Quand il entra, le jeune empereur trouva la douairière et le général Yuan Che-k'ai près du trône. Après que P'ou Yi se fut assis, le général se dirigea vers le centre de la salle, se retourna et se prosterna devant l'Empereur. Honorable Abondance lui dit d'approcher. Il en vint aussitôt au fait. Les forces républicaines gagnaient en importance. Avec les plus grands regrets, il avait décidé qu'il était de l'intérêt supérieur de Sa Majesté de bien vouloir abdiquer.

Honorable Abondance cria : « Non ! Non ! » et se mit à pleurer.

Pour le salut de l'unité nationale, continua le général, il était prêt à assumer la direction d'un gouvernement provisoire. Cela se passerait au mieux pour la famille impériale. Sa Majesté pourrait garder son titre et demeurer dans le palais. Il lui serait alloué une pension de 4 millions de dollars par an. Ces conditions et d'autres étaient stipulées dans un document intitulé « Les Articles du Favorable Traitement du Grand Empereur Ts'ing » que le général avait déjà signé. Il était sûr qu'Honorable Abondance aimerait en discuter les termes avec le grand conseil.

Le général se mit à genoux devant le trône. Une larme, puis une autre coulèrent sur ses joues. Honorable Abondance poussa un long sanglot. Au bout d'un moment, elle et Yuan se lamentaient à qui mieux mieux.

P'ou Yi considérait ce général larmoyant avec le plus vif intérêt. Les eunuques lui avaient dit qu'il possédait vingt concubines et qu'il ne pouvait dormir la nuit, craignant qu'elles ne fussent séduites par d'autres hommes. Deux d'entre elles étaient coréennes et une autre japonaise. A Pékin, il avait essayé d'acheter une Russe blanche, mais elle s'était envolée avec un marchand. Il y avait toujours des bagarres et des cris dans sa maison, car il ne pouvait garder ses concubines sous son contrôle. Il avait besoin d'un eunuque pour gouverner sa maisonnée.

Quand Yuan leva ses yeux encore embués de larmes, il vit que P'ou Yi le regardait en souriant.

La chambre du grand conseil était proche de la Porte du Levant. Lorsqu'il y avait une assemblée, on pouvait entendre les officiers donner des ordres et les soldats faire la manœuvre.

Les ministres et autres hauts fonctionnaires étaient partisans de l'abdication de l'Empereur. La noblesse mandchoue, qui avait la majorité au conseil, était contre. Honorable Abondance déclara qu'elle était prête à se battre jusqu'au bout. S'ils le faisaient tous avec la même détermination, il y avait une chance que les soldats des légations étrangères vinssent à leur secours. N'étaient-ils pas les alliés de l'Empereur? N'étaient-ils pas tenus par leurs traités à lui fournir cette aide?

Les princes mandchous écoutaient avec une crainte mêlée de respect les fiers propos de cette femme. Tout ce qu'il y avait de primitif en eux, dans leur race, semblait revivre en elle. Le ministre des Finances toussota avec appréhension et demanda qu'il lui fût permis d'émettre une opinion différente. Il était l'un des plus farouches avocats de Yuan Che-k'ai. Nous devons nous rappeler, argua-t-il, que le général reçoit des puissances étrangères un très important soutien financier et que, dans l'intérêt de l'unité nationale...

Il fut interrompu par un coup frappé à la porte. Un eunuque entra avec un message urgent pour la douairière, de la part du chef d'état-major de l'armée du Nord. Le message ne pouvait être plus brutal. La patience du général Yuan Che-k'ai était à bout. Si le grand conseil ne prenait pas une décision immédiate, ses troupes investiraient le Palais impérial.

Le 12 février 1912, Honorable Abondance publia un édit annonçant l'abdication de l'Empereur.

3

LA COUR AU PAYS DES MERVEILLES

UN jour d'été, dans la troisième année de la république, huit eunuques en armes nantis d'épées de cérémonie, marchaient à la file vers le Palais de la Nourriture de l'Esprit. Derrière eux, venait P'ou Yi porté dans un palanquin jaune. Quand cette procession, qui avait lieu matin et soir, chaque jour d'école, atteignit l'entrée du Palais, deux jeunes eunuques escortèrent P'ou Yi dans la salle d'études. Elle était simplement meublée de quelques tables et de quelques chaises. Un vase de fleurs et des rouleaux où étaient peints des idéogrammes en constituaient l'unique décoration. Il s'y trouvait aussi une pendule d'origine étrangère. Le rituel était immuable. P'ou Yi s'asseyait à sa table orientée vers le sud, comme il seyait à un empereur. Deux eunuques se tenaient à côté de lui, figés comme des statues. « Appelez-les ! » dit P'ou Yi, en montrant la porte.

Une nouvelle procession entra dans la salle. En tête venait un eunuque portant une pile de livres, suivi par le précepteur impérial et, enfin, par les camarades de classe de P'ou Yi : son frère P'ou Kie et Yu Tchong, fils du prince Lun, qui, par voie dynastique, aurait dû être le véritable empereur. P'ou Kie et Yu Tchong s'agenouillèrent devant lui, puis s'assirent à une table avec le précepteur, à l'écart du jeune empereur.

C'était l'heure de la leçon d'anglais. Le précepteur se leva et distribua aux élèves le seul livre inscrit au programme : *Alice au pays des merveilles*. En face de chacune des pages était inscrite la traduction chinoise, œuvre d'un ancien missionnaire. P'ou Yi était fasciné par les aventures d'Alice. Il voyait en elle une sorte de concubine anglaise qui était tombée par un puits profond dans l'univers souterrain de la Cité interdite. Ouvrant toutes les portes et tirant tous les rideaux, Alice osait se promener dans les palais et les jardins secrets de ce qu'on appelait aussi la Cité violette. Elle y rencontrait des valets pareils à des grenouilles qui, à l'évidence, étaient des eunuques déguisés. Avec horreur, elle était confrontée au Vénérable Bouddha. Parfois, celui-ci était une duchesse qui fouettait impitoyablement la petite fille parce qu'elle avait éternué ; parfois elle était la Reine de Cœur, suivie d'un cortège, qui condamnait les gens à mort pour la moindre des offenses. « Qu'on lui coupe la tête ! » criait-elle, quand Alice oubliait de se prosterner devant elle. La duchesse et la Reine de Cœur convainquaient P'ou Yi que les jeunes eunuques et concubines de la Cour n'étaient là que pour être battus et torturés.

On ne parlait pas de fourmis dans le livre d'Alice, mais P'ou Yi était persuadé que ces longues files de fourmis jaunes et noires qu'il voyait sur le sol du palais servaient de cortège à la Reine de Cœur. T'chen, le plus vieux précepteur du jeune empereur, s'y connaissait en insectes, et il se réjouissait de voir P'ou Yi prendre un tel intérêt aux fourmis. Pour amuser et distraire son élève, il commença à rédiger et illustrer un album concernant l'habitat et le comportement des diverses sortes de ces hyménoptères.

Un jour, après l'école, P'ou Yi reçut une visite. Cela faisait huit longues années qu'il n'avait plus revu sa mère, depuis le matin où il avait été emmené au palais impérial. Avec elle se trouvaient son mari, le prince Tch'ouen, le frère de P'ou Yi, P'ou Kie, et sa sœur. Alors qu'ils traversaient la cour, le prince avait fait remarquer à son épouse à quel point ce palais avait peu changé depuis qu'il l'avait quitté, trois ans auparavant. Les eunuques et les fonctionnaires de la Cour continuaient de se presser sur les terrasses, comme ils le faisaient dans le temps.

Toute la famille s'assembla dans une salle attenant

aux appartements de P'ou Yi. Celui-ci était assis sur un divan, en compagnie de deux eunuques. La princesse était étonnée des hautaines manières de son fils. « Il doit croire qu'il donne une audience officielle », pensait-elle. Il fit s'agenouiller ses parents devant lui, comme s'il avait été un grand monarque, et non pas un enfant de dix ans. Cela était absurde si l'on considérait que la Chine était désormais une république. Brillante avait raison. P'ou Yi était vraiment un être étrange pour son âge. P'ou Kie, qui connaissait les manières de son frère puisqu'ils suivaient leurs cours ensemble, eut bien soin de s'agenouiller devant lui. Sa sœur, elle, sauta sur le divan pour s'asseoir à côté de lui. Ce qui lui attira un regard sévère. Le prince Tch'ouen murmura des excuses et dit à sa fille qu'elle devait s'agenouiller devant l'Empereur.

C'est alors que la princesse commença à s'inquiéter. Les histoires que Brillante lui avait racontées sur P'ou Yi et les jeunes eunuques devaient être vraies. Il se mettait en colère quand on ne s'agenouillait pas devant lui et il sévissait au moindre manquement d'étiquette. Il avait même fouetté de sa main de jeunes eunuques et des pages. Un des précepteurs impériaux avait eu l'audace de se plaindre auprès de Brillante que l'Empereur en eût corrigé soixante-dix en une seule semaine pour des broutilles. Plus inquiétant était ce que l'on racontait au sujet d'un spectacle de marionnettes. Un eunuque, expert en la matière, en avait donné un excellent, du genre « Guignol et Gnafron » dans sa version chinoise. Admiratif, P'ou Yi avait demandé qu'on le bissât. Il n'en avait jamais assez de ces bastonnades...

Un jour, au cours d'une de ces séances, il se glissa derrière le théâtre de marionnettes où se produisait l'eunuque et ses poupées de bois. Quand il en sortit, il était bizarrement calme. (Plus tard, il avoua avoir eu, ce jour-là, une « inspiration diabolique ».) Il offrit au montreur de marionnettes un gâteau en guise de récompense. Celui-ci fut ravi, mais il ne savait pas que le jeune empereur avait fait un trou dans ledit gâteau et l'avait empli de limaille de fer. La nurse de P'ou Yi, membre de la suite de Brillante, l'avait aperçu. Elle intervint juste à temps pour avertir l'eunuque. « Je voulais simplement voir la tête qu'il ferait en avalant ce gâteau », répondit P'ou Yi en souriant. Terrorisé, le montreur de marionnettes s'efforça de garder son sang-froid, mais on ne le revit plus de longtemps.

La réunion de toute la famille Tch'ouen sombra vite dans la tristesse. La princesse se demandait comment y mettre fin sans provoquer de drame quand P'ou Yi, sortant de sa torpeur, demanda à son frère et à sa sœur de jouer à cache-cache. Les trois enfants se précipitèrent dans la chambre de P'ou Yi et tirèrent les rideaux. Dans l'obscurité, la petite fille poussait des cris quand son frère surgissait de sa cachette. Le prince et la princesse se regardaient, angoissés. Mais ils entendaient des rires : tout allait bien ! Tout en jouant, P'ou Kie remonta ses manches et P'ou Yi remarqua qu'elles étaient bordées de soie jaune. La couleur impériale ! Seuls les empereurs y avaient droit. Il commença à injurier P'ou Kie. Puis se mit à hurler qu'il allait le faire fouetter.

La famille Tch'ouen prit congé de l'Empereur en silence. Les eunuques, qui avaient assisté à la scène, les reconduisirent dare-dare dans leurs chaises à porteurs. La princesse ne devait plus jamais revoir son fils.

Le chef d'état-major adjoint de l'armée républicaine demandait à être reçu par son Impériale Majesté. P'ou Yi montra la porte et s'écria, à l'adresse de son grand secrétaire : « Qu'il entre ! »

Un général arriva et salua. Il portait un uniforme gris à la mode allemande. Il tenait un cintre auquel était suspendu un vêtement enveloppé de papier. Ayant remis sa casquette et son fardeau à un eunuque, il se livra aux prosternations d'usage avec une admirable précision.

P'ou Yi leva la main. Le général s'approcha et montra le vêtement en question. C'était un brillant uniforme avec des épaulettes dorées. Les yeux de P'ou Yi s'agrandirent de plaisir.

« Son Excellence Yuan Che-k'ai, président provisoire

de la République de Chine, espère que cet uniforme vous plaira, dit le général. Si Votre Impériale Majesté désire être photographiée après l'avoir revêtu, je serais heureux de m'occuper de la chose. La fanfare de l'armée républicaine doit, cet après-midi, donner une audition à l'extérieur du Palais présidentiel. Nous avons un nouveau chef de musique britannique. Si Votre Impériale Majesté désire y assister, ce serait une bonne occasion pour elle de porter ce nouvel uniforme. »

P'ou Yi fit un signe d'assentiment. Quel beau jour pour lui !

Yuan Che-k'ai avait décidé que l'heure était venue de se montrer magnanime. On ne pouvait guère dire que les « Articles du Favorable Traitement du Grand Empereur » — quelle belle phrase ! — ne montrassent pas sa générosité. Restaient, néanmoins, quelques détails qui devaient améliorer ses relations avec la famille impériale. S'en rendant compte, il avait eu recours à son conseiller politique, Morrison, le correspondant du *Times* à Pékin, le « Morrison de Pékin », comme on l'appelait. « Votre Excellence doit imposer son image », rabâchait celui-ci.

La démarche suivante du président tourna au désastre. Il avait envoyé une photographie de lui en grand uniforme à l'Impératrice douairière. A peine l'avait-elle reçue qu'Honorable Abondance tomba malade et mourut. Ses proches dirent qu'elle était « pleine de rage et de ressentiment ». A ses pieds gisait le portrait du commandant en chef de l'armée républicaine. Personne, parmi ses courtisans, ne douta que c'était cette photographie qui l'avait tuée.

Le bâtiment délabré qu'était devenu le Palais présidentiel se trouvait dans la partie sud de la Cité interdite. Il avait été autrefois le siège de la Justice. Sa tâche obligeait Yuan à s'y tenir durant la journée, mais pour rien au monde il n'aurait passé la nuit si près de ces lieux hantés par le Vénérable Bouddha. Même le jour, quand il traversait les cours avec une escorte armée, il s'arrêtait soudain, une sueur froide lui coulant sur le visage, croyant entendre les gloussements diaboliques de l'ex-Impératrice douairière. Une fois, il se réveilla dans sa chaise à porteurs et se rendit compte qu'il passait devant l'Ile Enchantée. Pendant des mois, il avait essayé d'effacer ces lieux de sa mémoire. Il était maintenant tout près de ce petit pavillon et de ses saules couleur de jade qui se reflétaient dans l'eau argentée du lac. Quelque part dans ce pavillon se trouvait la Chambre Vide. Yuan eut un frisson. Des gens, au palais, croyaient que, dans les derniers moments de sa vie, l'empereur Kouang Siu avait griffonné deux idéogrammes sur un bout de papier : « *Tuez Yuan!* » On disait que ce papier avait été secrètement communiqué à l'extérieur.

Une autre raison faisait que Yuan Che-k'ai évitait autant que possible la Cité interdite. Lors de la crise qui avait accompagné l'abdication, des rumeurs avaient couru concernant un complot fomenté pour l'assassiner. Leur enquête avait mené les policiers jusqu'au Palais des Douairières consorts, mais ils n'étaient pas allés plus loin.

Vraiment, la Cité interdite, avec ses fantômes et ses bruits de complot, n'était pas un lieu à fréquenter. Pourtant, lorsqu'il contemplait les tuiles jaunes de la Salle de la Suprême Harmonie, où les empereurs de Chine avaient régné pendant cinq cents ans, Yuan se prenait à espérer qu'un jour il pourrait surmonter ses craintes et dormir à l'aise sous ces toits incurvés.

Ayant montré leur magnanimité, Yuan Che-k'ai et son conseiller « Morrison de Pékin » avaient maintenant d'autres affaires en tête. Des élections devaient avoir lieu pour former le premier parlement de la république. En dépit de la présence menaçante des troupes de Yuan qui entouraient les bureaux de vote sous prétexte de maintenir l'ordre, le parti qui remporta le plus de sièges ne fut pas celui du général, mais le Kuomintang ou Parti nationaliste, comme l'appelaient les journaux étrangers. Les fondateurs du Kuomintang étaient inspirés par l'esprit de la démocratie américaine. Leur leader était un certain Song Kiao-jen, un ami intime de Sun Yat-sen. Il était en visite à Shangaï quand il reçut une invitation de Yuan Che-k'ai à le rencontrer à Pékin pour discuter de la formation du gouvernement. Alors qu'il montait dans le train en gare de Shangaï, Song fut assassiné par une bande de tueurs à la solde de Yuan Che-k'ai.

Song avait été en bons termes avec un certain nombre d'officiers supérieurs qui se faisaient une haute idée de lui. Quand ces derniers exprimèrent leurs sentiments à l'égard de ce meurtre, la réaction de Yuan ne tarda pas. Il les démit de leurs fonctions et les remplaça par des hommes à lui. Aussitôt après, il envoya une armée assiéger Nankin, qui tomba le 1er septembre 1913.

Dans les trois mois qui suivirent, il décréta le Parti nationaliste illégal, ordonna la dissolution du parlement et forma un conseil composé de ses seuls partisans. En janvier 1914, Yuan Che-k'ai fut nommé président à vie. On ne pouvait guère prétendre que le maître de la Chine manquait de force et d'esprit de décision !

Ce fut de la jubilation dans le quartier des légations étrangères où l'on organisa réceptions sur réceptions pour célébrer la présidence de Yuan Che-k'ai. Son conseiller Morrison ne fut pas oublié. On donna une soirée en son honneur au *Wagon-Lits Hôtel*. Il fut félicité pour son habileté diplomatique. Lui portant un toast, le rédacteur en chef du *Peking and Tientsin Times* déclara qu'il n'était pas « un correspondant comme les autres ». Il y avait là un énorme sous-entendu.

Peu de correspondants, en effet, ont reçu tant d'hommages si peu mérités. Lord Curzon saluait son « intelligence à prévoir les événements ». Pourtant, Morrison avait totalement manqué deux événements principaux : la révolte des Boxers en 1900 et la révolution en 1911. En ces deux occasions, il était parti chasser le gibier d'eau et le *Times* avait dû avoir recours aux reportages d'un trafiquant d'armes excentrique, Sir Edmund Backhouse. Le même Morrison avait cette particularité unique chez les journalistes en poste en Chine : il ne connaissait absolument pas le chinois. Mais ce n'était pas tout. Il était fier de son ignorance et n'avait aucune intention d'y remédier. A part quelques personnages

éminents comme le Vénérable Bouddha qu'il appelait
« that grand old lady », il ne portait aucun intérêt au
peuple chinois. Pour lui la Chine n'était qu'une sorte
d'arène où diverses puissances s'affrontaient pour
conquérir la suprématie. Les militaires décideraient qui
serait le vainqueur. Mais il était certain d'une chose :
ce serait l'Empire britannique qui, à la fin, l'emporterait sur tous les autres et gouvernerait le monde. Fier
de la part qu'il avait prise à l'avènement de Yuan Che-
k'ai, il n'était pas contre le fait que désormais on
l'appelât « Morrison de Chine »...

Place Tien An Men, une escorte de *carabinieri* à
cheval, sabre au clair, trottait devant un carrosse
découvert tiré par des poneys mongols aux longs poils.
A l'intérieur se trouvaient assis côte à côte le ministre
plénipotentiaire italien et son secrétaire, le signor
Daniele Varè. En face d'eux, leurs épouses, en robe de
cour, bavardaient avec animation. Ce beau monde
allait être reçu par le président de la Chine. « On dit
qu'il ressemble à Clemenceau », dit la femme du
ministre. Le signor Varè, qui contemplait les poneys
mongols, répondit : « Oui. Je suis sûr que vous avez
raison. »

A la Porte de la Paix Céleste, le carrosse et son
escorte firent une halte. Le ministre et sa suite s'installèrent dans deux chaises à porteurs et furent conduits à
l'intérieur de la Cité interdite. Les *carabinieri* saluèrent
la garde et repartirent au trot.

Dans la Salle de la Suprême Harmonie, douze généraux de l'armée du Nord se tenaient derrière le trône,
six de chaque côté. On avait disposé une rangée de
sièges semblables à des fauteuils de théâtre devant le
trône. L'aide de camp du président invita les Italiens à
s'asseoir. Au bout d'un court moment, tout le monde
se leva : Yuan Che-k'ai s'avançait, tout frétillant. Il
s'inclina devant les visiteurs, puis s'assit sur le trône. Il
portait son uniforme bleu aux épaulettes dorées. De la
main gauche, il tenait le pommeau de la nouvelle épée
que lui avait offerte le ministre britannique. Le signor
Varè était captivé par le spectacle : ces énormes brûleurs d'encens, ces grues et ces phénix de bronze et là,

sur le siège du Dragon, Yuan Che-k'ai, qui ressemblait vraiment à un empereur!...

Il y eut un premier discours, mais le signor Varè était tellement ailleurs qu'il n'en écouta pas un seul mot. Son esprit était occupé par des considérations plus élevées que les échanges sino-italiens. Il se disait que, vraiment, le système impérial était la forme naturelle du gouvernement de la Chine. Le mot « république » ne signifiait pas grand-chose pour les paysans qui attendaient du Fils du Ciel qu'il priât pour eux. Peut-être l'Italie, un jour, donnerait-elle aussi au monde un grand empire.

Après l'audience, les Italiens montèrent sur la terrasse supérieure et parcoururent du regard la mer de toits jaunes qui s'étendait sous leurs yeux. « Il est étrange de penser, dit la femme du ministre, que, cachée quelque part dans cet amas de palais, il y a une cour en miniature, où se déroulent d'antiques liturgies avec des gongs, de l'encens, des eunuques et un empereur qui, m'a-t-on dit, est un enfant...

— Arrêtez! dit le signor Varè. Vous me donnez froid dans le dos! »

Yuan Che-k'ai s'était montré réticent à tenir audience dans la Salle de la Suprême Harmonie. Mais son conseil l'avait persuadé que le bureau minable du palais présidentiel ne convenait guère pour recevoir les députations étrangères dont le nombre augmentait sans cesse. Il était mal à l'aise sur cet énorme trône laqué de noir et de rouge et entouré de phénix de bronze. Il ne pouvait tout à fait oublier que, devant ce trône, il avait prêté serment d'allégeance à P'ou Yi. Lors d'une audience, alors que le ministre hollandais lui adressait ses félicitations, il laissa son regard errer autour de lui. A quelques pas de là se trouvait le rideau jaune. Et il dut faire de grands efforts pour conserver son sang-froid jusqu'à ce que la séance fût terminée. Alors, incapable de refréner sa colère, il ordonna à ses aides de le débarrasser de ce rideau et autres symboles qu'avait laissés l'ancienne dynastie.

Au fur et à mesure que les audiences succédaient aux audiences, Yuan devenait de plus en plus sûr de lui. Un membre de son conseil lui dit qu'il ressemblait au grand

74

empereur K'ang Hi dont le règne avait duré soixante ans. A sa propre surprise, il se rendit compte qu'il n'avait plus peur de se trouver dans la Cité interdite qu'il parcourait en tous sens. Une nuit, il alla jusqu'à oser dormir dans le palais. Des hommes en armes montaient la garde à sa porte, mais Yuan passa la nuit paisiblement dans son lit à baldaquin, sans avoir à appeler la garde une seule fois !

Dans son entourage, certains commençaient à parler d'une nouvelle dynastie. Il les faisait taire d'un sourire, mais au fond de lui-même, il rayonnait de plaisir. Il consulta « Morrison de Chine », bien qu'il connût parfaitement son opinion. Morrison disait que c'était une loi de la nature que seul un gouvernement impérial pût assurer l'unité nationale. Afin d'avoir un autre avis, il présenta à Yuan le professeur Goodnow, un éminent spécialiste américain en matière de sciences politiques. Après des recherches poussées, le professeur donna son sentiment au cours d'une assemblée plénière du conseil. Il déclara que les Chinois étaient totalement étrangers à une forme républicaine de gouvernement. Si elle devait continuer à être une république, la Chine tomberait dans l'anarchie, comme c'était le cas actuellement pour le Mexique.

Avec un soin méticuleux, le professeur et les membres du conseil avaient évité toute référence à cette « cour en miniature » cachée quelque part dans la Cité interdite. Le conseil s'estima suffisamment éclairé et se prononça en faveur de l'empire. Yuan Che-k'ai devait fonder une nouvelle dynastie. Ils s'arrangeraient pour que les « représentants du peuple » qui allaient être élus émissent unanimement un vote demandant à Yuan d'accepter le trône. Après une comédie d'usage, le général se déclara d'accord pour obéir à la volonté du peuple. On était en décembre 1915. Il serait empereur l'année suivante.

Avant la tombée de la nuit, au plus profond de l'hiver 1915, un véhicule blindé, avec une mitrailleuse sur le toit, sortit de la Cité interdite par la Porte de la Paix Céleste. Prenant de la vitesse, il traversa la place en direction du Temple du Ciel. Un groupe d'officiers attendait sur les marches de l'autel situé en plein air. Le véhicule blindé stoppa. Une porte s'ouvrit et un escabeau de bois fut placé sous l'ouverture. Les officiers se mirent au garde-à-vous. Yuan Che-k'ai, accompagné de son aide de camp, apparut. Dans la petite lumière de l'aube, Yuan gravit avec précaution les marches recouvertes de glace qui menaient à l'Autel du Ciel. De l'encens brûlait. Il s'inclina en direction du soleil, fit une brève oraison et sacrifia aux dieux pour qu'ils fussent favorables à la nouvelle dynastie.

Tandis qu'il se livrait à cette cérémonie, Yuan savait très bien, comme ses officiers, que le rite impérial lui interdisait de sacrifier sur l'Autel du Ciel avant l'aube du jour de son intronisation, qui devait avoir lieu quelques semaines plus tard. Mais il avait été incapable d'attendre plus longtemps, si grand était son désir de devenir Fils du Ciel. Il avait d'ailleurs anticipé l'événement d'autre manière. Un dollar d'argent avait été gravé à son effigie (où il était ceint d'une couronne de laurier) et mis en circulation dans plusieurs villes. On avait choisi un nom pour le nouveau régime : l'*Empire chinois*.

Les vingt concubines de Yuan et leurs enfants avaient aussi pris les devants en s'installant dans le palais présidentiel. Tout ce monde se chamaillait et se battait, faisant un véritable vacarme, tandis que les aides militaires travaillaient désespérément à établir la liste des invités pour le jour de l'intronisation.

Au milieu de ce chaos, un incident eut lieu qui devait avoir des conséquences funestes pour le futur empereur. Touan K'i jouei, un vieux général de l'armée du Nord, demanda à lui présenter ses respects. Dans le Cabinet, il rencontra le fils aîné de Yuan Che-k'ai qui se pavanait sur un sofa. Les prosternations n'avaient plus cours depuis l'abdication de P'ou Yi. De toute façon, elles n'étaient jamais pratiquées par un homme plus âgé à l'égard d'un prince impérial. Mais le jeune arrogant obligea le vieux général à se prosterner neuf fois. Humilié, Touan quitta le palais en déclarant qu'il en avait déjà assez de cette nouvelle dynastie.

Tandis que le jour de l'intronisation approchait, des nuages menaçants envahissaient l'horizon de la Chine du Sud. La « Bande verte » des paysans commençait à susciter une nouvelle révolte dans la propre province de Yuan, le Ho-nan. Les rebelles avaient été rejoints par les chefs militaires régionaux que Yuan avait offensés lors de l'assassinat du leader nationaliste en 1913. Une autre révolte paysanne éclata dans le Nord-Ouest, où Loup Blanc était entré de nouveau en action. En très peu de temps, ses hommes contrôlèrent certaines régions des provinces de Shansi, de Shensi et de Kansou.

Les révoltes de paysans avaient mis à bas certaines dynasties, mais jamais une de ces dynasties n'avait été attaquée à la veille de son instauration ! Humilié, Yuan Che-k'ai se tourna vers ses vieux amis, les généraux de l'armée du Nord, pour qu'ils vinssent à son aide. Mais il n'eut qu'à regarder le visage du général Touan et son air distant pour comprendre que tout espoir était perdu.

Malade et abattu, Yuan Che-k'ai battit en retraite dans la Cité interdite. Son véhicule blindé personnel, parqué dans la cour, donnait au palais présidentiel l'allure d'une forteresse. Une poignée de gardes loyaux restaient pour le protéger. Ils passaient la plus grande partie de leur temps à essayer de faire régner l'ordre parmi ses concubines afin que leur maître trouvât un peu de paix. Tous les vieux fantômes le hantaient de nouveau. Il fut pris d'une forte fièvre. Plusieurs spécialistes étrangers, appelés à son chevet, ne purent diagnostiquer l'origine du mal. Quand on essayait de lui parler, il bredouillait quelques mots à propos de la Chambre Vide. Le jour de sa mort, les serviteurs l'entendirent crier : « C'est la faute de ce démon. Il m'a trahi ! »

Cette nuit-là, il entendit le Vénérable Bouddha qui sifflait entre ses dents et gloussait derrière les rideaux entourant son lit. Terrorisé, il déchira les rideaux, mais les gloussements ne firent que s'amplifier. Le lendemain matin, ses aides le trouvèrent mort. Son visage était convulsé par la peur. L'une de ses mains était restée accrochée à l'un de ces rideaux qui l'entouraient comme un linceul. Ses médecins déclarèrent et les journaux publièrent que Yuan Che-k'ai était décédé soudainement, « rendu malade par la honte et la colère ». P'ou Yi apprit la nouvelle, assis sur son trône dans la Salle du Ciel sans Nuages. A la fin de son rapport, le grand secrétaire cita les derniers mots de Yuan Che-k'ai : « C'est la faute de ce démon. Il m'a trahi. » Personne ne pouvait dire, continua le secrétaire, qui pouvait être ce démon. Arrivé là, il leva les yeux. P'ou Yi souriait.

« Le traître est mort ! » Les eunuques tout excités se ruèrent dans les cours de la Cité, en criant la nouvelle. Partout on entendait des gongs résonner, et la cloche du Temple des Ancêtres se mit à sonner. Il y eut des fêtes dans la Cité tartare et le drapeau impérial marqué du dragon fut suspendu à la façade des plus grandes maisons, tandis que la police républicaine contemplait le spectacle. Pourtant, dans le quartier des légations étrangères, l'atmosphère était lourde. Les ministres plénipotentiaires s'appelaient les uns les autres, inquiets de savoir ce qui était arrivé. Une fois de plus, « Morrison de Chine » n'avait pas prévu l'événement.

Le Parlement se réunit. Li Yuan-Long, un métis, fut élu président ; le général Touan K'i jouei, nommé Premier ministre. Cette nomination d'un vétéran de l'armée du Nord accabla les partisans du groupe « Jeune Chine » à l'assemblée, mais la majorité des membres partageait le même fervent optimisme. L'ogre n'était plus là et les relations entre le gouvernement républicain et le Palais ne pouvaient qu'aller pour le mieux.

En un geste amical, le président fit rendre au Palais nombre de lances de cérémonie que Yuan Che-k'ai, de sinistre mémoire, avait accaparées. L'Empereur lui montra sa gratitude en conférant des honneurs : le gilet jaune pour lui, et le droit d'entrer à cheval dans la Cité interdite pour certains membres du Parlement. Afin de ne pas être en reste, le président décerna des décorations militaires à une longue liste de courtisans. Confortablement placés entre le Palais et le Parlement, les fonctionnaires civils considéraient d'un bon œil ce tout nouveau *consensus*. Les directeurs de tous les départements étaient ravis de recevoir honneurs et décorations de leurs deux maîtres.

Un certain nombre de changements furent effectués au Palais, qui semblaient relever de l'optimisme régnant. P'ou Yi donna son accord à la création de l'Office de Grand Gardien. Le premier à bénéficier de ce titre fut Tch'en Pao-tchen, le plus vieux des précepteurs impériaux. Les douairières consorts furent promues à un rang plus élevé. Le chef des eunuques eut droit à augmenter son personnel, ce qui porta le nombre des eunuques à 1 500. Vingt-cinq *dames de compagnie* (le terme de *concubine* avait été banni) furent recrutées.

Les douairières consorts remarquèrent avec soulagement que P'ou Yi se consacrait entièrement à son *hobby* favori : l'étude des fourmis. On le promenait dans un palanquin jaune à travers toutes les cours de la Cité. Quand l'eunuque qui lui était attaché en repérait, P'ou Yi s'animait, ravi de les observer. Fourmis jaunes, brunes, noires, rouges, toutes excitaient de sa part un égal intérêt. Une seule chose gâchait son plaisir. Il n'y avait pas de fourmis blanches ! Le Grand Gardien lui déclara qu'on n'en trouvait qu'en Afrique, et qu'on disait ne jamais en avoir vu en Chine.

De nombreuses fêtes célébrèrent la renaissance de la République et le président sollicita P'ou Yi d'honorer de sa présence un concert donné par les fanfares de l'armée républicaine au palais présidentiel. P'ou Yi, revêtu de son brillant uniforme bleu aux épaulettes dorées, s'assit à la tribune avec le vieux général Touan, devenu Premier ministre. D'autres membres du cabinet et des hôtes de marque étrangers étaient présents. A côté de la tribune, à moitié dissimulé par des arbustes, se trouvait le véhicule blindé de feu Yuan Che-k'ai.

Le chef de fanfare Giles, venant de l'armée britannique, avait appris à ses musiciens chinois un nouveau morceau en l'honneur de l'Empereur. Après avoir salué le public, il se tourna vers son orchestre, leva sa baguette, compta quatre mesures pour rien et leur fit attaquer une marche militaire :

It's a long way to Tipperary,
It's a long way to go...

qu'ils interprétèrent avec force fausses notes et sur un rythme de marche funèbre. Les paupières de P'ou Yi commencèrent à se baisser, puis ses yeux se fermèrent. Tandis que la musique continuait de bourdonner à ses oreilles. Il tourna la tête et, lentement, ses yeux s'ouvrirent. Devant le véhicule blindé de Yuan Che-k'ai, il y avait une longue file de fourmis rouges. Fasciné, il les observa jusqu'à ce qu'elles eussent disparu derrière les buissons. La dernière note de *Tipperary* s'éteignit et le chef de la musique se tourna vers l'assistance pour la saluer. Il eut le plaisir de constater que Son Impériale Majesté... souriait...

Déconcertés par le tour qu'avaient pris les événements quand le tout nouvel Empire chinois avait soudain cessé d'exister, les chefs des légations étrangères s'étaient réfugiés dans un silence gêné. C'était la dernière politesse qu'ils pouvaient rendre aux Chinois qui étaient leurs amis et leurs alliés ! Conduits par Sir John Jordan, doyen du corps diplomatique, ils allèrent en masse assister au départ du cortège funèbre de Yuan Che-k'ai, quand son corps quitta Pékin pour sa province natale de Ho-nan.

Derrière son cercueil, pendant ce long voyage vers le Sud, suivaient des voitures et des palanquins portant ses concubines et leurs enfants. Ensuite, venaient des charrettes tirées par des mules, remplies de colis et de bagages. Le signor Varè n'en compta pas moins de deux cents. On eût dit une armée en retraite. Était-ce vraiment la fin de l'Empire ? Jordan, le ministre britannique, avait raison, pensait l'Italien. Il fallait attendre. Peut-être un autre général prendrait-il la place de Yuan Che-k'ai à la tête de la Chine.

Les communautés étrangères, dans les ports soustraités, étaient stupéfaites par le brusque décès de celui en qui elles avaient tant investi. Le *Peking and Tientsin Times* lui consacra une rubrique nécrologique qui tenait une page entière. Yuan Che-k'ai et Lord Jordan avaient entretenu d'étroites relations. Attentif à tout ce qui pouvait être dit dans cet éloge funèbre, Sir John avait adressé un télégramme au rédacteur en chef du journal, H. G. W. Woodhead, lui demandant comme « un service personnel » de ne rien évoquer du complot qui avait amené Yuan à devenir empereur. Honoré d'être mis ainsi dans les confidences du ministre britannique, Woodhead s'était fait un plaisir d'accéder à ses vœux. Il n'y avait pas un mot sur les folles ambitions du défunt. Au contraire, il était dépeint comme un « humble et dévoué soldat » dont la mort était une tragédie pour la Chine. Comme Sir John Jordan, Woodhead était bien en peine d'expliquer comment l'aide massive dont avait bénéficié Yuan Che-k'ai avait pu se révéler aussi vaine face à deux soulèvements de paysans de faible importance, l'un dans le Sud, l'autre dans le Nord-Ouest. Woodhead avait consulté « Morrison of China », mais, comme lui, celui-ci n'y comprenait rien.

Pareils à la plupart des étrangers vivant en Chine, ces trois membres influents de la communauté britannique, Jordan, Morrison et Woodhead, ne savaient pratiquement rien des paysans et du rôle qu'ils jouaient dans l'histoire de la Chine. Des milliers de paysans « déplacés » affluaient dans les concessions étrangères de villes comme Tientsin et Shangaï. Ceux qui se plaçaient comme domestiques étaient considérés par leur maître avec une condescendance amusée. Mais la plupart devenaient coolies ou mendiants et on voyait en eux des déchets de la société. Pendant des siècles, les livres d'histoire chinois avaient été écrits par des lettrés pour des lettrés. Ces mandarins ne s'intéressaient qu'aux gens ayant quelque importance. Ils méprisaient ces paysans révoltés et leurs meneurs qu'ils considéraient comme des bandits, des hors-la-loi qui n'avaient pas le droit de vivre et n'avaient pas à être pris en considération. Il est significatif que le caractère chinois pour *bandit* signifie littéralement *personne*.

Les experts étrangers de la Chine qui s'inspiraient des livres d'histoire chinois adoptaient la même attitude que les mandarins. Ils allaient même jusqu'à s'habiller comme eux. Au XVIIe siècle, le célèbre missionnaire jésuite, le père Ricci, avec sa longue barbe, son chapeau pointu et sa robe, était une figure bien connue des lettrés officiels de Pékin. Un autre exemple, plus extravagant, est celui de Sir Edmund Backhouse, le faussaire de *China under the Empress Dowager*. En 1921, on pouvait le rencontrer dans les rues de Londres, à la stupeur des passants, vêtu en mandarin et sa barbe blanche flottant au vent.

L'indifférence étudiée que les mandarins montraient à l'égard des couches inférieures de la société et des paysans ne changea guère au cours du temps. En 1943, la Bibliothèque du Congrès de Washington publia *Eminent Chinese of the Ching Period* (1644-1911). Cet ouvrage était écrit par une équipe de sinologues (des « experts occidentaux », comme on les appelait) en collaboration avec quelques savants chinois. Woodhead y voyait une source indispensable à la connaissance de la Chine. Dans sa préface, il déclarait que c'était « l'histoire de la Chine la plus détaillée et la plus digne de foi sur les trois derniers siècles, contenant la biographie des 800 hommes et femmes qui avaient fait cette histoire ».

Parmi ces 800 personnages illustres, on trouvait, par exemple, Chien Chien-yi, un lettré officiel qui avait été président du bureau des cérémonies à la fin de la dynastie Ming. Quand les Mandchous avaient envahi la Chine en 1644, Chien n'était pas mort comme l'Empereur et l'Impératrice. Non. En tant que fonctionnaire, il avait prêté serment d'allégeance à la dynastie mandchoue et conservé ainsi ses fonctions au bureau des cérémonies, cédant seulement un peu de ses prérogatives au vice-président. Une autre de ces 800 éminentes personnes était un lettré officiel qui avait passé quarante ans de sa vie à subir des examens, avant de finir secrétaire au Secrétariat général de la Cité interdite. Tels étaient ceux dont on disait qu'ils avaient « fait l'histoire de la Chine ». Sur Loup Blanc et ses raids dans la campagne sauvage à l'est de Pékin, sur Lotus Jaune, la dirigeante de la société secrète du Lotus Blanc et sur les millions de paysans chinois, pas un mot !

Tous les hommes de savoir étrangers ne suivaient pas l'exemple de ces mandarins qui ignoraient tout de la paysannerie de leur pays. Quelques-uns s'aventuraient dans les campagnes et découvraient chez les paysans une sagesse, une conscience historique et une noblesse d'esprit qui dataient de l'époque pré-impériale.

Ce fut notamment le cas de Teilhard de Chardin qui accomplit plus d'une expédition scientifique sur le plateau de l'Ordos, le territoire de Loup Blanc. Il écrivait (1) : « De la Chine, j'ai vu la dureté, la désolation, l'immense poussière sur les gens et les choses. Je n'ai ni la connaissance de la langue et du passé qui m'ouvrirait, rationnellement, le trésor caché, ni une intuition qui m'en ferait percevoir instinctivement et plus sûrement que toute science, la beauté secrète. » Pour lui, il ne faisait aucun doute que l'essence de la Chine, ce « trésor caché », ce n'était pas dans les villes mais chez les paysans qu'il fallait la chercher.

Esson Gale, l'interprète de la délégation américaine qui avait été reçue en audience par P'ou Yi alors âgé de trois ans, découvrit, lui aussi, que les masses chinoises étaient rien moins qu'illettrées. Dans les plus petits villages, il rencontra des garçons et des filles récitant des passages entiers du Livre de Mencius, le sage du IVe siècle. « J'observe les lectures des gens de basse condition : cuisiniers, jardiniers, domestiques, coolies, messagers… Invariablement, je les trouve en train de lire un livre souvent feuilleté. J'examine ce petit volume qu'il m'arrive de leur dérober à l'improviste. Et qu'est-ce que je trouve ? Quelque roman passionnant du XIIIe siècle racontant des prouesses guerrières ou des intrigues de palais ! »

Après la chute de Yuan Che-k'ai et la fin prématurée de son Empire chinois, Sir John Jordan avait conseillé à ses collègues des diverses légations d'attendre pour voir si quelque autre personnage n'allait pas prendre le contrôle de la Chine. Il semblait n'attacher aucune importance au gouvernement républicain ni à cette « cour en miniature » cachée dans la Cité interdite. Une puissance étrangère, pourtant, n'avait nullement l'intention d'attendre. Le Japon étendait son propre empire.

_____

(1) Pierre Teilhard de Chardin, *Accomplir l'homme,* lettres inédites (1926-1952), Paris, Grasset, 1968 (N. d. T.).

En 1914, quand avait éclaté la Grande Guerre, ce pays, allié de la Grande-Bretagne, s'était emparé d'immenses territoires et de ports maritimes dans la province de Shantung, anciennement occupée par les Allemands. Le Japon, maintenant, poursuivait son expansion en Mandchourie, où il avait depuis longtemps établi une tête de pont.

A l'automne de 1916, le prince mandchou Sou, connu sous le nom de « Prince fou », ardent champion de la dynastie des Ts'ing, prit la tête d'une armée loyaliste contre les forces républicaines de Mandchourie. Le prince, soutenu par une banque japonaise, et dont les officiers avaient été instruits à la manière nippone, s'apprêtait à passer à l'attaque avec le soutien du commandement de la garnison de Tientsin. Dans le même temps, le chef de clan mongol, Bajobab, allié du prince, envahissait la Chine du Nord pour attaquer les républicains à Kalgan. Le but de ces deux offensives était de faire tomber le gouvernement de la République et de restaurer la dynastie mandchoue, avec P'ou Yi sur le trône. Après de durs combats, le Prince fou et Bajobab furent défaits.

La cohabitation pacifique du Palais et du Parlement avait duré près d'un an. A présent, des nuages s'amoncelaient entre eux. Le 16 juin 1917, un général loyaliste arriva dans la Cité interdite, demandant à être reçu aussitôt. Le Grand Gardien, qui était un admirateur du général, conseilla à P'ou Yi de le recevoir. Le général Tchang Siun apparut et se livra aux prosternations d'usage. C'était un homme de petite taille, robuste, d'âge moyen, avec des jambes torses, des sourcils broussailleux, de longues moustaches, qui portait la « queue de cochon », et qui ressemblait à un pirate. D'une voix enrouée, il déclara qu'il était venu pour restaurer la dynastie Ts'ing et sauver le peuple chinois. Les républicains devaient être chassés, P'ou Yi redevenir l'empereur Yuan Tong et assumer les pleins pouvoirs. Le général exhiba un mémoire à ce sujet, dont il avait fait avec ses officiers le brouillon. Ses troupes, constituées de six bataillons, étaient cantonnées à l'extérieur de la Cité interdite. P'ou Yi n'avait qu'un mot à dire. Ce dernier regarda le Grand Gardien qui se trouvait à quelques pas de là, et dit que Son Impériale Majesté prendrait en considération la requête du général. Tchang s'agenouilla puis sortit en trombe, bousculant les eunuques sur son passage.

Sans perdre une minute, le Grand Gardien déclara que c'était le Ciel qui envoyait ce magnifique guerrier pour réparer les indignités dont la dynastie avait souffert. Tchang Siun était ce même général qui s'était emparé de la ville de Nankin, totalement désarmée, en 1913, et avait massacré de nombreux républicains. Lui et ses hommes continuaient de porter la « queue de cochon », qui était la marque de leur fidélité à la dynastie mandchoue, bien que le port de la natte eût été proscrit depuis la fondation de la République. En écoutant le Grand Gardien, P'ou Yi jubilait. Cette armée à « queue de cochon » pourrait le faire de nouveau empereur. Il n'aurait plus à partager la Cité interdite avec le président de la République. L'offre généreuse du général fut acceptée.

Avant la fin de la journée, on put voir flotter le drapeau impérial dans tout Pékin, y compris sur la ville chinoise. Des boutiquiers firent fortune en vendant des nattes postiches faites en crins de cheval. Les gens descendirent dans la rue revêtus de leurs vieilles robes mandchoues et d'habits de cour, comme s'ils allaient à une cérémonie.

P'ou Yi fit publier un édit dénonçant son abdication de 1912 et restaurant la dynastie. Chaque jour, le Grand Gardien soumettait à sa signature un nouvel édit. Des centaines de personnes venaient au Palais impérial se prosterner devant l'Empereur et le féliciter. Tout cela lui était fort agréable. Une chose, pourtant, l'ennuyait, lui et le Grand Gardien. Le vieux président Li ne voulait pas s'en aller. Cela était intolérable. Un message lui fut adressé lui suggérant de se suicider. Il n'en tint aucun compte et continua de bouder dans un coin de la Cité interdite, sous la seule garde du vieux char rouillé. Ce fut le général à « la queue de cochon » qui prit l'initiative. Ses hommes mirent un canon en position à l'extérieur du Palais présidentiel. Quelques minutes plus tard, le président Li courait se réfugier dans le quartier des légations.

Cinq jours passèrent. Cinq jours d'édits, d'audiences et de festivités. Puis on entendit le son du canon, venant de l'est. Des rapports indiquaient que l'armée républicaine fonçait sur Pékin. On l'appelait *l'armée-pour-punir-les-rebelles*. Elle était commandée par l'inévitable général Touan. Quand le Grand Gardien entendit prononcer son nom, il se mit à trembler. Il avait en vain essayé de s'en tirer par un éclat de rire, affirmant à P'ou Yi qu'il pouvait compter sur soixante bataillons de soldats à « queue de cochon » pour le défendre. Pour toute réponse, les yeux de l'Empereur commencèrent à se fermer. Le Grand Gardien se demandait s'il ne devait pas lui proposer de se suicider, mais décida que ce serait pure folie. P'ou Yi avait maintenant les yeux presque clos : il était bien capable de dire oui.

Le même après-midi, un avion militaire apparut dans le ciel et tourna lentement au-dessus de la Cité interdite. P'ou Yi se trouvait dans le Palais de la Nourriture de l'Esprit quand l'appareil lâcha trois bombes. L'une tomba dans le Lac du Couchant. L'autre atterrit avec un bruit sourd sur le sol, sans exploser. La troisième, elle, explosa à l'extérieur du Temple des Ancêtres, blessant un porteur du palanquin jaune. Quand le bruit de l'explosion se fut dissipé, il y eut un grand silence, puis la plus extrême confusion. Les gens se couchèrent sur le sol. P'ou Yi se cacha sous un bureau de la salle d'études et refusa longtemps d'en sortir. Nombre d'eunuques s'enfuirent de la Cité interdite et furent, plus tard, rattrapés par la police, à quelque deux kilomètres de la Porte de la Paix Céleste. Mais l'un d'entre eux ne fut pas récupéré. Tchang, le chef des eunuques, insultant ses porteurs, fut transporté en palanquin à la Porte du Levant. Là, il se mêla à la foule des soldats et des passants affolés et on le vit se diriger vers la ville chinoise.

Laissant ses hommes se débrouiller comme ils le pouvaient, le général à « queue de cochon » trouva refuge à la légation hollandaise. Pendant des semaines, cet hôte embarrassant et prétentieux s'y enivra, dérangeant tout le monde par les cris qu'il poussait de sa voix rauque. A la fin, on s'arrangea pour l'expédier dans la concession britannique de Tientsin.

La tentative de restauration était terminée. Avec mille sourires et mille courbettes, le Grand Gardien assura un émissaire du président que P'ou Yi ne désirait qu'une chose : que l'harmonie et la paix continuassent de régner entre le Palais et le Parlement. Il espérait que le président avait bien profité de ses courtes vacances et lui fit part de ses sentiments respectueux.

Le lendemain, le président révoqua Li. Les événements de la semaine passée avaient été de trop pour lui. Les « sentiments respectueux » du Grand Gardien avaient fait déborder le vase. Au nom de P'ou Yi, le Grand Gardien rédigea un nouvel acte d'abdication. Cet édit déclarait que cette tentative de restauration avait été une erreur regrettable. C'était la faute de ce général à « queue de cochon ». Rien ne serait arrivé si l'Empereur n'eût été d'un âge si tendre et la Cour contrainte de vivre enterrée dans la Cité interdite.

Un nouveau président fut élu. Siu Che-tch'ang était un ancien fonctionnaire et un républicain modéré. Il se montra conciliant à l'égard de cette tentative de restauration et assura le Palais que rien n'était changé aux Articles du Favorable Traitement du Grand Empereur Ts'ing. De nombreux membres du Parlement pensaient que le président se montrait un peu trop servile et l'accusaient de vouloir jouer le rôle de Régent au nom du jeune Empereur. Mais quelque chose de plus important les préoccupait. En 1917, la Grande-Bretagne et les États-Unis avaient persuadé la Chine d'abandonner sa neutralité et de déclarer la guerre à l'Allemagne. Maintenant, à l'automne de 1918, la guerre approchait de sa fin. Le gouvernement chinois espérait fortement que les régions de la province de Shantung, naguère occupées par les Allemands et dont les Japonais s'étaient emparés, seraient bientôt rendues à la Chine. Le président Wilson l'assura de son soutien.

La guerre en Europe se termina. Les négociations commencèrent à Versailles : une délégation chinoise conduite par le ministre des Affaires étrangères, Lou

Tseng-siang, s'y rendit. Lou était un lettré plein de bonnes dispositions, auteur d'un ouvrage intitulé *Ways of Confucius and of the Christ*. Le cabinet décida qu'il serait accompagné d'un conseiller politique. Qui de mieux que « Morrison of China » ? Ce belliciste convaincu avait passé toute la durée de la guerre dans une station balnéaire chinoise. Il n'avait pas été pour autant totalement désœuvré et avait écrit quelques articles favorables à la présence militaire japonaise en Mandchourie.

Quand Morrison partit pour l'Europe, il emportait avec lui des reliquats du sac de Pékin par les Alliés après la révolte des Boxers. La pièce principale de sa collection était un livre de prières chinois dans son coffret de jade et d'or qui avait été volé dans la chambre à coucher du Vénérable Bouddha. A Versailles, Morrison prit longuement la parole quand la pétition chinoise fut présentée. L'assistance écouta poliment, mais ne fit rien. On permit au Japon de conserver la péninsule de Shantung. Plus tard, on apprit que la France, la Grande-Bretagne et l'Italie s'étaient entendues pour ne pas soutenir les pétitions chinoises.

Après cet échec, Lou Tseng-siang se retira dans le monastère des Bénédictins de Saint-André, en Belgique, où il se joignit à la communauté. Morrison s'établit à Londres. Il ne devait plus retourner en Chine. Dans son salon se trouvait exposé le livre de prières du Vénérable Bouddha, dans son coffret. Il ne manquait pas de le montrer à ses visiteurs en déclarant d'une voix pleine de nostalgie que c'était là un souvenir de la « grand old lady ».

4

LA GRANDE ÉVASION

P'OU Yi s'assit à sa table dans la salle d'études du Palais de la Nourriture de l'Esprit. « Appelez-les ! » dit-il. L'eunuque qui avait la charge des livres entra, suivi par le nouveau précepteur impérial et les princes P'ou Kie et Yu Tchong. Le précepteur se dirigea vers P'ou Yi et s'inclina avec une certaine raideur devant lui. Quand il se releva, il avait un petit air supérieur. P'ou Yi regarda ses yeux d'un bleu très clair qui le fixaient, et sourcilla. Il avait déjà vu des étrangers au cours des audiences, mais jamais d'aussi près. Celui-ci avait le teint rouge, une fossette au menton, des cheveux châtains qui grisonnaient sur les tempes et la constitution robuste de quelqu'un qui a fait du sport dans sa jeunesse. Il n'était âgé que de quarante ans, mais P'ou Yi le considéra comme un vieil homme.

L'eunuque tendit au précepteur quatre exemplaires d'*Alice au pays des merveilles,* puis recula, incapable de quitter des yeux les vêtements de l'étranger. Celui-ci portait un costume anthracite avec un gilet, un pantalon au pli impeccable, un col dur et une cravate bleue ornée de petites couronnes, mais ce qu'il avait de plus étrange, c'étaient ses chaussures parfaitement cirées et ses guêtres.

Le précepteur jeta un coup d'œil sur les livres et fronça les sourcils. « C'est le seul que nous ayons ? » demanda-t-il en anglais.

Les autres le regardèrent, déconcertés. Il reprit sa phrase en chinois, avec un fort accent d'Oxford. P'ou Kie approuva de la tête.

89

« Ce sera bon pour aujourd'hui, mais je pense que nous devons changer tout cela », dit le précepteur d'un ton sec.

P'ou Yi était profondément perturbé. *Alice au pays des merveilles* contenait des trésors. Pourquoi changer ce livre ?

Le précepteur lui apporta son exemplaire. Tandis qu'il traversait la salle ses talons martelaient le plancher avec un bruit métallique. Quand il s'approcha de sa table, P'ou Yi sentit un étrange parfum.

Retournant à sa place, le nouveau venu commença à lire en anglais un passage d'*Alice au pays des merveilles*. « Le Roi et la Reine de Cœur étaient assis sur leur trône entourés de toutes sortes d'oiseaux et de bêtes et de cartes à jouer. Le Valet se tenait devant eux, enchaîné, gardé par deux soldats... »

Il était clair que ses élèves ne comprenaient pas un traître mot. Ils pouvaient saisir quelques bribes de ce que leur disait leur ancien professeur chinois, mais n'entendaient rien aux propos de cet homme aux yeux bleus. Tout en lisant, celui-ci lançait des coups d'œil aux eunuques qui le contemplaient, fascinés. Ses joues n'en devinrent que plus rouges d'irritation. « Bon Dieu ! se disait-il. Ils vont rester là pendant deux heures ? »

Reginald Johnston était d'origine écossaise. Il avait les meilleures références, ayant fait ses études à l'Université d'Édimbourg, puis à Magdalen College à Oxford, où les Écossais ambitieux parachevaient leur éducation. En 1898, il avait rejoint les services coloniaux et été nommé à Hong Kong comme secrétaire du gouverneur. En 1904, il fut muté à Weihaiwei en tant qu'officier de district et magistrat. Ce port de la côte Nord de la péninsule de Shantung et sa magnifique baie naturelle était une base navale britannique importante. Avec ses trois cents miles carrés à l'intérieur des terres, il avait été concédé à la Grande-Bretagne. Johnston y passa quinze années. C'était pour lui une sorte d'exil. Il se découvrit un intérêt profond pour la philosophie confucéenne et rendit de nombreuses visites au sanctuaire de Confucius, au mont Taï, à Shantung. Ce néophyte du confucianisme trouva un exutoire à sa nouvelle foi en s'attaquant au christianisme. En 1911, il écrivit, sous le pseudonyme de Liou Shao-yang, un ouvrage intitulé *A Chinese Appeal to Christendom Concerning Christian Missions,* où il tournait en ridicule les chrétiens de toutes confessions. Un ouvrage qu'il devait avoir à regretter. En tant que magistrat, il avait fourni quelques secours au marquis Li, un courtisan mandchou qui s'était réfugié à Weihaiwei pour échapper aux républicains. Dans l'hiver de 1918 le président, qui montrait un certain intérêt à P'ou Yi, persuada son entourage que le temps était venu pour l'Empereur d'avoir un précepteur britannique. Li suggéra Johnston pour cet office. Sir John Jordan, ministre plénipotentiaire à Pékin, fut consulté, ainsi que les services coloniaux de Londres. Johnston donna son accord et, en 1919, on lui demanda de prendre ses nouvelles fonctions au Palais Impérial.

Dès le premier jour de son enseignement, après sa lecture d'*Alice au pays des merveilles,* Johnston rédigea un long rapport dans lequel il se lamentait que le jeune Empereur n'eût aucune connaissance de l'anglais ni le désir de l'apprendre. Ce rapport fut suivi de nombreux autres. On eût dit que les années que Johnston avait passées comme magistrat et disciple de Confucius lui eussent donné un urgent besoin de communiquer avec le monde extérieur. Incroyablement sûr de lui, opiniâtre et pompeux, il livrait quotidiennement son jugement défavorable sur la Cité interdite.

Une nouvelle ère s'annonçait dans la salle d'études du Palais de la Nourriture de l'Esprit. *Alice au pays des merveilles* en fut banni. Désormais, P'ou Yi et ses condisciples durent essayer de suivre leur maître qui leur lisait *The Lives of English Monarchs.* Il avait pensé qu'il était mieux de commencer par la dynastie des Tudor qu'il considérait comme le début de l'époque moderne en Grande-Bretagne. P'ou Yi gardait les yeux à moitié clos et ne les ouvrait qu'à l'occasion de certains détails du règne d'Henry VIII et de la reine Élisabeth Ire.

Johnston aimait à ponctuer ses cours de considérations philosophiques. Un jour, il déclara à ses élèves, d'une voix solennelle, que le vrai confucianiste avait toutes les qualités d'un gentleman anglais. C'était la conclusion à laquelle il avait abouti à l'issue de longues années de méditations. Il allait s'expliquer là-dessus, lorsque, à sa grande surprise, P'ou Yi leva le doigt. Après des semaines de travail rebutant, c'était là un fait intéressant. Le précepteur regarda P'ou Yi d'un œil interrogateur. « Oui, Votre Majesté ?

— N'avez-vous jamais vu une fourmi blanche ? »

Les eunuques présents restèrent bouche bée. Johnston dut se contrôler. Sans aucun doute, P'ou Yi avait commencé à s'habituer à la fascination de ces yeux bleus et repris confiance en lui-même.

Johnston continua sa lecture. Il en était arrivé au règne de Jacques Ier et à son héros favori, Sir Francis Bacon. « Un parangon du gentleman anglais, expliqua-t-il. Éminent universitaire, orateur, homme de science et légiste... » Il regarda P'ou Yi. Celui-ci était en train de vider sur sa table le sac de cuir qui contenait ses trésors, et il alignait des perles. En désespoir de cause, Johnston consulta ses collègues précepteurs. Ces derniers lui dirent que P'ou Yi, depuis longtemps, avait la réputation d'être *fou,* ce qui, en chinois, veut dire d'humeur volage. Dans son rapport suivant, Johnston déclara que l'Empereur semblait être doué d'une double personnalité dont les deux natures s'opposaient l'une à l'autre.

Il avait profité de Jacques Ier pour parler à ses élèves de ses origines écossaises. Il leur débita toute une liste de traditions de son pays, où l'on trouvait pêle-mêle le tartan, la cornemuse, le kilt et le *haggis* (1), mais tout ce qu'il obtenait d'eux était un regard étonné. Un jour, sans trop penser à ce qu'il faisait, il leur montra un magazine illustré. C'était un numéro spécial consacré au prince de Galles. P'ou Yi le feuilleta en ouvrant de grands yeux. Il y avait là des photographies du prince vêtu d'un kilt et d'un calot, debout dans un champ de bruyères près d'un lac écossais ; en uniforme de

_____

(1) Mets traditionnel écossais. (N.d.T.)

Highlander ; avec une casquette et des culottes bouffantes en train de jouer au golf à Saint-Andrews ; ou en étudiant d'Oxford, une cigarette au bec... Enfin, Johnston avait trouvé la faille ! Désormais son élève fut attentif à tout ce qu'il disait. Lorsque son maître lui révéla qu'il avait été au même collège que le prince de Galles, son respect devint presque de la vénération. Cet homme avait foulé les mêmes gazons soigneusement entretenus que le prince, ce garçon qui portait de si magnifiques déguisements ! Quoi que pût dire Johnston sur les bénéfices que retirait la Chine d'un système de gouvernement impérial, son regret qu'elle eût abandonné le système des examens impériaux pour les fonctionnaires, sa haine de la démocratie, l'influence grandissante de l'Amérique dans ce pays, son admiration pour Mussolini qui faisait tant pour l'Italie et, par-dessus tout, la certitude qu'il avait que la Chine dût avoir une monarchie constitutionnelle sur le modèle britannique, il était sûr d'obtenir de P'ou Yi toute la concentration désirée.

Mais il fallut en payer le prix ! Les premiers signes se manifestèrent le jour où, entrant dans la salle de classe, Johnston remarqua que P'ou Yi puait l'eau de Cologne. Celui-ci avait découvert le parfum de son maître, et ses eunuques l'en avaient abondamment aspergé. Un autre jour, il le trouva vêtu à l'anglaise, un œillet à la boutonnière. Sur sa table étaient posés un chapeau melon et une paire de gants. En se penchant, il aperçut des souliers vernis et des guêtres roses. Une fois qu'il eut repris ses esprits, il dit à P'ou Yi qu'il ne pourrait continuer à donner son cours si son élève n'était pas revêtu de la robe traditionnelle des Mandchous et s'en alla, laissant les eunuques stupéfaits. Ces derniers s'étaient mis en quatre (y compris en fouillant chez tous les costumiers de théâtre de la ville chinoise) pour trouver des vêtements que le prince de Galles eût été digne de porter.

Sans se décourager, P'ou Yi faisait tout pour plaire à son précepteur qui était pour lui comme le Roi de Cœur de la Cité interdite. Un jour, il lui adressa un poème qu'il avait écrit en chinois. Il l'avait signé d'un pseudonyme, « Licorne Lumineuse ». Johnston devint écarlate et déclara qu'un tel nom était indigne d'un empereur... Il était vraiment difficile de plaire à ce Roi de Cœur !

Un après-midi, alors que P'ou Yi quittait la salle de classe, il fut surpris de voir son père qui l'attendait. Le prince, dont les yeux étaient rougis de larmes, lui annonça que la princesse Tch'ouen venait de mourir après une brève maladie.

A l'occasion des funérailles de sa mère, P'ou Yi sortit de la Cité interdite pour la première fois depuis qu'il y avait été cloîtré par le Vénérable Bouddha, treize années auparavant. On avait placé le cercueil ouvert de la princesse sur la petite scène du théâtre de la Demeure du Nord. On eût dit que ce personnage étrangement immobile faisait partie d'une pièce qu'on était en train de jouer. P'ou Yi ne l'avait pas connue quand elle était vivante. Maintenant qu'elle était morte, il se sentait profondément relié à elle.

En 1922, cela faisait trois ans qu'il était précepteur impérial, Johnston occupait une position dominante à la Cour. Le Grand Gardien était sous son autorité. Son Impérial élève lui décerna le plus haut grade de tous les mandarins et le décora de l'ordre de la Robe de Zibeline. Finalement, Johnston se réjouissait de l'intérêt que P'ou Yi portait au prince de Galles. S'il savait s'y prendre, il parviendrait peut-être à l'intéresser aux problèmes d'une monarchie constitutionnelle. Ce qui inquiétait Johnston, c'était la mauvaise santé du jeune empereur. P'ou Yi avait maintenant seize ans, mais ses eunuques continuaient de l'habiller et le déshabiller. Ils le lavaient, le peignaient et l'aspergeaient de parfum. Seize ans, c'était l'âge pour un jeune Britannique de se livrer à des exercices physiques. Mais P'ou Yi bornait ses activités à aller observer les fourmis, et, par-dessus le marché, il s'y faisait transporter dans son palanquin jaune.

Johnston décida que tout cela devait changer. Il avança un certain nombre de conseils qui se heurtèrent à une forte opposition. Les Dames consorts, conduites par Brillante, n'avaient jamais accepté l'immixtion de cet étranger à la Cour. Elles rejetèrent les propositions de Johnston. Cela ne le troubla guère. Ses véritables ennemis étaient les eunuques. Sachant qu'il les détestait, ceux-ci s'en vengèrent en lui donnant un surnom qui fit rapidement le tour de la Cité interdite : « Vieux Bouddha Étranger. »

Le « Vieux Bouddha » passait tous ses week-ends dans une petite maison qu'il avait acquise dans les collines de l'ouest à l'extérieur de Pékin. Il l'avait baptisée « la Vallée des Cerises ». Il y rédigeait ses rapports et se promenait dans le jardin, méditant sur l'avenir de P'ou Yi et la décadence de la Cité interdite. Mais il était troublé dans sa retraite à l'idée des eunuques. « Vieux Bouddha Étranger », hein ? Ah ! s'il pouvait trouver un moyen de s'en débarrasser !

En fait, Johnston avait sous-estimé les Dames de la Cour. Tandis qu'il se demandait comment divertir P'ou Yi de ses fourmis et faire de lui un gentleman, ces Dames mettaient au point un plan qui devait changer la vie de l'Empereur. Elles décidèrent de le marier. Quand Johnston apprit la nouvelle, il se retira sous sa tente de la Vallée des Cerises. Célibataire endurci, il s'était toujours senti mal à l'aise en présence des femmes et il était malade à l'idée que son jeune disciple pût se marier. Il éprouvait à son égard une profonde affection et il lui arrivait de lui écrire en l'appelant « mon poussin ». Il fut encore plus affecté lorsqu'il apprit comment s'était effectué le choix de la future épouse. Les Dames de la Cour avaient montré à P'ou Yi un certain nombre de photographies de jeunes filles mandchoues, en lui demandant de choisir celle qu'il voulait pour femme. La plus belle de toutes était Wan Jung, Belle Contenance, une jeune Mongole de haut lignage qui descendait du grand empereur T'sien Long. Elle était l'élue de Brillante. P'ou Yi feuilleta cet album de jeunes beautés et désigna Wen Hsiu, Élégant Ornement, une fillette grassouillette de treize ans. Cela déplut aux Dames de la Cour qui l'invitèrent à un autre choix. Cette fois-ci, il fit le bon et désigna Belle Contenance qui fut entérinée comme future Impératrice. En compensation, ces Dames décidèrent qu'Élégant Ornement serait épouse consort de l'Empereur. Johnston était fou de rage. C'était de la bigamie ! « Peut-on croire que nous sommes au XXᵉ siècle ! » écrivit-il dans son rapport. Peu importait : Brillante, qui devait se demander à quoi rimaient toutes ces histoires, l'avait emporté.

Le président, toujours soucieux de plaire à l'Empereur, lui offrit un présent inattendu. Le gouvernement républicain fit transformer en cinéma l'un des palais qui servaient de théâtre. Le premier film qui y fut projeté était une comédie d'Harold Lloyd, qui devint vite la star favorite de P'ou Yi.

Un jour froid de novembre, Belle Contenance arriva par le train de Tientsin, où vivait sa famille. Le lendemain matin à l'aurore, elle fut conduite au Palais dans le Fauteuil du Phénix. Selon la coutume mandchoue, l'épouse en second (Élégant Ornement) était arrivée au Palais la nuit d'avant, pour être en mesure d'accueillir l'Impératrice. Après la longue cérémonie du mariage, l'Impératrice, accompagnée de ses suivantes, se rendit dans la chambre nuptiale pour y attendre son seigneur et maître. Quand P'ou Yi arriva, il trouva sa magnifique épouse revêtue d'une robe rouge, étendue mollement sur la couche du Dragon. Il s'assit sur un tabouret et commença à lui parler. Soudain, il se tut. Sur le sol, juste derrière le tabouret, il y avait un morceau de gâteau. Une fourmi noire en charriait une miette en direction de la porte. Bientôt une foule d'autres fourmis se mit à aller et venir entre le morceau de gâteau et la porte. Pour leur venir en aide, P'ou Yi ouvrit gentiment la porte et les suivit jusque sur la terrasse.

L'Impératrice abandonnée demeurait allongée sur son oreiller. Sa Licorne Lumineuse avait disparu...

Un jour, en un de ses rares moments de frivolité, Johnston demanda à P'ou Yi de choisir parmi une liste de noms anglais celui qu'il préférait. L'Empereur choisit Henry pour lui-même et Elisabeth pour l'Impératrice. Les journaux sautèrent sur l'événement. Au grand dam de Johnston, le *Far Eastern Times*, un journal dont les sympathies allaient aux républicains, fit le compte rendu de la réception offerte à l'occasion de leur mariage par M. Henry et Mme Elisabeth P'ou Yi.

A l'exception de la famille impériale, seuls les étrangers avaient été invités à cette réception qui se tint dans la salle de la Suprême Harmonie. Ling Sou-houa, la fille du maire de Pékin — un républicain — réussit à s'introduire sous des vêtements étrangers. Le couple impérial se tenait au pied du trône pour recevoir ses invités. P'ou Yi était en habit de ville, un œillet rose à la boutonnière, avec un pantalon rayé, un gilet chamois et une chemise blanche au col amidonné. A son idée, c'était ainsi que le prince de Galles se fût habillé en pareille circonstance. P'ou Yi avait ajouté à sa mise une touche supplémentaire empruntée à son idole, Harold Lloyd : il arborait une paire de grandes lunettes en écaille.

Les eunuques et les pages, portant des plateaux sur lesquels se trouvaient des coupes de champagne, essayaient de se frayer un chemin parmi la foule des invités. Johnston avait pris P'ou Yi par le bras et le trimbalait parmi l'assistance, suivi de l'Impératrice. Ling Sou-houa vit Johnston propulser P'ou Yi vers le ministre britannique, puis, quelques minutes plus tard, se retourner vers le ministre italien. « Il a fait de P'ou Yi un jouet mécanique », nota-t-elle dans son journal. Un journaliste français, commentant le spectacle, pensait que Johnston avait réussi à transformer son disciple en « dandy britannique ».

Sur la terrasse, à l'extérieur de la salle, l'orchestre de l'Armée républicaine jouait sous la baguette du chef Giles. Alors que les jeunes mariés quittaient la salle, disant au revoir de la main à leurs invités, l'orchestre attaqua son morceau favori, *It's a long way to Tipperary*. Effectivement, Tipperary était bien loin ! Johnston, coiffé d'un huit-reflets, se tenait, solitaire, à l'écart de la foule. Son visage était empreint de tristesse.

Chaque jour, Johnston se voyait gratifié de nouveaux honneurs par son jeune empereur, mais il n'était pas heureux. Il avait toujours rêvé de faire de P'ou Yi un gentleman confucianiste, respectueux de l'autorité parentale, avec juste ce qu'il fallait de principes anglais, notamment le goût d'une vie saine en plein air. Mais la continuelle présence des eunuques qui, derrière son dos, continuaient de le traiter de « Vieux Bouddha Étranger » lui rappelait à quel point sa tâche était difficile. Il lui fallait vraiment se débarrasser de ces gens, mais par quels moyens ?

Un jour, alors qu'il arpentait les allées de son jardin de la Vallée des Cerises, il eut une illumination. Une commission d'enquête ! Voilà ce qu'il fallait ! Une commission destinée à examiner les rapines auxquelles les eunuques se livraient. On verrait alors les voleurs qu'ils étaient ! L'expérience qu'il avait depuis de longues années de la fonction publique en Chine, admettait-il dans son rapport, lui avait donné cette idée. « Il ne faut plus, écrivit-il, que ces vampires sucent le sang de la dynastie. »

Sa commission fut composée de deux officiers d'état-major du Palais présidentiel, de quelques hauts fonctionnaires et de lui-même comme président. Les fonctionnaires, seuls, se montrèrent réticents. Ils avaient toujours coopéré avec les eunuques dans l'administration du Palais. Ils avaient appris à supporter la présence des uns et des autres. En outre, qui savait ce que cette commission allait découvrir ? Mais Johnston, qui avait le soutien du président, leur fit surmonter leurs craintes.

Sa première cible fut le Palais du Bonheur Durable. Il contenait de nombreux trésors, y compris ceux qui avaient été envoyés par les palais de Jehol et de Moukden, en 1912, quand la République avait été proclamée. Depuis, Johnston avait toujours suspecté les eunuques de vendre les trésors dont ils avaient la garde à une bande de trafiquants de la ville chinoise. Il allait maintenant frapper un grand coup. La commission demanda à l'eunuque chargé du Trésor de fournir un inventaire de tout ce que contenait le palais. Le lendemain, avant l'aube, la cloche du temple sonna l'alarme et les eunuques surgirent de toutes parts en criant : « Au feu ! » Le Palais du Bonheur Durable était en flammes. En quelques heures il fut consumé. Tout ce qu'il en restait n'était que des charpentes carbonisées.

Dans l'après-midi, l'eunuque du Trésor communiqua à la commission une évaluation des pertes. 2 685 bouddhas en or et plusieurs milliers de livres et de rouleaux précieux.

Johnston était fou de rage. On le voyait partout, rouge de colère, criant des ordres à tous ceux qu'il rencontrait sur son passage. Il alla voir le président. Il demanda audience à P'ou Yi. Un édit fut publié bannissant tous les eunuques de la Cité interdite. Leur expulsion fut conduite comme une opération militaire. Dix-huit jours après l'incendie, un régiment des troupes républicaines sous le commandement du général Touan encercla la Cité interdite. Un autre régiment prit position autour de ce qui restait du Palais du Bonheur Durable. Les 1 500 eunuques furent rassemblés dans la cour. On leur lut le décret d'expulsion et ils se dispersèrent en silence.

Une fois sortis, on leur permit de revenir en petits groupes et sous escorte militaire pour prendre leurs affaires.

L'opération avait été menée rondement. Il avait fallu beaucoup de force et de décision, comme le dit plus tard Johnston, pour mettre fin à une tradition vieille de deux mille ans, en une seule fois. Mais la guerre contre les eunuques n'était pas encore gagnée. Johnston avait compté sans les Dames de la Cour. Maintenant celles-ci en appelaient à P'ou Yi. On ne pouvait se passer des eunuques qui rendaient tant de services, clamèrent-elles. P'ou Yi se montra accommodant et il fut permis à cinquante d'entre eux de rester. Une cinquantaine de pages ne furent pas non plus affectés par cette purge.

L'incendie du Palais du Bonheur Durable fournit à Johnston une consolation inattendue. Quand les ruines eurent été déblayées, il resta un terrain vague d'une dimension pouvant convenir à un court de tennis. Avec l'aide du personnel de la légation britannique, Johnston le fit aménager et P'ou Yi fut encouragé à se livrer à ce sport de gentleman. Le premier match fut un double — P'ou Yi et P'ou Kie contre Jun Chi, le frère de l'Impératrice, et Johnston. Ce ne fut pas une réussite, mais c'était un début !

Johnston eut une nouvelle occasion d'amener P'ou Yi aux exercices de plein air. Au printemps de 1924, il fut nommé gardien du Palais d'Été, à une quinzaine de kilomètres de Pékin. Marchant parmi les pagodes disséminées sur les collines boisées ou les pavillons situés sur les rives du lac qu'aimait tant le Vénérable Bouddha, il forma le vœu que son « poussin » partageât le spectacle de ces beautés avec lui.

Son désir fut exaucé quand lui parvint un message du Palais l'avertissant que l'Empereur et l'Impératrice arriveraient le jour suivant en automobile. P'ou Yi n'avait pas quitté la Cité interdite depuis les funérailles de sa mère et les troupes républicaines gardaient la porte de la Paix Céleste pour contenir la foule. Quand la voiture impériale apparut, Johnston constata avec soulagement que P'ou Yi portait la tenue traditionnelle des Mandchous et un bonnet noir. Il y avait pourtant comme un défaut. P'ou Yi avait une canne suspendue à son bras : il était évident qu'il avait vu des films de Charlot. Grâce à Dieu, il n'était pas vêtu en Highlander ! Johnston ne se soucia pas de la manière dont l'Impératrice, elle, était habillée !

Un vieux guide volubile fit visiter au couple impérial un des nombreux temples du voisinage. Ils arrivèrent ensuite sur la rive du lac où était la salle des Ondulantes Eaux de Jade. Après avoir traversé une cour, ils entrèrent dans une petite pièce à l'atmosphère étouffante. Au milieu, sur le dallage, était un trône. Toutes les fenêtres étaient murées. Ils se trouvaient dans la prison de l'empereur Kouang Siu. P'ou Yi se raidit. Il tendit les bras vers le trône. Sa canne tomba sur le sol. Johnston la ramassa. Il regarda P'ou Yi avec inquiétude. Il y avait quelque chose de sinistre dans l'expression de son visage.

Quand ils sortirent à la lumière du jour, Johnston l'emmena faire une promenade en barque sur le lac, mais l'Empereur demeurait tendu. Et lorsqu'il regagna sa voiture, il marchait d'une manière saccadée, comme un pantin.

A la fin du printemps, *La Gazette de la Cour* annonça la mort de la douairière consort, Brillante. Elle venait d'atteindre la cinquantaine. Cela faisait longtemps qu'elle se tenait à l'écart des affaires de la Cour, ne s'étant montrée que pour arranger le mariage de P'ou Yi. La nouvelle de sa mort ranima la légende qu'elle n'était autre que l'immortel Lotus Jaune. Comment une femme aussi belle et mystérieuse pouvait-elle mourir ? Les conteurs d'histoires savaient qu'elle accomplissait un voyage à l'intérieur du pays. Elle était retournée chez les siens, les hors-la-loi de la steppe. Elle avait légué ses bijoux — y compris celui auquel elle tenait le plus — à son amie l'Impératrice. Mais un eunuque de haut rang avait trahi sa confiance et donné les bijoux à P'ou Yi.

Ce dernier, accompagné de Johnston, alla s'incliner devant le cercueil de Brillante. Alors qu'ils quittaient le temple, P'ou Yi ouvrit le sac où il conservait ses propres trésors, fouilla à l'intérieur et en sortit la bague de jade de Brillante. Sans un mot, il la glissa dans la main de Johnston.

Pendant les cinq années qu'il avait passées au service de l'Empereur, l'Écossais avait été à la fois son précepteur, l'homme qui avait voulu lui donner une nouvelle éducation et son protecteur. Il en était devenu maintenant le conseiller politique officieux. Quand, par-dessus les murs de la Cité interdite, il considérait les événements, ce qu'il voyait ne lui plaisait guère. La République était en plein désarroi. Dans le Sud, Sun Yat-sen avait fomenté une nouvelle révolte. Dans le Nord et dans la vallée du Yangtsé, les Seigneurs de la Guerre, chacun avec son armée personnelle, s'agitaient. Ils trouvaient facilement des armes : depuis la fin de la Grande Guerre, des surplus d'armement à bon marché affluaient en Chine et les Seigneurs de la Guerre avaient de quoi payer. Les Japonais soutenaient Chang Tso-lin, en Mandchourie du Sud ; la Grande-Bretagne, la France et les États-Unis, Wou P'ei-fou, dont les bases se trouvaient en Chine centrale ; la Russie, le « Seigneur de la Guerre chrétien », Fong Yu-siang qui contrôlait le Nord-Ouest.

Des rumeurs circulaient à Pékin et à Tientsin sur un

nouveau complot destiné à rétablir la dynastie Ts'ing. Les rédacteurs en chef des principaux journaux faisaient la cour à Johnston, le suppliant de leur donner des informations et ses propres opinions. Le « Johnston de la Cité interdite » était devenu le « Johnston de la Chine ». Ces journalistes qui avaient soutenu Yuan Che-k'ai prenaient maintenant fait et cause pour P'ou Yi, le « boy Emperor ». Le *North China Daily Mail* déclara que « le républicanisme en Chine avait été mis à l'épreuve et avait échoué ». Et le *Peking and Tientsin Times* : « On peut supposer, et c'est une estimation modeste, que quatre-vingt-dix pour cent de la population chinoise est favorable au retour du " boy Emperor ". »

Tous les journaux, cependant, n'allaient pas dans ce sens. Cette « feuille de chou » du *Far Eastern Times* faisait état à Pékin d' « un complot monarchiste aussi important et bien organisé que celui qui avait eu lieu deux cents ans auparavant en Europe, au nom de Bonnie Prince Charlie » (1). Johnston était profondément irrité par de tels propos ; P'ou Yi, lui, en était ravi. Bonnie Prince Charlie ! Est-ce que Johnston avait une photographie de lui ?

D'autres détails sur ce complot monarchiste furent mentionnés. On rapporta que le Seigneur de la Guerre mandchou, Tchang Tso-lin, avait rendu visite au commandant de la garnison japonaise de Tientsin. Tchang avait un allié qui n'était autre que le général à la « queue de cochon » ! Leur plan était de s'emparer de Pékin, ramener P'ou Yi en Mandchourie et rétablir la dynastie Ts'ing sur ses territoires tribaux d'origine.

Le président de la République, qui avait gardé un fort mauvais souvenir de la précédente tentative de restauration, considérait ces nouvelles comme alarmantes. Et quand il apprit que le général à « queue de cochon » marchait sur Pékin, il démissionna de son poste, quitta

(1) Il s'agit de Charles Edward Stuart (1720-1788), petit-fils de Jacques 1er, qui tenta vainement, malgré l'aide des Écossais, de ramener la dynastie des Stuart sur le trône d'Angleterre. Battu en avril 1746 à Culloden, par les Protestants, *Bonnie Prince Charlie* dut s'exiler en France (N.d.T.).

la ville et se réfugia à la concession britannique de Tientsin.

Quels qu'aient été les plans de Tchang, au cours de l'été 1924, deux autres Seigneurs de la Guerre, Wou P'ei-fou et Fong Yu-siang, joignirent leurs forces et se préparèrent à attaquer Tchang Tso-lin à Shankaikwan, sur la frontière mongole. Fong devait tenir la passe de Jehol, au nord de la Grande Muraille, tandis que son allié, Wou, lancerait l'attaque principale. Soudain, sans avertir son compère, Fong retira son armée, marcha vers le Sud et s'empara de la ville de Pékin qui était sans défense. C'était une astuce aussi habile que vicieuse, digne de Yuan Che-k'ai lui-même, l'archétype de tous les Seigneurs de la Guerre.

Le général à « queue de cochon » avait livré sa dernière bataille. Abandonnant ses troupes sur le terrain — nombre de ses soldats devinrent des brigands — il regagna son refuge à la concession britannique de Tientsin, où il se livra à la pire des débauches. Au bout de quelques semaines, il était mort. Son magnifique cortège funèbre, auquel participaient des dignitaires étrangers, mit huit heures pour traverser la ville ! Il eut droit à un long éloge dans le *Peking and Tientsin Times* intitulé : « Le " Tigre " s'en va en pleine gloire. »

Si jamais il y eut un tigre de papier, ce fut bien ce général, mais ses rodomontades en faveur de la cause impériale l'avaient fait apprécier en haut lieu. Johnston était de ses admirateurs. Peu après les funérailles du général, P'ou Yi, le Fils du Ciel, lui conféra à titre posthume les honneurs d'une canonisation.

Johnston, en bon confucianiste enclin à la vie contemplative, considérait les événements de loin et ne s'en inquiétait guère, mais lorsqu'il vit les soldats de Fong Yu-siang arpenter les rues de Pékin dans leurs uniformes russes, il se sentit à la fois menacé et offensé. En toute hâte, il se rendit chez le ministre britannique. Il était intolérable que Fong Yu-siang, le « Chrétien Rouge », fût autorisé à occuper la capitale, dit Johnston. Le ministre devait prendre la tête d'une croisade contre lui et ses « camarades » communistes.

Une telle idée affola le personnel de la légation britannique. Comme leurs collègues étrangers, ils avaient gardé un très mauvais souvenir d'une telle tentative lorsque, en 1918, des trains entiers de soldats britanniques, français, italiens, américains et japonais avaient été envoyés de Tientsin pour combattre les bolcheviks en Sibérie.

L'amiral Kolchak était alors président et commandant en chef de la République extrême-orientale de Sibérie. Ses troupes qui, maintenant, incluaient le corps expéditionnaire de Tientsin, n'étaient guère populaires dans les villes bordant la ligne du Transsibérien. Un de ses officiers supérieurs, un ataman des Cosaques nommé Semenov, avait terrorisé la ville de Chita, à l'est du lac Baïkal, et les gens l'appelaient « l'Ogre de Chita ». Il était aussi une menace pour les Alliés : pendant les dix-huit mois qu'ils avaient passés en Sibérie, ils avaient consacré la plupart de leurs activités à protéger leurs trains contre les Cosaques de Semenov qui, en principe, aurait dû être de leur côté !

L'expédition fut un désastre. Kolchak était un amiral de la flotte russe de la Baltique. Prendre la tête d'une armée étalée tout le long de la ligne du Transsibérien, tout en essayant de contrôler ses Cosaques, était une tâche qui le dépassait. Ce ne fut pas l'arrivée d'une armée de 50 000 Tchèques à destination de Vladivostok, *en route pour* (1) l'Amérique, qui lui vint en aide.

De plus, après avoir subi maints revers de la part des Bolcheviks, nombre de ses unités se mutinèrent et mirent bas les armes. Bousculés par la rapide avance des Russes et désireux à tout prix de leur échapper, les Alliés livrèrent Kolchak aux Bolcheviks qui le fusillèrent. Après cette honteuse traîtrise qui suscita beaucoup d'amertume et de récriminations, ce fut le règne du chacun pour soi parmi les contingents alliés qui devaient assurer la sécurité de la Chine du Nord.

Des milliers de Russes blancs venus de Sibérie essayèrent de suivre, comme ils le pouvaient, les troupes alliées. Ils n'avaient aucun train à leur disposition et

_____
(1) En français dans le texte (N.d.T.).

s'enfuirent dans des charrettes ou à pied. Certains s'établirent dans les villes de Mandchourie proches de la ligne de chemin de fer, comme Harbin et Moukden. D'autres réussirent à atteindre Tientsin où ils furent traités avec une condescendance polie par les résidents étrangers. La plupart des gens pensaient que l'expédition de Sibérie était une affaire qu'il valait mieux oublier.

Quelques années plus tard, Daniele Varè, devenu ministre de la légation italienne à Pékin, rompit le silence diplomatique sur la campagne de Sibérie en racontant ce qu'il appela un « incident typique ». Le contingent italien tenait une section du Transsibérien près de Krasnoïarsk et il reçut l'ordre de se replier sur Tientsin. Apprenant que les Italiens devaient s'en aller, quatre-vingts femmes russes, mariées à des Italiens, assiégèrent le commandant de la place en lui demandant d'accompagner leurs maris. Le baron Eduardo Fassini leur expliqua qu'il leur était impossible de le faire dans un convoi militaire, mais à leur grand soulagement, il leur offrit un wagon spécial en queue de train. A l'instant même où celui-ci s'ébranlait, l'attelage du wagon fut défait et les quatre-vingts épouses restèrent en rade.

Dès le retour de Fassini, Varè lui demanda si cette histoire était bien vraie, mais le baron se borna à lui répondre par un sourire, sans la confirmer ni la démentir. Varè écrivit que « à la place des épouses, les soldats du contingent italien avaient emporté un ours brun qui fut offert à Varè, connu pour être un grand ami des bêtes ». Cet ours occupa une place de choix dans sa maison de Pékin. C'est sur cette note sentimentale que Varè termine son récit des épouses russes abandonnées, dans son livre à juste titre intitulé *Diplomate pour rire*.

Johnston n'avait pas obtenu sa croisade contre les Bolcheviks, mais il continuait d'accabler de rapports les ministres britannique, hollandais et japonais, soulignant que les jours de l'Empereur étaient en danger. Il ne se passait pas une semaine sans que l'on vît sa limousine noire, conduite par un chauffeur en livrée, se rendre dans le quartier des légations. Recroquevillé sur le siège arrière, il était en outre entièrement dissimulé sous une couverture écossaise, car il craignait que les soldats rencontrés sur son passage ne voulussent s'emparer de lui et que chaque passant ne fût un agent soviétique.

Les chefs des diverses légations faisaient tout ce qu'ils pouvaient pour le calmer. Ils lui affirmèrent qu'ils avaient reçu du docteur C.T. Wang, le ministre chinois des Affaires étrangères, la garantie que la sécurité de l'Empereur était assurée. Le ministre avait ajouté qu'après tout les légations étrangères n'avaient pas à intervenir dans les affaires intérieures de la République chinoise. En fait, le personnel de la légation britannique commençait à en avoir assez de ce Johnston. Le premier secrétaire le considérait comme un « personnage encombrant qui se mêlait de tout », dont le seul titre était celui de gardien du Palais d'Été, et qui se comportait comme un Régent de l'ancien régime.

Il était vrai que le gardien du Palais d'Été passait maintenant la plus grande partie de son temps dans la Cité interdite, où il rencontrait P'ou Yi quotidiennement. Et il est plus que vraisemblable que le comportement hautain de Johnston devait être encouragé par le don que P'ou Yi lui avait fait d'un imposant pavillon à deux étages situé dans la plus noble partie du jardin impérial. On appelait cette demeure La Loge de la Nature Nourricière. P'ou Yi l'avait fait décorer et meubler à grands frais dans le plus pur style européen. Comme Johnston le dit lui-même, c'était là « une marque de faveur unique dans l'histoire de la dynastie ».

Chaque soir, Johnston tenait audience dans son petit palais. Il fit une véritable conférence à P'ou Yi sur ce démon de Fong Yu-siang, le Chrétien Rouge, dans lequel les missionnaires voyaient le « Cromwell de la Chine ». Même Sir John Jordan, l'ancien ministre britannique, le considérait comme un prophète de l'Ancien Testament, se plaignait Johnston. Le remplaçant de Sir John ne se montra pas plus avisé que lui. Il se refusait à admettre que les soldats rouges et les espions qui entouraient la Cité interdite en voulussent à la vie de P'ou Yi et à ses richesses. P'ou Yi fermait les yeux. Du moins jusqu'à ce que Johnston en arrive à la conclusion qu'il fallait s'enfuir. C'était la seule solution à tous ces problèmes... La fuite ! Bonnie Prince Charlie avec son kilt et son bonnet écossais devait échapper au « Cromwell de la Chine ». C'était une merveilleuse idée.

Mais on devait d'abord préparer la chose. Johnston se rendit à Tientsin, où il ouvrit un compte en banque au nom de P'ou Yi. Il lui acheta une demeure dans le quartier des légations, Gordon Street, près de celle où l'ancien président de la République s'était retiré. Jour après jour, des caisses emplies de trésors y étaient apportées du Palais impérial, expédiées par trains entiers et déposées dans des coffres-forts. Les soldats du « Chrétien Rouge » qui arpentaient les rues de Pékin semblaient indifférents aux allées et venues entre la Cité interdite et Tientsin.

On mit au point l'évasion de l'Empereur. Johnston était partisan d'une sortie en voiture, une nuit sans lune, par la porte de la Valeur Spirituelle. Les gardes du Palais avaient été secrètement informés de la chose. Tout semblait aller pour le mieux, quand le « Chrétien Rouge » dérangea les plans de Johnston. Le 5 novembre, ses troupes désarmèrent la garde du Palais et investirent la Cité interdite. On pria la famille impériale de faire ses bagages et de s'en aller. Tout cela se passa d'ailleurs dans la plus parfaite courtoisie. On fournit une voiture à P'ou Yi et, escortés par un des colonels de Fong, lui et l'Impératrice furent conduits à la Demeure du Nord, où les accueillit chaleureusement le prince Tch'ouen. Enfin P'ou Yi regagnait la maison familiale !

Élégant Ornement fut logée dans la Cité tartare. Les deux autres Dames consorts refusèrent de quitter le Palais, déclarant qu'elles préféraient mourir sur place. Impressionné par leur détermination et ne sachant trop comment agir avec ces vieilles Dames, Fong revint sur sa décision et leur permit de rester. Peu de temps après, le prince Ts'ing, chef légitime de la dynastie, les persuada de s'en aller vivre dans la Cité tartare.

Johnston, privé d'un seul coup de son « poussin », de sa majestueuse demeure et de son poste de gardien du Palais d'Été, se retira, abattu, à la Vallée des Cerises.

La mesure suivante que prit Fong fut de résilier les

Articles du Favorable Traitement du Grand Empereur Ts'ing. Le titre d'empereur fut aboli. Désormais, précisa Fong, P'ou Yi serait considéré comme un simple citoyen de la République, sa subvention annuelle de 4 millions de dollars étant ramenée à 500 000. Ce n'était pas si mal pour un simple citoyen !

A moitié hystérique, Johnston retourna précipitamment à Pékin quand il apprit la nouvelle. Il demanda protection pour l'Empereur à la légation britannique. Il était persuadé que le « Chrétien Rouge » s'apprêtait à massacrer la famille impériale comme les Bolcheviks l'avaient fait des Romanov en 1917. Il fallait aider P'ou Yi à s'échapper de la Demeure du Nord.

Le ministre britannique accueillit froidement ses prières et déclara à Johnston qu'il ne pouvait rien faire. Ce dernier traversa la rue pour se rendre à la légation japonaise. Le ministre plénipotentiaire, M. Yoshizawa, l'assura que des patrouilles japonaises surveillaient les abords de la Demeure du Nord. Selon lui, P'ou Yi était en parfaite sécurité. Il ajouta cependant que, dans la mesure où l'Empereur et l'Impératrice seraient menacés, il serait heureux de leur offrir l'hospitalité dans sa propre résidence. Au cours de toutes ces discussions sur la sécurité de l'Empereur, M. Yoshizawa donne l'impression d'avoir été le seul à se soucier du sort de l'Impératrice.

Dans le même temps, le Seigneur de la Guerre mandchou Tchang Tso-lin arriva à Pékin. Il eut une entrevue avec Johnston, reçut de lui une photographie dédicacée de P'ou Yi et promit de le mettre sous sa protection.

Ayant acquis de part et d'autre de telles assurances, on eût pu croire que Johnston n'avait plus de raisons de songer à une grande évasion. Il ne changea pourtant point d'avis. Il en avait décidé ainsi et c'était ainsi que les choses se passeraient ! Son « poussin » n'allait pas tomber entre les mains des Rouges. Peu lui importaient les supplications du prince Tch'ouen qui s'opposait fermement à ce que son fils quittât Pékin. « Regardez ça ! » s'écria-t-il, en brandissant un exemplaire du journal chinois *Shuntien Times*. « Le peuple entend se gouverner lui-même. » Le prince ne dit pas un mot. Johnston était indigné.

Le moment était vraiment venu de prendre le large !

Le 29 novembre, Johnston arriva à l'improviste à la Demeure du Nord. Il avait amené avec lui la seule personne en laquelle il eût suffisamment confiance : Tch'en Pao-tchen, l'ancien Grand Gardien qu'il avait sorti de la retraite qu'il s'était aménagée dans la Cité tartare. « Nous devons nous enfuir immédiatement », dit Johnston à P'ou Yi, et que surtout il n'emporte rien avec lui, car ils pouvaient être arrêtés en chemin. Le Grand Gardien était inquiet. Il pensait qu'il devait avertir le prince Tch'ouen, mais Johnston refusa. Tout devait se passer dans le secret le plus absolu. Ni le prince Tch'ouen ni l'Impératrice ne furent mis au courant. Recommandant aux gardes le silence, Johnston et son protégé montèrent dans la voiture qui les attendait. P'ou Yi portait une pelisse et un bonnet qui le faisaient ressembler plutôt à un trappeur sibérien qu'à Bonnie Prince Charlie. Tandis que le chauffeur essayait de faire démarrer la voiture à la manivelle, Johnston remarqua une boursouflure sous les vêtements de P'ou Yi. Il lui tapa sur l'épaule. P'ou Yi sortit un sac plein de bijoux. Il n'avait pu résister à la tentation. Il était trop tard pour retourner et Johnston mit le paquet à l'abri.

A chaque coin de rue, Johnston voyait des espions rouges. Persuadé qu'ils étaient suivis, il brouilla les pistes. Ils allèrent d'abord chez un photographe proche des légations étrangères. P'ou Yi était tout excité. Il demanda si l'on pouvait faire son portrait. Il avait pris l'habitude de donner des autographes aux personnages de haute condition. Johnston répliqua que « Sa Majesté Impériale » ne devait pas demander ces photos.

L'Écossais comprit aussitôt son erreur. Il avait dit à haute voix « Sa Majesté Impériale », par la force de l'habitude. Un employé se glissa au-dehors et, au bout de quelques minutes, il y avait foule devant la boutique du photographe, les gens étant curieux de voir à quoi ressemblait l'Empereur. Ils ne virent pas grand-chose de lui, car il se réfugia aussitôt derrière ses lunettes noires.

Se frayant un passage parmi la foule, Johnston et son

protégé changèrent de voiture et furent conduits à toute vitesse à l'hôpital allemand. P'ou Yi fit semblant de demander une consultation au docteur Dipper, un ami de Johnston. Ils n'étaient plus qu'à quelques centaines de mètres de leur destination finale : la légation japonaise. Pour Johnston, non seulement les espions soviétiques, mais toute l'armée du « Cromwell chinois » semblaient être à leurs trousses. Enfin, ils gagnèrent la légation japonaise ! Regardant de l'autre côté de la rue la légation britannique, l'Écossais songeait à la manière dont il y avait été traité.

M. Yoshizawa sourit et s'inclina jusqu'au sol, comme seuls les Japonais savent le faire. Il écouta la requête de Johnston demandant asile pour l'Empereur et y donna son gracieux consentement. Il déclara qu'au nom du Mikado, c'était un honneur de recevoir sous son toit le Grand Empereur Ts'ing.

Tandis que Johnston et P'ou Yi célébraient la réussite de leur évasion dans la demeure de M. Yoshizawa, l'Impératrice abandonnée faisait tout ce qu'elle pouvait pour consoler le vieux prince dans sa Demeure du Nord. Deux jours après la disparition de P'ou Yi, elle en avait découvert la retraite grâce à un article de journal. Elle décida que ce qu'elle avait de mieux à faire était de le rejoindre. Mais un cordon de troupes entourait maintenant la Demeure du Nord. Elle s'arrangea pour faire passer un message à la légation japonaise. Quand M. Yoshizawa en prit connaissance, il se comporta de la manière la plus chevaleresque et envoya une voiture chercher l'Impératrice. Johnston accueillit celle-ci avec un sourire glacial.

P'ou Yi et son épouse se trouvaient depuis un mois environ à la légation japonaise lorsqu'un groupe de princes mandchous conduit par le père de P'ou Yi fut autorisé à leur rendre visite. Le grand général Touan K'i jouei, maintenant chef de l'Exécutif de la République de Chine, avait promis, disait-on, d'assurer la protection de P'ou Yi. Ce dernier désirait-il revenir dans la Demeure du Nord ? P'ou Yi se tourna vers Johnston. La réponse de l'Écossais fut : non !

Les deux mois suivants, P'ou Yi ne quitta la légation

qu'une seule fois. Escorté de membres de la police secrète japonaise, il se rendit un soir jusqu'au fossé qui entourait la porte de la Paix Céleste. De là, il aperçut les tuiles jaunes d'une myriade de palais. La Cité interdite était déserte. Johnston avait promis de l'y ramener un jour et de le faire se rasseoir sur le trône.

Une dernière missive du prince Tch'ouen implorant P'ou Yi de revenir dans son palais demeura lettre morte. Passant la plus grande partie de ses journées dans son bureau au milieu des livres, le vieux prince continua de mener une existence tranquille jusqu'à sa mort en 1951.

P'ou Yi ne devait jamais connaître une telle quiétude.

DEUXIÈME PARTIE

LE GUÉ DU CIEL

5

LES CROISÉS DU COMMERCE

Aux environs de onze heures, dans la nuit du 25 février 1925, un régiment japonais encercla la gare de Tientsin et ses dépendances. Une tempête de sable soufflait. Nombre de soldats portaient des masques. Peu avant minuit, une garde d'honneur de la marine japonaise, dont les baïonnettes luisaient à la lueur des deux lampadaires encore en service, prit position sur le quai où devait s'arrêter le train en provenance de Pékin. Celui-ci avait du retard. Le général Ueda, commandant en chef de la garnison japonaise, arpentait nerveusement le quai, accompagné de ses officiers d'état-major. Chaque fois qu'il passait devant lui, le chef de gare le saluait en s'inclinant. Derrière la garde d'honneur se tenait un groupe d'invités, dont quelques éminents partisans de la dynastie Ts'ing auxquels s'était joint le consul général du Japon, Shigera. Parmi eux se trouvait Woodhead, le rédacteur en chef du *Peking and Tientsin Times*.

Quelques minutes après minuit, on entendit le long et mélancolique sifflement du train. Le chef de gare fit sonner sa cloche. Le train entra en gare, crachant des jets de vapeur. La garde d'honneur présenta les armes, une sonnerie de clairons retentit, les civils présents se découvrirent. Alors, un jeune homme d'une vingtaine d'années descendit d'un wagon. Il portait une longue robe mandchoue, une calotte noire et une paire de grosses lunettes à monture d'écaille. Une canne en bambou était suspendue à son bras gauche. Quand il

115

passa la garde en revue, Woodhead remarqua que ses mouvements étaient curieusement saccadés. P'ou Yi, naguère Empereur de Chine, était parvenu au Gué du Ciel.

Tandis que la cérémonie d'accueil se poursuivait, Woodhead se précipita pour présenter ses respects à Johnston. Revêtu d'un manteau de fourrure et d'une casquette sur laquelle était épinglée la rosette de l'ordre le plus élevé des mandarins, il semblait d'excellente humeur. Il avait accompli sa mission, le voyage s'était passé sans incidents, grâce aux services secrets japonais, comme il le dit à Woodhead. Fong, le « Chrétien Rouge », contrôlait la ville de Pékin et il était hors de question que son Impériale Majesté y restât. L'Impératrice ?... Les yeux bleus de Johnston se firent de glace. Non, elle ne faisait pas partie du voyage. Il n'en dit pas plus.

Sur la place déserte de la gare, P'ou Yi, Johnston et leur entourage de courtisans montèrent dans des voitures. Après avoir traversé à toute allure la concession italienne, le pont autrichien et la concession française, ils parvinrent à celle du Japon.

On appelait le nouveau palais de P'ou Yi le Jardin de Tchang. C'était un immeuble spacieux à deux étages dans Asahi Road, au centre de la concession japonaise. Il appartenait à un ancien fonctionnaire de la Cité interdite qui l'avait gracieusement prêté à P'ou Yi. Un mur de plus de deux mètres de haut entourait la maison et le jardin au milieu duquel se trouvait un étang. D'un côté s'élevait le pavillon d'été ; de l'autre, une grande cage circulaire contenant deux grues de Mandchourie. Face au Jardin de Tchang, se dressait Kasuga House, l'immeuble des services spéciaux japonais sous le commandement du chef d'état-major Mino, responsable de la sécurité de l'Empereur. Tout le jour, la police japonaise patrouillait à l'extérieur du Jardin de Tchang et la nuit, la patrouille était doublée.

Aussitôt que l'Empereur fut installé dans sa nouvelle demeure, une foule d'anciens courtisans et généraux lui demandèrent audience. Quelques-uns s'étaient réfugiés à Tientsin quand la République avait été proclamée à Pékin en 1911. D'autres y avaient cherché un abri lors de l'avortement de la tentative de restauration de 1917. La grande salle de réception située au premier étage avait été convertie en salle du trône et c'était là que P'ou Yi, assisté par le Grand Gardien, recevait les prosternations et les serments d'allégeance des fonctionnaires repentis qui l'avaient naguère abandonné. Le vieux Grand Gardien, Tch'en Pao-tchen, que Johnston avait fait sortir de sa retraite pour aider à l'évasion de la Demeure du Nord, avait été relevé de ses fonctions et remplacé par Lo Tch'en yu. Le nouveau Grand Gardien, qui portait un bouc blanc et une natte, était un lettré entièrement dévoué à la cause de la dynastie mandchoue. Suivant les conseils de son prédécesseur, il s'était spécialisé dans l'étude des fourmis, et non seulement il pouvait répondre aux questions de P'ou Yi, mais il avait même ajouté quelques illustrations à l'ouvrage de Tch'en Pao-tchen sur les fourmis parasols de la famille des Atta.

L'une des fonctions du Grand Gardien était de présider un cabinet de cinq ministres qui veillait au bon fonctionnement du gouvernement impérial en exil. Un nombre croissant de Seigneurs de la Guerre, dont plusieurs généraux de l'armée du Nord, affluaient au Jardin de Tchang, offrant leur aide militaire contre des espèces sonnantes et trébuchantes. La plupart de ces officiers étaient reçus à bras ouverts et il appartenait au ministre des Finances de payer ces soldats de fortune.

A en juger par le nombre de partisans qui défilaient à la Cour et le montant des sommes versées aux mercenaires, P'ou Yi avait toutes les raisons d'espérer qu'il serait bientôt restauré sur le trône.

Un jour, un palanquin porté par huit serviteurs vêtus d'une livrée écarlate et escorté par des policiers japonais arriva au Jardin de Tchang. On leur ouvrit tout de suite les portes. Le visiteur de marque gravit le long escalier qui menait du jardin à la salle d'audience. P'ou Yi s'assit dans le fauteuil laqué de rouge qui lui servait de trône. Son visiteur accomplit les neuf prosternations d'usage puis leva vers lui sa face de crapaud grimaçant. Il s'agissait de Tchang Yuan-fou, le chef des eunuques qui s'était enfui de la Cité interdite le jour où elle avait été bombardée par un avion républicain. P'ou Yi le regardait fixement, les yeux écarquillés. Le Grand Gardien eut un frisson.

L'ancien chef des eunuques vivait dans une magnifique demeure de la concession britannique. Récemment, une de ses jeunes concubines, qui ne pouvait plus supporter sa cruauté, avait demandé protection au poste de police britannique de Gordon Hall. Les policiers l'avaient illico ramenée dans la demeure de son maître et la lui avaient remise. Cette nuit-là, il tortura la pauvre fille et la battit à mort. L'affaire n'eut pas de suite, mais tout Tientsin fut mis au courant.

Après avoir exprimé le plaisir qu'il avait de recevoir l'Empereur, le chef des eunuques supplia Son Impériale Majesté de lui rendre visite dans sa demeure, où il y avait un théâtre et une troupe d'excellents acteurs. Son Impériale Majesté y serait en parfaite sécurité, car tout près de là, de l'autre côté de la rue, se trouvaient la résidence du consul général de Grande-Bretagne et l'église anglicane de Tous-les-Saints. Les soldats britanniques y montaient la garde. Tous les dimanches, armés jusqu'aux dents, ils allaient en cortège à l'église, où ils chantaient des hymnes martiaux qu'on entendait de l'extérieur. Il n'y avait vraiment pas de meilleur moyen pour se protéger des révolutionnaires et des bandits que d'habiter près d'une église britannique.

Le chef des eunuques regarda autour de lui cette salle piètrement meublée. C'était pitié de voir l'Empereur sans un seul eunuque ou même un page pour l'assister. Si Son Impériale Majesté avait besoin de quoi que ce fût, lui, Tchang, son humble esclave, serait ravi de lui procurer eunuques, pages et concubines de la meilleure qualité... Son Impériale Majesté n'avait qu'à le demander.

En contemplant ce monstre, le Grand Gardien ne pouvait s'empêcher d'être fasciné. Il ne se souvenait que trop de la lourde atmosphère chargée d'encens qui régnait à l'ancienne Cour du Vénérable Bouddha errant dans la Cité interdite, dont le silence était rompu par des hurlements de douleur et de jouissance.

Le chef des eunuques s'enquit du sort de l'Impératrice. Il espérait qu'en compagnie de l'Impératrice consort, elle arriverait bientôt de Pékin. La Cour n'était pas au complet en l'absence de ces merveilleuses Dames. P'ou Yi et le Grand Gardien se regardèrent. Quel soulagement que Johnston fût, en ce moment, à Weihaiwei ! Il aurait fait une drôle de scène en trouvant là « l'Archange » des eunuques !

L'Écossais était accoudé à la rambarde d'un petit vapeur japonais, le *Tokiwa Maru*. Depuis deux heures, il était resté immobile au large de Taku, à l'embouchure de la Sea River, attendant la marée. Vers le sud, au-dessus des plages de vase désolées, s'élevaient les ruines des quatre forts de Taku que les canons des flottes britannique et française avaient détruits avant de remonter le fleuve pour s'emparer de Tientsin en 1860. Le retour de Johnston à Weihaiwei avait été pour lui une cruelle déception et il n'avait guère eu le temps de faire une visite au sanctuaire de Confucius sur le mont Tai. Il lui incombait la tâche ingrate de remettre Weihaiwei au gouvernement républicain. C'était la faute des Américains. Le traité de Washington de 1921 avait contraint les Britanniques à rendre ce port à la Chine. Johnston se disait que jamais « Morrison de Chine » n'aurait toléré une telle abomination. Aujourd'hui, en 1926, les Chinois, soutenus par les Américains, accusaient la Grande-Bretagne de vouloir rompre le traité en faisant traîner les choses en longueur.

Dans son rapport à Londres, Johnston insista sur le fait qu'il restait à régler un grand nombre de formalités administratives avant de livrer à la Chine une base navale de cette importance. Son vieil ennemi, le *Far Eastern Times,* écrivit qu'il utilisait « la tactique d'atermoiements typique des fonctionnaires coloniaux ». Ces querelles sans fin avaient épuisé Johnston. Il fut soulagé d'apprendre qu'il était invité à assister à Tientsin aux fêtes données en l'honneur du prince Hirohito, nouvel empereur du Japon.

Les machines du vapeur se mirent en marche et le *Tokiwa Maru* leva l'ancre. Lentement il remonta la Sea River. A part un ou deux saules, l'Écossais ne voyait que des plages de vase et des marais salants. Il était difficile de croire que, cachée dans ces marais, se trouvait une foule de sampans. Il avait un pénible voyage à accomplir. Tientsin — qui longtemps auparavant, se trouvait sur la côte — était maintenant à une cinquantaine de kilomètres en amont. La Sea River et ses affluents avaient charrié en ces lieux leurs alluvions venant des hauts plateaux de l'Intérieur. Une croyance populaire voulait qu'un jour le désert recouvrirait la terre entière. Johnston, en tout cas, devait reconnaître que le désert était en train de conquérir la mer.

Dans l'après-midi, quatre heures après que le vapeur eut franchi la barre de Taku, Johnston aperçut les premières maisons sur la rive Nord du fleuve. Le *Tokiwa Maru* se frayait lentement un chemin parmi les sampans et les jonques. Nombre de petits affluents se déversaient maintenant dans le fleuve. Un peu plus loin, celui-ci était traversé par le Grand Canal qui menait à Pékin, à une centaine de kilomètres à l'ouest. C'était parce que ce port, situé à l'intérieur des terres, permettait aux voyageurs de parvenir à Pékin, la Cité céleste, qu'on l'avait appelé Tientsin, qui veut dire « le Gué du Ciel ».

Johnston pouvait voir le dôme en forme d'oignon de l'église orthodoxe s'élevant au-dessus de la concession russe et cette vue, comme toujours, l'irrita profondément. Les Britanniques et les Français avaient pris Tientsin et établi leurs concessions sur la rive Sud à la faveur d'un traité. Mais au tournant du siècle, six autres nations parasites — la Russie, l'Italie, les Belges et les Autrichiens sur la rive Nord ; les Allemands et les Américains sur la rive Sud — avaient arraché aux Chinois leurs propres concessions. Le Japon, lui aussi, avait une concession sur la rive Sud, mais ce grand empire asiatique, agissant comme un facteur de paix et faisant barrage à l'expansionnisme russe, pouvait être difficilement considéré comme une nation parasite.

Les machines du vapeur stoppèrent et le *Tokiwa*

Maru se dirigea vers l'appontement britannique. Au-delà des rangées d'entrepôts apparut le bâtiment de la Douane. Tout à côté était amarrée la canonnière *H.M.S. Hollyhock*. Le *Tokiwa Maru* accosta derrière elle. Tandis qu'on abaissait la passerelle, Johnston aperçut Woodhead du *Peking and Tientsin Mail* qui attendait sur le quai. L'Écossais fronça les sourcils. La dernière chose qu'il souhaitait était de donner une interview. Il confia ses bagages au portier de son hôtel, se fraya un passage entre les conducteurs de pousse-pousse et se rendit, en compagnie de Woodhead, à l'Astor House Hotel qui se trouvait à quelque deux cents mètres de là. Il parla brièvement au journaliste des négociations de Weihaiwei. Un peu plus tard, assis dans la véranda où donnait la suite de Johnston à l'hôtel Astor, les deux hommes savouraient leurs *whiskies and soda* en contemplant la concession britannique. Au-dessous d'eux se trouvait Victoria Road avec ses boutiques de luxe. De l'autre côté de la rue s'étendaient les deux cents mètres carrés du Victoria Park, entouré de grilles de fer. « Interdit aux Chinois », disait un panneau fixé à l'entrée. Au milieu du parc, il y avait un petit pavillon au toit incurvé soutenu par des colonnes rouges. L'orchestre du Loyal Bast Lancashire Regiment y avait pris place. Le chef leva sa baguette et fit entamer un morceau enjoué extrait de l'opérette de Gilbert et Sullivan *Les Pirates de Penzance*. L'assistance élégamment vêtue était assise sur des bancs, tandis que d'autres personnes se promenaient dans les allées parmi les corbeilles de fleurs soigneusement entretenues.

Dans un coin, dominé par le Tientsin Club, s'élevait le mémorial en l'honneur des soldats britanniques morts au cours de la Grande Guerre. C'était une réplique de celui de Whitehall, à Londres, entourée de parterres fleuris qui évoquaient un jardin municipal anglais. A droite, on devinait un bâtiment gris sombre. Il comportait deux grosses tours reliées entre elles par une façade crénelée. C'était Gordon Hall, du nom du général « chinois » Gordon qui, lorsqu'il n'était encore que capitaine du Royal Engineers, avait fixé les frontières de la concession britannique en 1860. Le bâtiment et le parc avaient été inaugurés en 1887, l'année du jubilé de la reine Victoria.

« Ce lieu ressemblera toujours pour moi à la banlieue de Manchester, déclara Johnston avec dédain.

— Mad Mac, l'accordeur de pianos, dit que cela lui rappelle Édimbourg », répondit Woodhead, puis il rougit en se souvenant que Johnston était natif de cette ville. « Gordon Hall fut dessiné par un missionnaire écossais, le saviez-vous ? » s'empressa-t-il d'ajouter.

Johnston lui jeta un regard froid. « Cela ne m'étonne pas ! Il y a plus de missionnaires dans cette petite concession de trois miles carrés que dans aucune autre ville au monde et la plupart d'entre eux sont ici dans Victoria Road. Comme cet escroc, le révérend Johnatan Blunt, l'homme qui a eu le culot d'appeler Fong Yusiang le " Cromwell de la Chine ". Je suppose qu'il est encore là. »

Le soleil se couchait derrière les bâtiments de Gordon Hall, projetant de longues ombres sur le parc. L'orchestre se tut et le chef se retourna pour saluer l'assistance. Il y eut une salve d'applaudissements. Johnston regarda par-dessus le toit du kiosque à musique au fond du parc. On pouvait encore voir le chemin menant à Meadows Road, où se trouvaient la résidence du consul général et l'église de Tous-les-Saints. En face s'élevait une vaste maison aux murs couverts de glycine rouge. « Qui habite cette demeure près de Tous-les-Saints ? » demanda-t-il.

Woodhead but une gorgée de son whisky. « Je crains que cela ne nous attire des ennuis, répondit-il nerveusement. C'est un Chinois du nom de Tchang. Tous les Seigneurs de la Guerre de cette concession semblent s'appeler Tchang. C'est à y perdre la tête. Mais celui-là était le chef eunuque du Palais impérial... »

Johnston poussa un grognement et devint rouge comme un coq. « Cette espèce de monstre ?... Je suppose qu'il a acheté son séjour ici sans doute par le biais d'un missionnaire. L'histoire de cette concubine ! Quel scandale ! Il y en avait plein les journaux de Weihaiwei. Je n'aime pas le sentir dans les parages de l'Empereur. Un point c'est tout ! Il faudra que j'aille voir la police japonaise à ce sujet. Nos concitoyens ne nous sont d'aucune utilité. Qui s'occupe de la sécurité ici ?

— Peebles est le président du comité de vigilance. En tant que chef du conseil municipal, son autorité s'étend à toute la concession.

— C'est un type terriblement faible, dit Johnston. Pourquoi ne pas avoir choisi quelqu'un de fort et de résolu ?

— Il y a bien le capitaine O'Riordan qui est détaché de l'armée. Un homme de confiance. Il fait la liaison avec les Japonais. Il y a aussi Kellaher, l'inspecteur civil. Mais je ne suis pas très sûr de lui. Il est là depuis trop longtemps ; il parle chinois. On dit qu'il est en bonnes relations avec la canaille, les tireurs de pousse-pousse, des gens comme ça. Si vous voulez tout savoir, il boit aussi un peu trop... Allez-vous suggérer à Son Impériale Majesté de nous recevoir bientôt ? demanda Woodhead pour changer de sujet. Nous recevons des lettres de nos lecteurs demandant de ses nouvelles.

— Les Japonais désirent que l'Empereur ne se montre pas pendant un moment. C'est naturel. Mais j'espère le faire sortir de sa retraite la semaine prochaine, après les fêtes de l'intronisation de l'Empereur du Japon. Notre consul général donnera une garden-party. Vous serez sûrement invité. Entre-temps, venez prendre le thé au Jardin de Tchang. J'y serai demain. (Johnston pour la première fois de la soirée eut un sourire.) Vous n'imaginez pas ce que j'ai apporté comme présent à Son Impériale Majesté ! Un bouledogue anglais ! Spécialement importé du Surrey. Cela a pris huit semaines pour l'amener ici et j'ai dû aller le chercher moi-même au chenil de la Douane.

— Je crains que cela ne crée une sorte de compétition au Jardin de Chang, dit Woodhead. Le général Ueda a fait cadeau à l'Empereur d'un couple de bergers allemands. »

Le sourire s'effaça du visage de Johnston. Il regarda le parc désert. Une vingtaine de corbeaux faisaient des cercles au-dessus des petits arbres qui le bordaient.

Wang, le gardien, bouclait les portes. Johnston se sentait déprimé. Tientsin lui faisait toujours cet effet.

Le parc japonais, lui, était beaucoup plus grand que celui de Victoria. Une route le traversait sur toute sa longueur. Des centaines de drapeaux à l'emblème du Soleil Levant y célébraient le couronnement du Mikado. On avait édifié en plein milieu une tribune pour y recevoir les invités. P'ou Yi s'assit au premier rang. Il portait un nouvel uniforme bleu clair. Son casque de style autrichien était orné de plumes de paon. Johnston se tenait auprès de lui, coiffé d'un haut-de-forme. A ses côtés était assis un Japonais obèse au crâne rasé, vêtu d'un costume civil gris foncé qui le faisait ressembler à un employé de banque. Johnston le présenta à P'ou Yi. « Voici le major Mino des services secrets japonais, dit-il. Je suis sûr qu'il veillera sur vous quand je retournerai à Weihaiwei. » Le major se courba en deux. Tout le temps que dura la parade, il resta les yeux fixés sur le sol. P'ou Yi se demanda si, par hasard, lui aussi ne s'intéressait pas aux fourmis.

Monté sur son cheval blanc, le général Ueda s'avança vers la tribune. Il salua P'ou Yi de son épée. Johnston ôta son chapeau. Une voiture découverte s'arrêta devant la tribune. Deux ordonnances aidèrent le général Ueda à descendre de cheval. Celui-ci invita alors P'ou Yi à monter avec lui dans la voiture. Précédée de quatre motocyclistes et suivie de quatre autres, la voiture descendit lentement l'allée. Les petits Japonais, tout le long du chemin, criaient en agitant des drapeaux : *Banzaï! Banzaï!...* P'ou Yi, assis à côté du général, les saluait de la main. Les plumes de son casque retombaient sur ses lunettes et il devait les écarter pour y voir.

La voiture atteignit la limite du parc et refit le chemin inverse. Alors qu'elle approchait de la tribune officielle, trois appareils de l'aviation nippone passèrent à basse altitude en faisant un bruit d'enfer. A la grande inquiétude de Johnston, P'ou Yi disparut à ses yeux. Il s'était effondré dans le fond de la voiture. Le général essaya de le soulever, mais l'Empereur demeurait inerte, les mains collées sur ses oreilles. Pour P'ou Yi, la parade était terminée.

Le retour de Johnston au Jardin de Tchang ne fut pas un succès. Sur le parvis de la maison d'été, il présenta Pongo, le bouledogue du Surrey, à P'ou Yi. « Depuis le règne du roi Henry VIII, le bouledogue a toujours été le meilleur gardien de l'Angleterre, dit-il avec orgueil. Je me plais à penser qu'il incarne nos plus hautes qualités. » Précautionneusement, P'ou Yi tira sur la laisse, tandis que le chien couvrait de bave sa belle robe mandchoue.

Johnston et P'ou Yi, tirant derrière lui le bouledogue rétif, montèrent l'escalier menant à la demeure de l'Empereur. Ils s'arrêtèrent sur la deuxième marche, Pongo entre eux deux, pour se faire photographier par le Grand Gardien. C'est alors qu'ils entendirent des grognements venant de l'intérieur de la maison. Les grognements se changèrent en aboiements sauvages et le couple de bergers allemands, suivi de ses petits, se précipita sur eux. Pongo s'enfuit, poursuivi par les bergers. « Ici, Pongo ! » ordonna Johnston, mais le bouledogue disparut dans les fourrés. Dans leur cage, les grues battaient des ailes et trompetaient.

Sur le seuil de la résidence de P'ou Yi, quatre pages s'inclinèrent tandis qu'il pénétrait dans la salle de réception. Johnston se tourna vers le Grand Gardien et lui dit sur un ton irrité : « Je ne savais pas qu'il y avait des pages ici. D'où viennent-ils ? »

Le Grand Gardien eut un sourire. « Nous donnons beaucoup d'audiences. Pour qu'elles se tiennent le plus convenablement possible, Son Impériale Majesté a besoin de pages. »

Les murs de la salle d'audience étaient recouverts de panneaux noirs. Il y avait un parquet de bois. Au fond, sous un dais, se trouvaient un fauteuil laqué de rouge et quelques banquettes. Cette salle étouffante et plongée dans l'obscurité donnait l'impression à Johnston de se retrouver dans la Cité interdite.

P'ou Yi s'assit à côté de Johnston sur une des

banquettes. Deux pages se tenaient derrière eux. Johnston essaya d'expliquer à P'ou Yi l'étiquette qu'il fallait suivre lors de la garden-party offerte par le consul général, le lendemain. Les yeux de P'ou Yi restaient clos. La présence des pages irritait l'Écossais et de temps à autre, il se retournait pour leur jeter un coup d'œil.

Le Grand Gardien décida qu'il devait faire quelque chose pour calmer Johnston qui était encore sous le coup de la panique occasionnée par son bouledogue : il envoya un page chercher l'album consacré aux fourmis et l'offrit à Johnston avec un sourire obséquieux. P'ou Yi se réveilla. « Vous n'avez pas vu les derniers dessins que le Grand Gardien a faits d'une procession de fourmis royales ? » lui dit-il. Le Grand Gardien tourna les pages jusqu'à ce qu'il trouvât une série d'aquarelles représentant le vol nuptial de la reine des fourmis. Trois longs corridors souterrains donnaient sur des chambres d'environ trente centimètres carrés, où les fourmis esclaves entreposaient de la nourriture. La reine sortait du couloir principal menant à l'extérieur du nid. Derrière elle venaient sept rois et un grand nombre d'ouvrières. Lorsque la reine arrivait à l'air libre, elle ouvrait les ailes et les ouvrières s'empressaient de nettoyer toute la surface de son corps. Elle les repoussait et prenait lentement son vol. Alors tous les rois s'y accouplaient. Ensuite, elle descendait en tournoyant vers le sol. Après avoir essuyé ses antennes, elle creusait un trou dans le sable avec ses mandibules et commençait à pondre ses œufs pour sa nouvelle colonie.

Johnston ressentit comme une sorte de nausée. Fatigué de son voyage, il regagna sa chambre au second étage. En chemin, il essayait de se consoler à la pensée que demain, loin d'*Alice au pays des merveilles,* il reprendrait P'ou Yi sous son aile et que tout irait de nouveau pour le mieux.

Il traversait le hall d'entrée lorsque les portes s'ouvrirent brutalement et qu'apparut l'Impératrice suivie de l'Impératrice consort, Élégant Ornement, et de domestiques. En dernier lieu venait une dame de compagnie tirée par deux chiens pékinois. Un page portait leurs petits dans ses bras. Il les posa sur le sol et, aussitôt, tout le hall résonna de leurs aboiements aigus. Johnston s'enfuit en courant.

L'Impératrice, que personne n'attendait, arrivait de Pékin. M. Yoshizawa, le ministre japonais, avait gentiment arrangé tous les détails de ce voyage. Quand l'Impératrice avait appris que Johnston, avec l'aide des services secrets japonais, avait enlevé son mari au beau milieu de la nuit, elle avait été emplie d'humiliation et de colère. Mais quand on lui dit qu'il se trouvait à la concession japonaise de Tientsin, elle fut alarmée. Elle savait mieux à quoi s'en tenir sur sa ville natale que l'Écossais et ses amis japonais. C'était le dernier endroit où P'ou Yi devait chercher refuge. On savait depuis longtemps que les concessions étrangères de la ville étaient le repaire des Seigneurs de la Guerre et des fonctionnaires corrompus. Là, ils étaient à l'abri de la juridiction chinoise. Ces renégats étaient considérés d'un mauvais œil par leurs protecteurs étrangers et par leurs compatriotes. L'Impératrice prévoyait que ce ne serait pour son époux qu'une sorte d'humiliante captivité, considérant que son devoir et celui de P'ou Yi était de rester à Pékin avec le prince Tch'ouen. Mais son sens de l'honneur l'obligeait à rejoindre son mari, cet étrange jeune homme qui vivait dans son monde à lui. Parfois, quand elle le regardait en train de titiller ses fourmis dans le jardin, elle se persuadait qu'il n'était point comme le commun des mortels, mais une créature venue d'un autre univers. Souvent, les gens se moquaient de lui, même ses propres pages, quand ils le voyaient marcher avec ses jambes raides. Mais elle commençait à se dire, non sans inquiétude, qu'en fait il avait un cœur de pierre et que son sourire masquait une haine profonde pour tous ceux qui l'entouraient.

Peu après l'arrivée de l'Impératrice au Jardin de Tchang, Johnston invita Woodhead à prendre le thé. Ce dernier ne fut pas présenté à l'Impératrice, mais il la surprit en train de donner à manger aux grues. Elle lui fit une impression inoubliable et il devait la décrire comme « une fille adorable ressemblant à une délicate porcelaine ».

Woodhead, en revanche, disait que le Jardin de Tchang était pareil à « une vieille demeure délabrée envahie par des pékinois et des bergers allemands ». Il était aussi intrigué par la salle du trône. Il avait aperçu aux murs un long rouleau de soie d'une soixantaine de mètres de long où étaient représentées les stations du chemin menant à l'Autel du Ciel pour les sacrifices impériaux. On y voyait tous les détails des vêtements et de l'attitude que devaient prendre les fonctionnaires de la Cour.

Bien que ce fût la première fois qu'il le rencontrât, Woodhead était connu de P'ou Yi par ses articles. Pendant des années, le journaliste avait envoyé l'édition hebdomadaire du *Peking and Tientsin Times* au Palais impérial. Johnston se servait même des éditoriaux de Woodhead pour ses leçons d'anglais. Son style était un mélange de la prose fleurie du *Times* de Londres, d'humour chinois et de termes sportifs hérités de « Morrison de Chine » dont il était le disciple. Revenait constamment dans ses articles l'expression « ne pas jouer le jeu », un péché que d'ordinaire on attribuait aux républicains et aux brigands. Ce mélange de styles faisait que P'ou Yi éprouvait de grandes difficultés quand il lui fallait parler anglais. Woodhead, au regard pétillant et aux longues oreilles, évoquait dans l'esprit de P'ou Yi le Lapin blanc d'*Alice au pays des merveilles*, et quand, en fronçant les narines, il tirait des profondeurs de son gilet une grosse montre qu'il consultait furtivement, alors c'était tout le portrait du Lapin blanc ! Bien qu'il employât des mots difficiles, P'ou Yi le trouva beaucoup moins effrayant qu'il ne l'avait imaginé. Un an après leur première rencontre, Woodhead pouvait affirmer qu'il était « dans les meilleurs termes avec Son Impériale Majesté ». L'Impératrice, cependant, demeurait pour lui une énigme.

Cela devait soulager un peu Johnston dans son exil à Weihaiwei, de se dire qu'un homme comme Woodhead gardait un œil sur son « poussin ». H. G. W. Woodhead, commandeur de l'Empire britannique et chevalier de l'Ordre de Léopold II, était né en Angleterre en 1883. Il était arrivé en Chine en 1901, un an après la révolte des

Boxers, au début de l' « Âge d'Or » pour les établissements étrangers dans ce pays. Après avoir travaillé comme reporter dans un journal de Shangaï, il avait été nommé rédacteur en chef du *Peking and Tientsin Times* en 1914. Il avait aussi trouvé le temps d'éditer une sorte d'almanach annuel, *The China Year Book,* qui avait la réputation de détenir le fin mot des affaires chinoises dans le monde anglophone. Comme « Morrison de Chine », dont il était un admirateur, Woodhead s'était fait le champion des Alliés contre l'Allemagne pendant la guerre de 14. Semaine après semaine, de son bureau de Victoria Road, il exhortait les soldats alliés à combattre jusqu'au dernier dans la boue des Flandres. Mais ce journaliste « engagé » devait se battre sur son propre front à Tientsin, où ses concitoyens ne montraient guère d'enthousiasme pour le conflit. Ils avaient combattu côte à côte avec les Allemands contre les Boxers. Nombre d'entre eux, comme Woodhead lui-même, vivaient dans le confortable quartier résidentiel de la concession allemande et envoyaient leurs enfants dans les écoles allemandes de la province de Shantung. Attablés avec leurs amis allemands au café Kiessling et Bader, Kaiser Wilhelm Strasse, bien loin de la bataille des Flandres, les Britanniques avaient l'impression que cette guerre était irréelle. Ils avaient tellement de choses en commun avec les Allemands ! Après tout, le Kaiser, dont la statue se trouvait proche du café, n'était-il pas le petit-fils de la reine Victoria ?

Contre une telle léthargie, Woodhead entreprit une guerre d'usure dans ses éditoriaux. Il réussit à convaincre ses compatriotes de verser une souscription pour l'achat d'une ambulance qui fut envoyée sur le front. En récompense de cette inlassable campagne de propagande, il fut fait chevalier de l'Empire britannique par le roi d'Angleterre et chevalier par le roi des Belges. Il parlait maintenant avec une telle autorité des affaires chinoises, que les gens ne tenaient plus aucun compte des avis émanant du consulat britannique. Ils n'écoutaient que les propos de Woodhead. Quand le Japon s'empara des ports occupés par les Allemands dans la province de Shantung et refusa de les restituer à la

129

Chine, Woodhead approuva son action. Il croyait avec Morrison que les Japonais acceptaient le *leadership* de la Grande-Bretagne et étaient prêts à jouer les policiers pour défendre ses intérêts en Chine. « Le Japon, cet allié à qui va toute notre confiance, est le Gardien de la Paix en Extrême-Orient, déclarait Woodhead à ses lecteurs. Ce qui importe, c'est de protéger nos concessions contre toute tentative des Chinois pour les récupérer. Là-dessus, on peut compter sur le Japon. »

La guerre en Europe terminée, Woodhead se retrouvait libre pour d'autres croisades. L'Empire britannique était sa religion. S'il avait un credo, il pouvait se résumer en ces termes : « Être un croisé du commerce ! » Ces mots étaient empruntés à ceux que Lord Elgin, après la crise de Tientsin, avait adressés aux hommes d'affaires en 1860. Mais Woodhead demandait dans son article comment on pouvait se vouloir des « croisés du commerce » en permettant à « nos » concessions d'être le lieu de profondes injustices.

Le *Peking and Tientsin Times* mena une campagne contre l'emploi des enfants dans les ateliers mécaniques et les fabriques de tapis des concessions étrangères. Ces gosses étaient vendus aux patrons des usines, proclamait-il. Ils vivaient dans des locaux aussi insalubres que ceux où ils travaillaient. Si l'un d'eux était victime d'un accident, il était jeté à la rue et rejoignait les bandes de mendiants professionnels. Les compagnies britanniques d'import-export de Tientsin profitaient de la situation, ajoutait Woodhead, et il mettait au défi les directeurs de ces compagnies de venir voir sur place les conditions qui étaient faites à ces jeunes esclaves.

Woodhead mena également campagne contre la déportation brutale des coolies de Weihaiwei et l'extension des fumeries d'opium à Tientsin, dont la plupart appartenaient à des Seigneurs de la Guerre. Il proclama que la ville était devenue la capitale du vice en Asie. Chaque année, des milliers de jeunes filles chinoises et coréennes étaient vendues comme prostituées dans les concessions. Le *Peking and Tientsin Times* cita le directeur de l'Institut Pasteur qui affirmait qu'une épidémie de syphilis dévastait, sans pouvoir être contrôlée, les troupes étrangères stationnées à Tientsin. Les autorités américaines admirent le fait que le nombre de maladies vénériennes chez leurs propres hommes était plus élevé que partout ailleurs. Woodhead était au regret de signaler que chaque vendredi, à la tombée de la nuit, de lamentables spectacles se déroulaient dans la concession britannique, où les soldats étrangers, si élégants lors des parades militaires, se livraient à des bagarres de soûlards en sortant des bordels de Dublin Road.

Au cours de ses enquêtes sur le trafic de l'opium à Tientsin, Woodhead découvrit que les Seigneurs de la Guerre payés par P'ou Yi en échange de leur promesse d'aider à la restauration de la dynastie mandchoue, étaient parmi les principaux trafiquants d'opium et patrons de bordels de la cité. Il interviewa le Grand Gardien, au Jardin de Tchang et celui-ci lui avoua qu'il n'avait rencontré aucun de ces Seigneurs de la Guerre depuis longtemps. Il était peu probable qu'ils eussent consacré le moindre sou à équiper leurs troupes.

6

LA BOUTIQUE DES FIGURES D'ARGILE

LE consul général britannique et son épouse recevaient leurs invités dans le jardin de leur résidence à l'angle de Racecourse Road et Meadows Road. Comme l'église de Tous-les-Saints, la maison en briques grises du consul avait été bâtie sur le modèle de Gordon Hall. Sa tour crénelée lui donnait l'apparence d'une forteresse. Le spacieux jardin était ombragé de rhododendrons qu'un précédent consul avait fait venir de l'Inde. Près de la pelouse, l'orchestre du Loyal Lancashire Regiment jouait une sélection des « Danses d'Henry VIII ». Considéré comme un hommage à « Henry » P'ou Yi, ce choix avait été fait pàr Ogden, le secrétaire du consulat. Diplômé d'Oxford, il avait obtenu un doctorat en sciences orientales et il aimait qu'on l'appelât « docteur Ogden ». Bien que cela ne fît pas partie de ses fonctions, il consacrait la plupart de son temps à servir d'aide de camp à la femme du consul. Il n'était pas en bons termes avec Johnston qui trouvait le jeune secrétaire un peu trop imbu de lui-même.

La femme du consul, le docteur Ogden à ses côtés, se promenait parmi ses hôtes. Elle s'approcha de Mr Hume, directeur de l'École britannique, qui se trouvait en compagnie de quelques-uns de ses collaborateurs.

« N'est-ce pas tout simplement splendide ! s'écriat-elle. Les gens de Shangaï et de Pékin ont toujours méprisé notre ville. Maintenant nous y hébergeons l'Empereur lui-même !

« — C'est absolument splendide », répondit Mr Hume, recevant pour l'occasion un sourire reconnaissant du docteur Ogden.

La femme du consul parlait à M. Shigera, le consul japonais, et à Woodhead, quand les deux voitures noires où avaient pris place P'ou Yi et son entourage arrivèrent. La foule des mendiants massée aux portes de la résidence se précipita et la police dut les faire refluer, tandis que P'ou Yi, Johnston et l'Impératrice descendaient de voiture et empruntaient l'allée du jardin. Derrière eux, une dame de compagnie et un page se débattaient avec les pékinois tenus en laisse. Quelques chiens errant dans Meadows Road s'approchèrent et ce fut un véritable concert d'aboiements. Johnston, qui n'avait pu convaincre P'ou Yi de laisser les pékinois à la maison, était de fort mauvaise humeur. Humeur qui ne s'améliora guère lorsqu'il entendit l'orchestre attaquer *Highland Laddie* (La Dame des Highlands). Il ne faisait aucun doute que ce morceau avait été choisi par l'impudent docteur Ogden !

Une fois que Johnston eut présenté l'Empereur et l'Impératrice, l'escorte impériale commença à se promener dans le jardin encombré d'invités. Le docteur Ogden, se comportant en écuyer de la Maison du Roi, ouvrait le chemin. Venaient ensuite le couple impérial et la femme du consul, puis le consul lui-même, Johnston et Woodhead.

« Savez-vous les dernières nouvelles ? demanda Woodhead à ses compagnons. Fong Yu-siang, le " Chrétien Rouge ", vient de retirer son armée de Pékin. »

Il y eut un moment de silence anxieux. Johnston essayait de garder tout son calme. Mais il savait ce que les autres pensaient. Si le « Chrétien Rouge » quittait Pékin, toute cette histoire de fuite de l'Empereur ne tenait plus debout.

« Je ne suis nullement certain que Fong se tiendra à l'écart », répliqua Johnston à voix basse.

Le capitaine O'Riordan et l'inspecteur Dan Kellaher venaient derrière le groupe impérial. Devant eux, un personnage robuste vêtu de gris marchait en chaloupant comme un marin.

« Mino, dit Kellaher. Il ne quitte guère P'ou Yi. Je n'aimerais pas me battre avec lui. C'est un champion de judo.

— N'oubliez pas, Dan, répondit le capitaine, qu'il est plus qu'un agent secret ou un major de l'armée. Il dépend directement du colonel Doihara, le chef de la police secrète de Mandchourie et membre de la Société du Dragon Noir. Ils veulent restaurer la dynastie des Ts'ing en Mandchourie pour annexer le pays à l'empire nippon. C'est un problème politique qui ne nous concerne pas. J'aimerais que vous soyez en de meilleurs termes avec les Japs, Dan. Cela nous faciliterait l'existence.

— Avons-nous des ordres à recevoir de Doihara ? demanda Kellaher.

— Laissez tomber ! répliqua le capitaine. Bien qu'il soit rarement à Tientsin, il est membre de notre comité de vigilance et nous devons travailler de concert avec lui.

— Vous pensez que P'ou Yi va partir pour le Japon ? C'est ce qu'on disait, il y a peu de temps.

— Non. Pas encore. Je crois qu'il attend de voir comment son frère P'ou Kie va se comporter. Lui et un autre prince mandchou ont un précepteur japonais, ici : Takeo, lui aussi membre de la Société du Dragon Noir. Leur projet est d'envoyer P'ou Kie suivre les cours de l'Académie militaire de Tokyo. Mais il y a un problème. Les diplomates japonais sont en bisbille avec leur haut commandement militaire. Ils ne pensent pas que P'ou Yi devrait quitter le pays. Shigera croit qu'il aurait dû rester tranquillement à Pékin...

— Semenov est ici. Un de mes hommes l'a vu dans la concession russe, dit Kellaher.

— Je ne pense pas qu'il puisse nous inquiéter, répliqua le capitaine. Les Japs garderont un œil sur lui. Ils savent tout à son sujet. Il travaille pour la Société du Dragon Noir en Mandchourie. »

Le cortège s'arrêta près de l'orchestre et le consul

demanda à l'Empereur s'il voulait entendre un morceau de son choix.

« La Marche des Fourmis », répondit P'ou Yi dans son meilleur anglais.

Le consul et le chef de musique en restèrent cois. Johnston vint à leur secours. Il s'avança, parla à l'oreille du chef d'orchestre qui salua, se tourna vers ses musiciens, leur donna de brèves instructions et ils commencèrent à jouer.

It's a long way to Tipperary
It's a long way to go...

Pour la première fois depuis le début de l'après-midi, le visage de P'ou Yi s'anima un peu.

Enfin, le cortège atteignit la sortie et on échangea des saluts. Kellaher se retrouva tout près de l'Impératrice. Frêle et pâle, elle avait de grands cercles sous les yeux. Kellaher fut touché par sa beauté. Peut-être était-ce à cause de ses pommettes saillantes ou de l'expression de tristesse qui se peignait sur ses lèvres. Il ne pouvait le dire. Mais il la trouvait comme désincarnée, d'une beauté presque spirituelle — ce qui n'appartenait pas à elle seule, mais à beaucoup de femmes chinoises.

En descendant Meadows Road, Kellaher ne pouvait effacer son visage de son esprit et se souvint d'un vers de Yeats, le poète irlandais, le seul qu'il connaissait par cœur :

« Éternelle beauté qui erre à l'aventure... »

Une moitié du visage du jeune homme souriait, l'autre avait une expression sinistre. Lentement, les doigts pétrissaient l'argile humide. Une coiffe noire, des lunettes noires, une robe mandchoue, une petite canne jaune... Cela faisait une statuette d'une vingtaine de centimètres. Le vieillard bossu s'accroupit sur ses talons et regarda Kellaher en grimaçant un sourire.

« Deux minutes ! Tu n'as rien perdu de ta dextérité, dit Kellaher.

— Vous n'allez pas m'arrêter pour ça ? » répliqua le bossu.

Les autres fabricants de *ni ren* qui travaillaient à côté de lui se mirent à rire. *Ni ren*, cela voulait dire *hommes de boue*, le nom que l'on donnait à ces figurines d'argile diversement colorée que l'on mélangeait à de l'eau. Les clients demandaient ce qu'ils voulaient : un chanteur d'opéra, un mandarin ou un guerrier et, en deux ou trois minutes, la figurine était terminée. Tchao, le vieux bossu âgé de quatre-vingts ans, était le meilleur de tous, mais il était particulièrement habile à faire des soldats étrangers. Il les regardait parader dans les rues et, en un tournemain, il pouvait représenter un officier qui semblait vivant. Il avait parfois des ennuis avec la police à cause de ses caricatures. Une figurine représentant le général Gordon, portant le gilet jaune, signe qu'il était un laquais des Mandchous, lui avait valu d'être banni de la place du marché pendant un an.

« Je suis sûr que tu as d'autres images de P'ou Yi plus méchantes que ça cachées dans ta boutique de Taku Road, dit Kellaher en souriant.

— Non. Seulement celle-ci ! »

Le bossu fouilla dans une de ses poches et en sortit la figurine d'un enfant au visage impassible, dont les yeux n'étaient que deux fentes. Sous sa robe jaune d'empereur, ses bras et ses jambes étaient écartés, tout raides.

« On n'a pas invité le chef des eunuques à la réception d'hier, dit le bossu. C'est dommage. J'aurais aimé faire une nouvelle figurine de lui. »

· Kellaher fronça les sourcils et porta la main à sa bouche en signe d'embarras. Il savait ce que cette phrase voulait dire. Dans toute la concession, la police s'était rendue ridicule en n'agissant pas après le meurtre de la jeune concubine. Lui-même se demandait s'il n'aurait pas dû démissionner.

« Vous venez au sujet du *Tokiwa Maru* ? demanda le bossu. Personne, même pas les conteurs d'histoires, ne sait quoi que ce soit à ce sujet. Le " Sauvage " ne peut pas vous aider ? »

Le « Sauvage », c'était le surnom de Mad Mac, l'accordeur de pianos.

« Je lui ai demandé », dit Kellaher avec un soupir. Les Japonais exigeraient bientôt que l'on passe à l'action, pensait-il. Mais il savait qu'une perquisition à bord ne donnerait rien. Pendant la réception du consul général, des pirates avaient abordé le *Tokiwa Maru* qui était amarré à l'appontement anglais. Ils avaient kidnappé le capitaine et quatre autres Japonais et les avaient emmenés dans un sampan. Une fois qu'on avait atteint les criques pleines d'embarcations où vivait en permanence toute une population, on devenait introuvable. Ceux qui avaient accompli ce rapt devaient très bien connaître l'endroit. Il s'agissait sans doute de membres de la Société des Hommes de la Rivière et du Lac dont la devise était : « Tuer le riche, aider le pauvre. » Cette société avait été fondée par des mariniers réduits au chômage, lorsque les vapeurs étaient apparus sur la Sea River et le Grand Canal, et l'on disait qu'elle avait joint ses forces à celles du Lotus Blanc. Si cela était vrai, la nouvelle avait de quoi inquiéter.

Comme Kellaher traversait la place du marché, le bossu lui cria : « Voyez le Fou, mais il faut être rapide pour comprendre ce qu'il dit. » Les fabricants de *ni ren* éclatèrent de rire.

Au milieu de la place, une voiture tirée par une mule était bloquée et les cris du muletier se mêlaient à ceux des marchands en plein vent et des colporteurs. L'air sentait l'anis, l'ail, le soja et l'huile. Au-delà de la place s'élevait l'ancien grenier impérial. Il appartenait maintenant à divers négociants mais on continuait d'y entreposer le riz venant de la Chine du Sud. Kellaher remarqua que quelqu'un avait écrit sur le mur le slogan « Restauration des Ming ». Devant le bâtiment, des acrobates, des conteurs d'histoires, des magiciens et des prestidigitateurs se livraient à leurs activités. Nombre d'entre eux étaient itinérants. Voyageant tout le long du Grand Canal, ils faisaient étape dans les villes principales au fil des saisons.

L'un de ces conteurs d'histoires était appelé « le Fou » parce qu'il parlait peu et mimait surtout ses récits. Il descendait d'une famille où, de père en fils depuis des générations, on racontait les exploits des « Bandits des Marais ». Le Fou se produisait sur une petite estrade de bois appuyée contre le mur du grenier impérial. Il avait à la main un gros bambou qu'il manipulait comme une épée. Bien qu'il fût estropié d'une jambe, il sautait sur son estrade comme un véritable acrobate.

Quand Kellaher atteignit la foule qui entourait le Fou, celui-ci venait de terminer son numéro, mais les gens ne voulaient pas qu'il s'en allât. « Joue-nous maintenant l'ermite », criaient-ils, en lui jetant des pièces de monnaie. C'est alors que Kellaher aperçut Mad Mac au premier rang, parmi les coolies. Le Fou ouvrit un grand sac de coton dans lequel il mettait ses costumes. Il enfila une robe flottante de moine bouddhiste et se mit à marcher de long en large d'un air affecté en agitant son chapelet. De temps en temps il s'arrêtait, tirait une escarcelle de sa manche et la tendait pour demander l'aumône. Ensuite, il se déguisa en lettré confucianiste, avec une robe et un petit bonnet carré. Avec des gestes solennels, il défit un long rouleau et se mit à lire en marmottant. Ces deux personnages faisaient rire l'assistance aux éclats. Il ôta ensuite sa robe et apparut vêtu en paysan. Il se saisit de son bâton et le mania comme s'il grimpait la pente d'une montagne. Les gens continuaient de rire. Soudain, le Fou se transforma en prêtre taoïste et fit un geste menaçant de son bambou comme s'il s'agissait d'une lance. Il y eut un silence complet. Même les marchands qui avaient vu mille fois ce spectacle se taisaient. Il y avait de la peur, de l'excitation et de la révolte dans l'air.

De nombreuses pièces de monnaie jonchaient l'estrade. Le Fou s'arrêta pour les ramasser, puis s'en alla en clopinant.

Kellaher s'approcha de Mad Mac. « Incroyable, dit-il, il n'y a pas si longtemps, on aurait été décapité pour cela.

— C'est un homme difficile à attraper, dit Mad Mac en riant. J'ai vu une fois des policiers essayer de l'arrêter. Les gens l'ont entouré et l'ont aidé à s'enfuir. »

Kellaher et Mad Mac faisaient une drôle de paire. Le premier, un grand Irlandais brun originaire de Cork, aurait pu aisément passer pour un Espagnol. Le second était petit, couvert de taches de rousseur et chauve, à l'exception d'une couronne de cheveux roux au-dessus des oreilles. Il venait des Highlands de l'ouest de l'Écosse. Il était tout jeune quand sa famille avait été chassée de leur petite ferme. Il était parti pour l'Australie, puis de là, pour la côte Ouest de l'Amérique, avant de traverser le Pacifique et de finir à Tientsin. Il était devenu accordeur de pianos itinérant pour la Robinson's Piano Company de Victoria Road et son travail le conduisait souvent dans des contrées situées à l'ouest de Pékin, loin dans l'intérieur, où il réparait les pianos des missionnaires et des Seigneurs de la Guerre. On lui avait donné son surnom « Mac le Cinglé » car on disait qu'il était devenu un indigène. Il parlait trois dialectes chinois et disparaissait pendant des mois dans des régions où peu d'étrangers osaient s'aventurer. Quand il était à Tientsin, il vivait dans l'arrière-salle d'une boutique chinoise de Taku Road.

Les deux hommes descendirent l'étroite rue poussiéreuse de Taku Road. Elle sentait le crottin de cheval et était encombrée de charrettes et de coolies chancelant sous les lourds fardeaux attachés à un long bâton qu'ils portaient sur les épaules. Cette vieille rue crasseuse partait de la ville indigène, traversait les concessions japonaise, française et britannique et aboutissait aux plages de vase de Taku, à une cinquantaine de kilomètres vers l'est. Kellaher et Mad Mac passèrent devant l'entrée de Gordon Hall. A l'intérieur du bâtiment se trouvaient le tribunal et le poste de police. Ils arrivèrent aux grilles de fer de Victoria Park à travers lesquelles on apercevait l'Astor House Hotel, le Tientsin Club et le magasin de Whiteway & Laidlaw, les tailleurs pour hommes. Sur leur droite, la rue était bordée d'entrepôts et de boutiques chinoises. Un mendiant russe en haillons, une sébile à la main, était assis devant la vieille friperie tenue par Bogol, un Juif de Sibérie. Un peu plus loin, ils poussèrent la petite porte d'une boutique. Les murs de la première salle étaient couverts d'étagères sur lesquelles étaient alignées des centaines de petites figurines d'argile.

Mad Mac se dirigea vers la salle du fond. « Nous sommes attendus », dit-il, en montrant un cruchon d'alcool de riz et trois bols posés sur une table. Au mur était accrochée une aquarelle représentant un paysage de marais. La porte du fond était ouverte et on entendait glousser des poulets dans la cour. Une fille entra et les salua. Elle avait une vingtaine d'années et portait une chemise blanche sur son pantalon. Contrairement à la plupart des femmes de Tientsin, ses pieds n'étaient pas bandés. « Elle doit faire partie des gens de la rivière », pensa Kellaher. « Il va bientôt arriver », dit-elle. Elle emplit un bol d'alcool de riz pour Mad Mac, puis attendit à côté de Kellaher. Celui-ci comprit son geste. C'était un usage de Taku Road. S'il acceptait l'alcool, sa visite serait considérée comme officieuse et tout ce qui pourrait être dit dans la pièce devrait demeurer confidentiel. S'il refusait, il avait le droit de répéter tout ce qu'il voudrait. Kellaher fit oui de la tête et la fille emplit son bol.

« Avez-vous vu le slogan qui est écrit sur le mur du grenier impérial ? demanda Kellaher : " Restaurer les Ming. " Je me demande si on doit le prendre au sérieux ou pas.

— C'est signé du Lotus Blanc, répondit Mad Mac. Je suppose que vous comprenez bien que cela ne veut pas dire qu'il faut restaurer la dynastie, mais seulement le premier des Ming, celui qui a refusé d'être empereur. C'était le paysan qui dirigeait le Lotus Blanc. Il a mis à bas l'empire mongol et tenté de se débarrasser de l'armée des fonctionnaires. *Ming* veut dire " lumière ". Restaurer Ming signifie, en fait, retourner au bon vieux temps de l'Empire, où les paysans n'étaient pas sous la coupe des soldats impériaux, des collecteurs de taxes sur le sel et le grain, des lettrés officiels, des magistrats, des gouverneurs, bref de l'ensemble de l'administration. Les fonctionnaires ont toujours eu peur du mot " lumière ". Sous la dernière dynastie, un poète a été décapité pour avoir écrit dans un de ses poèmes : " Demain, à l'aube, j'entrerai dans la brillante capitale. " Le juge a dit que c'était une menace contre la Cité interdite. Vous êtes allé à Pékin, Dan, et vous avez vu cette immense muraille qui entoure la Cité interdite. Elle a été construite pour la protéger des paysans du Lotus Blanc. Pas des envahisseurs étrangers ! »

Le bossu apparut sur le seuil. « Le " Sauvage " aurait dû se faire conteur d'histoires, dit-il avec un gloussement.

— C'est l'alcool », répondit Mad Mac.

Le bossu remplit leur bol à nouveau et s'assit sur le banc à côté de Kellaher.

« Il y a une autre muraille : La Grande Muraille de Chine. Les guides officiels disent aux visiteurs qu'elle a été élevée pour se protéger des envahisseurs barbares, mais ce qu'ils ne disent pas, c'est que le premier de tous les empereurs, le tyran Ts'in, l'avait fait construire pour empêcher les paysans de quitter le pays et gagner les steppes de l'Intérieur. Il ne pouvait pas se passer d'eux et il craignait de les voir rejoindre les barbares, puis revenir pour le détruire.

— Les guides ne parlent pas non plus du prix qu'a coûté la Grande Muraille, poursuivit Mad Mac. Les soldats de l'Empereur ont rassemblé une immense foule de paysans et les ont forcés à y travailler. Il y en a peu qui sont rentrés chez eux. Ils étaient aveuglés par les tempêtes de sable et glacés jusqu'aux os par les vents qui, l'hiver, soufflaient du désert de Gobi. Ils sont morts par milliers. Les malades étaient enterrés vivants dans les fondations de la Muraille. Quand vous vous y promenez, vous marchez sur des tombes.

— Le premier empereur, dit Kellaher, j'ai vu ton spectacle de marionnettes sur lui.

— Venez ! » dit le bossu, en leur montrant la salle de devant.

Dans un coin sur une étagère se trouvait un groupe de figurines. Au centre, il y avait le sinistre Ts'in dans son impériale robe jaune avec, à sa droite, Li Sseu, son grand conseiller et d'autres personnages portant la coiffure haute des ministres ; et à sa gauche, des eunuques et des concubines. Derrière lui étaient le char impérial et des rangées de soldats.

« Ces figurines sont les modèles de mes marionnettes, dit le bossu, et il commença à réciter les premiers mots de sa pièce : La dynastie Ts'ing n'était pas dans la bonne voie. Elle avait créé un empire en réunissant plusieurs duchés par la ruse, l'intrigue et la violence. Elle accablait le peuple d'impôts et en épuisait les forces vives. La cupidité et le vice étaient partout. Les puissants comptaient leurs terres par milliers ; les faibles n'avaient pas même la place de loger sur les leurs la pointe d'un couteau... »

Tandis que Kellaher écoutait, les figurines semblaient se mettre à vivre. Le grand conseiller soufflait à l'oreille de Ts'in : « Vous êtes l'Empereur sacré, le Fils du Ciel, et votre règne durera à jamais. » Les autres fonctionnaires se rassemblaient en rond. Ts'in les écoutait et ordonnait que tous les livres fussent brûlés. La police gardait les portes des villes ; les citoyens recevaient des passeports ; les fonctionnaires étaient envoyés à travers tout l'Empire pour exécuter les ordres de l'Empereur. Malgré tout son pouvoir, celui-ci craignait que ses paysans ne l'assassinent. Chaque nuit, il changeait de palais. Il tomba malade et mourut. Le grand conseiller et les autres fonctionnaires gardèrent sa mort secrète. Ils installèrent son cadavre dans son char et l'entourèrent de poissons pourris pour faire croire que le Fils du Ciel était vivant...

Le bossu lut les dernières lignes de son texte. « Quand, enfin, Ts'in fut enterré, ses concubines le furent avec lui, vivantes. Il a laissé toute une hiérarchie de fonctionnaires qui ont continué de gouverner la Chine jusqu'à ce jour, les savants de tous les pays le célèbrent comme l'unificateur du pays et le gardien des lois. Quant aux paysans, ils le maudissent comme un tyran cruel qui les a réduits en esclavage.

— Vous allez faire une pièce sur le dernier empereur ? » demanda Kellaher.

Le bossu se mit à rire :

« Les fonctionnaires se conduiront toujours de la même façon. J'aimerais introduire quelques étrangers parmi eux. Peut-être après sa mort... »

Ils retournèrent s'asseoir à la table.

« Croyez-vous que la vie de P'ou Yi soit en danger ? demanda Kellaher.

— Pas de la part du Lotus Blanc, si c'est ce que vous voulez dire, répliqua le bossu. Après tout, l'héritier légitime de la dynastie, P'ou Louen, vit dans la maison de son père à Pékin, où il n'est même pas gardé. Si P'ou Yi a quelque chose à craindre, c'est de la part du haut commandement militaire japonais. Ils ne font que se servir de lui, sans s'occuper de sa sécurité. C'est aussi le cas de tous les mercenaires qui affluent au Jardin de Tchang, promettant de restaurer la " Grande Dynastie " des Ts'ing. Ils se retourneront contre P'ou Yi, quand ils le décideront. Pour le moment, la presse étrangère est en sa faveur, comme elle l'était pour Yuan Che-k'ai, quand il a voulu confisquer le trône pour lui-même. Regardez-les ! Ils commencent à changer de ton !

— Et l'Impératrice ? demanda Kellaher.

— Elle est perdue, dit le bossu. (Il y avait comme une sorte de sympathie dans sa voix.) Elle est trop indépendante de caractère pour être le jouet de qui que ce soit. En même temps, elle est trop honnête pour abandonner P'ou Yi. (Il se tourna vers Mad Mac.) Votre ami est un drôle de policier. Il se préoccupe plus du peuple que de faire respecter la loi.

— Vous avez vite vu clair en lui ! répondit Mad Mac. C'est un barbare d'Irlandais. »

Alors qu'ils s'apprêtaient à s'en aller, Kellaher regarda de nouveau l'aquarelle suspendue au mur. Il y vit quelque chose qu'il n'avait pas discerné au premier coup d'œil. Il s'agissait d'une touffe de joncs où se cachait un nid d'oies sauvages.

L'Irlandais descendit Taku Road sous un soleil brûlant. Il regarda sa montre et fut surpris : il était trois heures de l'après-midi. En parlant au bossu, il ne s'était pas rendu compte que le temps passait. Il se demandait s'il y avait un autre endroit dans le monde où l'on pût discuter d'événements vieux de deux mille ans comme s'il se fût agi de faits datant de la veille.

A l'angle de Taku Road et de Meadows Road, il passa devant la demeure du chef des eunuques. Il ne pouvait se faire à l'idée qu'un meurtre ignoble y avait été accompli. Il traversa Racecourse Road et se dirigea vers la maison du consul. La fourrière était là et des coolies munis de lassos arpentaient la rue pour capturer les chiens errants. Après avoir longé le D'Arc's Hotel, il arriva à l'Empire Cinéma. On y donnait un film de Charlot : *La Ruée vers l'or*. Juste après le cinéma, l'Empire Bridge enjambait un cours d'eau reliant la Sea River au Grand Canal. Ce cours d'eau était bordé par Dublin Road, le principal quartier des bordels. Kellaher s'arrêta sur le pont et contempla la suite de petites maisons et de bars. La plupart de ces bordels étaient aussi des fumeries d'opium. La plus proche s'appelait *l'Auberge aux Parfums*. Une femme vêtue d'un kimono était assise sur la véranda, en train de tricoter. « Une Coréenne », pensa Kellaher. Récemment, les Japonais avaient importé à Tientsin des centaines de prostituées en provenance du Pays du Matin Calme. Beaucoup avaient réussi à s'introduire dans la concession britannique. On entendait, venant de la véranda, la voix d'un chanteur de charme :

Oh ! Qu'on me donne une maison où buffles,
cerfs et antilopes jouent en liberté...

Dublin Road est encore tranquille, se disait Kellaher, mais, vers huit heures du soir, toutes ces vérandas seront pleines de femmes racolant les soldats dans la rue. Alors commenceront les bagarres entre Britanniques et Italiens contre les *marines* américains qui ont plus d'argent qu'eux. Une petite et frêle Chinoise apparut sur le seuil de *l'Auberge aux Parfums* et monta dans un pousse-pousse qui l'attendait. Son élégance et ses manières attirèrent l'attention de l'Irlandais. L'Impératrice ? Non, ce n'était pas possible ! Il regarda le pousse-pousse disparaître dans Dublin Road. Il se demandait si l'alcool de riz et la chaleur du soleil de juin ne lui étaient pas montés à la tête.

Tout était paisible dans Romanov Avenue, dans la concession russe, lorsque déboula à vive allure une limousine découverte, tous phares allumés et klaxonnant sans arrêt. Sur les marchepieds étaient accrochés des hommes vêtus de manteaux de cuir et brandissant des revolvers. Sur le siège arrière, à moitié dissimulé par un garde du corps, se vautrait un général cosaque, cigare au bec. Semenov, l' « Ogre de Chita », était arrivé à Tientsin. A un carrefour, la voiture tourna à droite et traversa la concession italienne et le pont de l'Autriche, vers le sud. Elle stoppa dans un grincement de freins devant le Jardin de Tchang.

Semenov fut conduit dans la salle du trône où P'ou Yi l'attendait. Le Cosaque était venu lui annoncer, avec sa bravade coutumière, qu'il était prêt à se mettre au service de la « Grande Dynastie Ts'ing » que ces sales Bolcheviks avaient détruite. Tous les chefs militaires étrangers considéraient ses vaillants Cosaques comme le fer de lance d'une croisade contre les Rouges, déclara-t-il.

Sans perdre une seconde, le Grand Gardien et les autres membres du cabinet conseillèrent à P'ou Yi de verser à Semenov un à-valoir de 50 000 dollars pour ses premiers frais. Le Cosaque avait rarement eu l'occasion de gagner une telle somme aussi facilement. A trois reprises il rendit visite au Jardin de Tchang, sans que la police fît quoi que ce soit pour l'empêcher de traverser en trombe les concessions russe, italienne, française et japonaise. Chaque fois, pourtant, il était épié par le major Mino des services secrets japonais. Lors de leur dernière entrevue, un accord fut signé entre lui et P'ou Yi, qui fut appelé « La Convention sino-russe antibolchevik ».

P'ou Yi jubilait. Ses ministres le félicitaient. Il était devenu l'un des leaders mondiaux de la croisade contre les Rouges. Cela ne pouvait que plaire à Johnston.

De plus en plus, les Seigneurs de la Guerre s'offraient à P'ou Yi — et les caisses de l' « Empire » se vidaient. On fut soulagé quand Tchang Tso-lin, important Seigneur de la Guerre mandchou, non seulement apporta son aide à P'ou Yi, mais encore le gratifia d'un don de 100 000 dollars. Le « maréchal » — comme désormais Tchang Tso-lin s'intitulait — invita P'ou Yi dans la Ville indigène de Tientsin. Là, dans le plus grand secret, ils discutèrent de la restauration de la dynastie Ts'ing.

L'armée du maréchal était basée à Moukden, jadis

capitale des Mandchous et station importante sur la ligne de chemin de fer. Les trains étaient aussi vitaux pour les Seigneurs de la Guerre que les chevaux l'avaient été pour les Mongols ; et contrôler des points de jonction tels que Moukden et Tientsin était un élément capital de leur stratégie. Beaucoup possédaient leur propre train dans lequel eux et leurs concubines se déplaçaient. Le général Wou P'ei-fou, qui pouvait compter sur l'appui des Britanniques, avait un piano dans le sien. Mad Mac l'avait accordé maintes fois pour le pianiste, un Russe blanc, qui agrémentait les soirées du général et de ses concubines. Mais c'était le maréchal qui avait le meilleur de ces trains. Non seulement il était luxueusement meublé, mais blindé.

Ledit maréchal était devenu de plus en plus indépendant de ses anciens maîtres, le haut commandement japonais. Il les avait fort ennuyés en dénonçant la fuite de P'ou Yi de Pékin et la part que Johnston y avait prise avec la complicité des services secrets japonais. Le maréchal avait déployé quelques-unes de ses divisions autour de Pékin et cela avait suffi pour en écarter les forces du « Chrétien Rouge ». Mais les Japonais avaient été avertis que le maréchal était tombé sous l'influence de son fils Tchang Hiue-liang, un jeune général qui manifestait des sentiments violemment antijaponais.

Une nuit, P'ou Yi et le Grand Gardien se glissèrent hors du Jardin de Tchang. La voiture du maréchal les attendait. Ils furent conduits dans la Ville indigène, à la frontière ouest de la concession japonaise. Sans le savoir, ils étaient suivis par une autre voiture où se trouvaient le colonel Doihara et le major Mino.

Dans la cour de la demeure du maréchal, une garde rendit les honneurs à P'ou Yi. Dans le hall d'entrée, le maréchal s'agenouilla et se livra aux prosternations rituelles. A sa grande surprise, P'ou Yi découvrit que le maréchal n'était pas le féroce guerrier auquel il s'attendait, mais un petit homme tiré à quatre épingles, portant moustache et vêtu d'un élégant costume à l'occidentale. Il ressemblait tout à fait à Adolphe Menjou, un de ses acteurs favoris, qui jouait parfois des rôles de maître d'hôtel. Le maréchal lui dévoila ses plans. Le vieux musée mandchou de Moukden redeviendrait un palais et P'ou Yi remonterait sur le trône. Il demeurerait sous la protection de l'armée du maréchal. Le moment venu, il retournerait dans la Cité interdite. Le Grand Gardien promit que Son Impériale Majesté étudierait cette proposition avec tout le sérieux requis.

Le maréchal accompagna P'ou Yi à sa voiture. De ses yeux de reptile, Doihara regardait la scène, caché dans l'ombre. Il put entendre les dernières paroles que le maréchal adressa à P'ou Yi : « Vous ne devez pas laisser les Japonais se jouer de vous. Si vous avez des ennuis, faites-le-moi savoir. Je reviendrai aussitôt. »

Une semaine plus tard, le maréchal quittait Tientsin dans son train blindé. Il s'approchait de la gare de Moukden lorsque retentit une énorme explosion. Le maréchal et tout son train furent réduits en miettes. Le *Far Eastern Times* accusa les services secrets japonais d'être les auteurs de l'attentat. Le *Peking and Tientsin Times* se garda de porter le moindre jugement. Le général Tanaka qui, récemment, était arrivé au pouvoir, déclara que son « Armée de pacification » allait tout faire pour retrouver les assassins du maréchal.

Après la mort de Tchang Tso-lin, quelques régiments de l'armée du maréchal, cantonnés aux abords de Pékin, se débandèrent et se répandirent dans toute la région où ils vécurent de pillages et de rapines. A quelque cent kilomètres au nord-est, dans une forêt de pins entourée de collines, se trouvaient les sépultures des empereurs et des impératrices. Parmi eux étaient les restes de Ts'ien Long et du Vénérable Bouddha. Usant de dynamite, les soldats pénétrèrent dans les sépultures et commencèrent à les mettre à sac. Les soldats républicains auxquels incombait la tâche de les protéger arrivèrent sur les lieux, en chassèrent les hommes du maréchal et entreprirent de piller les tombes pour leur propre compte.

Lorsque la nouvelle de cette profanation parvint à Pékin, un groupe de Mandchous se rendit aussitôt sur les lieux. Quand ils pénétrèrent dans la sépulture du Vénérable Bouddha, ils la trouvèrent vide. Tous ses encensoirs en or et en argent, ses ornements de jade sans prix et le support constellé de diamants sur lequel reposait le cercueil avaient disparu. Il ne restait plus, allongé sur une planche, que le cadavre nu de l'Impératrice douairière. Avec mille précautions, on le retourna. « Elle avait le visage merveilleusement pâle, dit-on plus tard. Mais ses yeux étaient profondément enfoncés dans leurs orbites qui ressemblaient à deux sombres cavernes. »

Le tombeau du Vénérable Bouddha et tous ses trésors avaient coûté environ huit millions de dollars. Une note que les impôts prélevés sur les paysans de la Chine du Nord avaient largement réglée ! Maintenant ces richesses étaient revendues par des boutiquiers de Pékin à des trafiquants de Shangaï et de Hong Kong, pour aboutir chez les plus grands antiquaires du monde.

Aussitôt qu'il apprit le viol de ces sépultures, Johnston, qui était à Weihaiwei, prit le premier vapeur à destination de Tientsin. Il trouva le Jardin de Tchang transformé en un véritable lieu de pèlerinage par les anciens fonctionnaires de la Cour et leurs familles qui venaient y pleurer le Vénérable Bouddha. La file des pèlerins s'allongeait dans le jardin jusqu'au pied de l'escalier menant à la demeure de P'ou Yi, où ils attendaient leur tour pour être admis dans la salle du trône. Le Grand Gardien, s'inclinant comme un moine en prière, fit entrer Johnston dans la pièce obscure dont on avait fait un véritable sanctuaire. Sur un autel entouré de brûleurs d'encens, on avait exposé les tablettes des ancêtres de Ts'ien Long et de Ts'eu Hi. Les gens s'agenouillaient devant et priaient. En s'approchant de l'autel, Johnston découvrit avec horreur la présence de deux eunuques vêtus de tuniques écarlates. Il les connaissait bien. L'un, qui assistait aux leçons données à P'ou Yi dans le Palais de la Nourriture de l'Esprit, lui sourit. Furieux, l'Écossais se tourna vers le Grand Gardien. « Ces eunuques, dit-il, ont été expulsés du Palais impérial. Qu'est-ce qu'ils font ici ? »

Le Grand Gardien porta un doigt à ses lèvres. Johnston exigea de voir P'ou Yi. Le Grand Gardien le conduisit dans une petite pièce attenante. P'ou Yi adressa un faible sourire à son ancien précepteur et leva une main tremblante. Lorsque Johnston lui eut fait ses condoléances, il demanda ce que ces eunuques faisaient là. Pour toute réponse, P'ou Yi se borna à baisser tristement les yeux. « Son Impériale Majesté est en deuil, crut bon d'expliquer le Grand Gardien.

— Combien de temps ce deuil va-t-il durer ? demanda Johnston.

— Jusqu'à ce que les tombeaux soient remis en état », répondit le Grand Gardien.

Le lendemain, Johnston trouva P'ou Yi tout différent de la veille. L'Empereur était fou de rage. Il venait d'apprendre que certains joyaux venant de la tombe de l'Impératrice se trouvaient entre les mains de Tchang Kaï-chek, chef du gouvernement nationaliste de Nankin. « Ces perles de la couronne du Vénérable Bouddha, s'écria P'ou Yi, ornent maintenant les chaussures de Mme Tchang Kaï-chek ! » Jamais Johnston ne l'avait vu dans une telle fureur. Il savait la passion de P'ou Yi pour les bijoux, en particulier pour les perles, mais il ne s'attendait pas à une réaction aussi violente, alors que toute la Cour était en deuil. Johnston fit de son mieux pour consoler son « poussin ». Il lui promit de se mettre en rapport avec le colonel Doihara. Si Tchang Kaï-chek possédait un seul de ces trésors, Doihara ferait tout pour le récupérer.

Johnston, lui-même, était touché par cette histoire de bijoux. Le *Far Eastern Times* lui avait consacré un article assez acerbe pour la part qu'il avait prise au déménagement des joyaux et autres richesses du Palais impérial, les jours qui avaient précédé le départ de P'ou Yi de la Cité interdite. Cet article abondait dans le sens de Tchang Kaï-chek qui prétendait que ces biens n'étaient pas la propriété personnelle de P'ou Yi, mais celle de la Nation.

Ce même Tchang Kaï-chek, chef des nationalistes du sud de la Chine, venait d'épouser une jeune beauté, Soong Mei-ling. Sa femme et lui avaient été élevés aux États-Unis et étaient de fervents partisans de la République. Tchang emportait toujours sa Bible sur les champs de bataille et des missionnaires voyaient en lui un autre « Cromwell chinois ». Pour Johnston, il représentait une menace plus grave que le « Chrétien

Rouge », Fong Yu-siang. Ce dernier était une sorte de bolchevik idéaliste ; Tchang, un homme à l'esprit pratique, bien plus dangereux, qui avait déclaré que son principal objectif était de supprimer les concessions étrangères qui insultaient à l'orgueil national.

En 1927, des républicains chinois envahirent la concession britannique de Hankow et détruisirent le monument aux morts édifié à la mémoire des soldats britanniques tombés lors de la Grande Guerre ainsi que le bâtiment de la Douane. Un mois plus tard, le conseil municipal britannique était dissous et la concession récupérée par le gouvernement nationaliste. Tientsin en fut alarmé. Pourquoi la même chose n'adviendrait-elle pas dans leur ville ? se demandaient les gens. Woodhead rallia les esprits chancelants. Le principe de l'extra-territorialité est sacré, déclara-t-il dans un de ses articles. Ce principe, inclus dans le Traité de Tientsin, donnait aux puissances étrangères le droit d'administrer leurs propres concessions sans aucune intervention des Chinois, rappelait-il à ses lecteurs. On devait résister aux nationalistes.

Encouragé par les événements de Hankow, Tchang Kaï-chek dirigea ses armées vers le Nord. Certains de ses soldats pénétrèrent dans la Ville indigène de Tientsin, mais n'y restèrent pas longtemps. Le haut commandement japonais considérait que la Chine du Nord était dans sa sphère d'influence. Ils lancèrent un ultimatum à Tchang. S'il n'y obtempérait pas, « l'Armée de la pacification » l'anéantirait. Tchang se replia sur Nankin. On s'en réjouit au Tientsin Club, mais cet enthousiasme retomba lorsque, peu de temps après la retraite de Tchang, toutes les puissances étrangères, y compris le Japon, suivirent l'exemple des Américains et reconnurent officiellement le gouvernement nationaliste.

Pour Johnston, cette reconnaissance du second « Cromwell chinois » était une trahison à l'égard de la « Grande Dynastie » des Ts'ing et de ses vieux *supporters* britanniques. C'était, bien entendu, la faute des Américains et de leur politique anticolonialiste. Il trouvait quelque consolation dans le fait que, si la nouvelle capitale de la Chine était Nankin, les Britanniques conservaient leur ministre plénipotentiaire et tout son personnel à des centaines de kilomètres de là, à Pékin. Obstinément, Johnston continuait à mener des combats d'arrière-garde pour différer le plus longtemps possible la remise aux Chinois de la base navale britannique de Weihaiwei. Il lui fallait maintenant y retourner.

Il attendait dans le hall d'entrée du Jardin de Tchang pour dire au revoir à P'ou Yi, quand il entendit des bruits venant du premier étage. Élégant Ornement, l'opulente concubine de P'ou Yi, descendit en trombe les marches de l'escalier, suivie par les deux eunuques de service. P'ou Yi apparut à son tour, hurlant : « Non, non, emportez-les ! » La concubine, échevelée, s'enfuit poursuivie par les eunuques. Le Grand Gardien et quelques autres personnes portant le deuil surgirent de la salle du trône pour voir ce qui se passait. P'ou Yi, tout sourire, tenait une fiole de verre à la main, pleine de fourmis. « Cette femme est folle ! dit-il à Johnston. Je me suis borné à poser un roi et six ouvrières sur son oreiller pour lui faire une surprise et elle est partie en criant au secours ! »

Johnston était beaucoup trop perturbé à la vue des eunuques pour s'inquiéter des fourmis. Il ne pouvait supporter l'idée de retourner à Weihaiwei, ne sachant trop à quelles turpitudes les eunuques et les pages encourageaient P'ou Yi. L'un de ces pages semblait avoir une influence toute particulière sur lui. L'allure hautaine qu'affectait le garçon inquiétait Johnston, mais chaque fois qu'il tentait de mettre sur le tapis le problème de ces eunuques et de ce garçon, P'ou Yi prenait un air accablé et baissait tristement les yeux. Avant de prendre congé, Johnston se sentit obligé de poser de nouveau la question. « Ces eunuques... », commença-t-il.

Des coups frappés aux vitres de la porte d'entrée l'interrompirent. C'étaient la concubine et les eunuques qui revenaient en toute hâte. « Les sauterelles ! » cria l'un d'eux. Effectivement une nuée de ces insectes pénétra dans la salle, en se heurtant aux murs. Le ciel en était tout obscurci. Un nuage de sauterelles s'abattait sur le jardin. Des centaines se posèrent sur le sol, se battant pour dévorer l'herbe. Des myriades d'autres s'écrasaient sur les vitres et tombaient à moitié assommées sur les marches de l'escalier.

Johnston avait déjà vu des invasions de sauterelles. Mais devant cet assaut de milliers d'insectes essayant désespérément de s'engouffrer dans la maison, il fut effrayé. Il jeta un regard anxieux à son « poussin ». Celui-ci souriait. Une pensée horrible traversa l'esprit de l'Écossais. Et si P'ou Yi allait se prendre pour les sauterelles de la même passion que pour les fourmis ? Que Dieu nous en préserve !

7

« BONNIE PRINCE CHARLIE »

LES clients assis aux tables du café Kiessling & Bader se turent soudain. Quelques-uns se levèrent et se mirent à applaudir. Herr Kiessling, un gros homme avec un double menton, se précipita vers la porte d'entrée, suivi de Herr Bader. Les deux violonistes et le violoncelliste de l'orchestre, assis près de quelques palmiers en pots, s'arrêtèrent de jouer. Un murmure d'excitation parcourut la salle. « C'est l'Empereur ! dit quelqu'un.

— L'Empereur ! » répéta la foule dans tout le café. D'autres personnes se levèrent pour applaudir.

« Quel honneur nous fait Votre Impériale Majesté ! » s'écrièrent en chœur Herr Kiessling et Herr Bader, en s'inclinant, puis ils se bousculèrent pour conduire leurs distingués visiteurs jusqu'à une table. En tête du groupe venait P'ou Yi, avec son complet prince-de-galles, son éternel œillet rose à la boutonnière. Il était suivi par Élégant Ornement tenant un pékinois sous chacun de ses bras. Marchaient ensuite Woodhead, saluant avec condescendance quelques-uns de ses collègues sur son passage, puis une dame de compagnie avec les quatre petits du couple de pékinois. Herr Kiessling claqua des doigts en direction de l'orchestre. Celui-ci était conduit par Herr Schneider, un petit Autrichien au visage pâle, portant une courte moustache, et dont le regard exprimait une infinie tristesse. Il leva son archet, s'inclina vers ses collègues et ils se mirent à jouer la valse viennoise, *L'or et l'argent*.

Woodhead passa la commande : du chocolat chaud et

des pâtisseries. Herr Kiessling répéta l'ordre à l'adresse du maître d'hôtel et des garçons se ruèrent vers la cuisine. Herr Bader, un petit homme chauve, se tenait derrière le fauteuil de P'ou Yi, lançant des regards inquiets vers les pékinois.

Woodhead dit à P'ou Yi : « La rue où nous sommes s'appelait naguère Kaiser Wilhelm Strasse, mais après la guerre on l'a rebaptisée Woodrow Wilson Street. Le Kiessling a toujours été notre café préféré et j'espère que Votre Impériale Majesté… » Il s'arrêta soudain, se rendant compte que P'ou Yi n'écoutait pas un mot de ce qu'il lui disait.

« Charlie Chaplin ! s'exclama l'Empereur.

— Je vous demande pardon, Sir ? » Woodhead était stupéfait.

P'ou Yi, lui, était fasciné. Il avait toujours désiré rencontrer Charlie Chaplin et il était là, devant ses yeux, assis à quelques pas de lui sous un palmier, déguisé en Herr Schneider. Aucun détail des gestes du musicien n'échappait à P'ou Yi. La manière, par exemple, qu'il avait de fermer les yeux pendant les passages les plus lyriques ou de tourner les pages de sa partition en faisant un moulinet de la main. Mais là où Herr Schneider était le plus fascinant, c'était entre deux morceaux. Quand il avait l'impression que les deux autres musiciens tardaient un peu trop, il s'approchait d'eux, les mains derrière le dos, claquait des doigts, soupirait, levait les yeux au ciel, brandissait son archet et commençait à accorder chaque corde de son instrument avec un soin infini avant d'attaquer la valse suivante. Pour P'ou Yi, c'était là une performance magistrale. Et quand Woodhead finit par le convaincre qu'il était temps de s'en aller, il regarda longuement par-dessus son épaule Charlie Chaplin jouant de son violon.

Woodhead, pour la sortie suivante de P'ou Yi dans la concession britannique, choisit l'Empire Cinema. Cela ne pouvait que plaire à l'Empereur, car le chef d'orchestre dudit cinéma n'était autre que Herr Schneider. P'ou Yi devint bientôt le plus fidèle client de l'Empire. Avec son entourage — dans lequel ne figurait jamais l'Impératrice — il s'asseyait au premier rang afin de bien voir la fosse de l'orchestre. C'était toujours le même rituel. Quand les musiciens entraient, Fräulein Kluge donnait le *la* sur son piano, tandis que Herr Schneider et les autres accordaient leurs instruments. Charlie Chaplin se tournait vers le patron du cinéma qui se tenait près du projectionniste dans le fond de la salle. C'était le signal que l'orchestre était prêt. Les lumières s'éteignaient et le film pouvait commencer.

Herr Schneider donnait tout de lui-même. Qu'il s'agît d'un incendie de forêt dans une scène de *Tarzan chez les singes* ou d'un *western* endiablé où une horde d'Indiens descendait des collines au grand galop pour attaquer un campement de colons, il jouait avec une telle conviction qu'il était impossible de dire si la musique suivait l'action ou l'action la musique.

Assis quelques rangs derrière P'ou Yi, le major Mino suivait avec le plus profond intérêt les tactiques employées par les cow-boys et les Indiens. Un peu plus loin se tenait Kellaher attendant une autre forme de spectacle. Quand les jeunes élèves sibériens de l'École française assistaient à la séance, le balcon était en effervescence. Tôt ou tard, une foule de papillons en papier atterrissaient dans la fosse d'orchestre. La musique s'arrêtait brusquement, le patron de la salle allumait les lumières et se précipitait pour essayer de faire rester tranquilles les jeunes chahuteurs.

Alors, le major Mino sursautait comme s'il avait reçu un coup sur la tête. P'ou Yi, lui, n'était pas dérangé le moins du monde. Il continuait de regarder avec admiration l'héroïque chef d'orchestre. Même quand un projectile l'avait atteint, il se comportait en véritable artiste. Son violon dans la main gauche et son archet dans la main droite, il tenait les bras étendus devant lui et regardait le ciel. Quand l'incident était clos, il s'inclinait vers le pianiste et on recommençait à accorder soigneusement les instruments.

Par-dessus tout, P'ou Yi aimait les films de Charlie Chaplin. Herr Schneider y allait de tout son cœur. Il grattait allégrement son instrument lors des épisodes comiques, le faisait pleurer lors des passages sentimentaux et P'ou Yi se demandait où était le véritable Charlot : dans la fosse d'orchestre ou sur l'écran.

Ayant introduit P'ou Yi dans l'Empire Cinema, Woodhead se demandait maintenant comment l'en faire sortir. Les chahuts qui avaient lieu au balcon et les soldats ivres accompagnés de prostituées empilés dans les loges n'étaient guère dignes d'un empereur. La salle non plus n'était pas sûre. L'année précédente, un Seigneur de la Guerre y avait été proprement étranglé, malgré la présence de ses gardes du corps. Heureusement pour Woodhead, la réponse à tous ces problèmes traversait l'Atlantique : le cinéma parlant arrivait ! Très vite il devait chasser des salles les films muets et les musiciens qui les accompagnaient — et un cinéma sans fosse d'orchestre ni Herr Schneider était sans attraits pour l'Empereur.

« Nous devons l'aider à élargir la gamme de ses intérêts », avait dit Johnston à Woodhead avant de partir pour Weihaiwei. Le journaliste l'approuvait du fond du cœur. Si la Chine devait avoir une monarchie constitutionnelle sur le modèle britannique, il fallait que l'Empereur reçût une éducation équilibrée et moderne. Mais Woodhead avait pressenti une difficulté : P'ou Yi était plus intéressé par la forme que par le contenu. Il était passionné par les vêtements du prince de Galles, mais cela n'allait pas plus loin. Si seulement on pouvait lui apprendre à apprécier le personnage pour lui-même !

Avant l'arrivée de P'ou Yi, la rubrique mondaine du *Peking and Tientsin Times* se bornait généralement à un ou deux paragraphes : un reportage sur un dîner dansant au Astor House Hotel ou un concert à Gordon Hall. On y trouvait parfois quelques lignes sur des voyageurs arrivés par bateau ou par train, le plus souvent en route pour Pékin ou Shangaï. Maintenant, tout avait changé. Il se passait rarement un jour sans que l'on consacrât toute une colonne aux rendez-vous et visites de l'Empereur, parfois même une page entière illustrée de photos.

Grâce aux privilèges que Johnston lui avait accordés,

Woodhead était en mesure de connaître à l'avance l'emploi du temps de P'ou Yi, si tant est qu'il ne l'organisât pas lui-même. Les rédacteurs en chef des autres journaux l'assaillaient de questions. La police japonaise empêchait leurs reporters de s'approcher du Jardin de Tchang et ces derniers se plaignaient de ne pouvoir le joindre au téléphone. Woodhead pouvait-il les aider ? Il leur disait qu'il comprenait très bien leurs problèmes. Il allait voir ce qu'il pouvait faire. Au rédacteur en chef du dernier journal où il avait travaillé, le *Shangai Daily News* — qui avait un jour décrit Tientsin comme « un petit port crasseux de l'Intérieur » —, il donnait des informations inattendues sur les activités sportives de P'ou Yi, comme sa fréquentation des champs de courses ; à son ami Green du *North China Daily,* sur la présence de l'Empereur à certains concerts. Au *Far Eastern Times,* de tendance radicale, il ne donna rien du tout. Sa brève réponse à son rédacteur en chef commençait ainsi : « Pour des raisons de sécurité, il n'est pas permis de divulguer... »

Le *Far Eastern Times* continuait à parler du couple impérial comme de M. et Mme Henry P'ou Yi, ce qui rendait Woodhead, comme Jonhston, furieux. Mais ce journal devait abattre son atout majeur. Il publia la première photographie de la concubine de P'ou Yi, Élégant Ornement, en train de faire ses courses dans Victoria Road. Woodhead avait toujours considéré qu'il était malséant de faire la moindre allusion à l'existence de cette concubine. « C'est manquer à toutes les règles du jeu ! » explosa-t-il, lors d'un déjeuner au Tientsin Club.

Le tirage du *Peking and Tientsin Times* augmenta le jour où on y vit Sa Majesté Impériale en train de jouer au golf dans la concession russe, portant une veste de tweed, des knickerbockers et une casquette ; vêtu de son habit prince-de-galles, participer au lever des couleurs dans les baraquements britanniques, le jour anniversaire du roi ; et à bord du *HMS Hollyhock* à l'ancre dans le port. Parfois dans ces photographies, on pouvait voir le visage pâle, comme couvert d'un masque, de l'Impératrice — et, dans le fond, un gros homme au crâne rasé.

Le Tientsin Country Club, qui donnait sur le champ de courses, avait une règle : pas de Chinois ! Mais Woodhead s'arrangea pour persuader le comité d'y admettre P'ou Yi, en tant que « Chinois spécial ». Il avait aussi essayé de le faire inscrire au Tientsin Club, sur Victoria Park, mais la plupart des membres, surtout des hommes d'affaires britanniques et américains, ne pouvaient se convaincre d'accepter parmi eux un Chinois, si « spécial » fût-il. Le comité suggéra, cependant, que P'ou Yi pourrait être l'hôte d'honneur de leur dîner annuel.

Le consul général présidait, avec P'ou Yi à sa droite et Woodhead à sa gauche. Derrière eux, surmontant la cheminée, était accroché un portrait de Lord Elgin. « Vous devriez parler à l'Empereur de votre dernier poste en Afrique », dit Woodhead au consul, alors qu'on servait le potage. Ce fut une erreur fatale. Le consul, ravi, se tourna vers P'ou Yi et commença à lui faire une conférence sur les mœurs des éléphants dans la brousse du Kenya. « C'est la femelle qui prend la direction de tout le troupeau, dit-il, les mâles, eux...

— Avez-vous vu une fourmi blanche ? » demanda P'ou Yi, en l'interrompant. Confus, le consul avoua que non.

« Les rois des fourmis blanches peuvent se creuser un chemin à travers les murs des maisons », ajouta P'ou Yi.

Le consul se sentit étrangement désorienté. La conversation était retombée et il ne savait comment la reprendre.

Le secrétaire réclama le silence pour porter un toast. Le consul se leva : « Au Roi ! dit-il avec solennité. — Au Roi ! » répondit en chœur l'assistance. La fanfare du East Yorkshire Regiment se mit à jouer le *God save the King*.

L'esprit de P'ou Yi vagabondait. Woodhead proposa à son tour un toast pour leur hôte d'honneur. Après quelques traits d'humour, il arriva à la fin de son *speech*. C'était toujours la même chose, qu'il prît la parole à l'occasion d'une noce, d'un baptême ou d'une réception officielle. Se dressant de toute sa taille — il ne faisait guère plus d'un mètre soixante — il déclara : « Je saisis l'occasion qui m'est donnée ici pour rappeler le mot célèbre de Lord Elgin : " Soyez des croisés du commerce... " »

P'ou Yi était bien loin de tout cela. Sept gros rois des fourmis blanches, battant des ailes, suivaient l'envol de la reine. L'un après l'autre, ils s'accouplaient à elle puis revenaient sur terre en tournoyant. Alors qu'elle commençait à pondre ses œufs, les rois disparaissaient dans la jungle africaine, se frayant un chemin à travers tout ce qui était sur leur passage.

Un beau matin, toute circulation fut interdite dans Victoria Road. Des familles entières de ressortissants britanniques bordaient les grilles du parc et emplissaient les vérandas de l'Astor House Hotel pour souhaiter la bienvenue à un nouveau régiment arrivant en garnison à Tientsin. On avait édifié un arc de triomphe en bambou et parchemin, allant de Gordon Hall au magasin de Whiteway & Laidlaw, arc de triomphe auquel étaient accrochés des pétards. Juste avant midi, P. Peebles, président du conseil municipal britannique, sortit de Gordon Hall avec son invité, P'ou Yi en personne. Derrière eux se tenait un groupe de conseillers. Il y eut quelque excitation dans la foule quand on reconnut l'Empereur, et on se le montra du doigt. On pouvait entendre des cornemuses dans le lointain. Le son devint plus proche et quelqu'un cria : « Ils arrivent ! » Les gens se mirent à clamer : « Soyez les bienvenus ! » Les hommes du Argyll and Sutherland Highlanders, dans leurs kilts et avec leurs tartans vert et noir, apparurent. Tandis qu'ils passaient sous l'arc de triomphe, les pétards explosèrent, recouvrant le son aigu des cornemuses qui jouaient *Highland Laddies*. Le colonel des Argylls rugit : « Tête à droite ! Droite ! » et baissa son épée en signe de salut. M. Peebles ôta son chapeau, puis le tint sur sa poitrine à la façon américaine. P'ou Yi applaudit avec enthousiasme. « Bonnie Prince Charlie a dû faire ainsi, pensait-il, quand les Highlanders sont venus à son secours. »

M. Laidlaw, de Whiteway & Laidlaw, était toujours heureux de recevoir son client attitré, l'Empereur, surtout lorsqu'il n'était pas accompagné de ses chiens. Un des bergers allemands avait lacéré récemment le pantalon de tweed d'un de ses mannequins. M. Laidlaw avait gardé un silence discret, mais il tremblait de tous ses membres quand il voyait les dogues de P'ou Yi descendre Victoria Road, tirant après eux les pages qui les tenaient en laisse. Il espérait que Son Impériale Majesté était ravie de l'arrivée des Argylls. M. Laidlaw n'était pas lui-même un Highlander, avoua-t-il, mais natif d'Édimbourg. Il se complaisait, cependant, à lire l'histoire romantique des Highlands. Un kilt ? Il resta perplexe devant cette demande de l'Empereur. Peut-être Son Impériale Majesté devrait-elle d'abord consulter Mr Johnston. Changeant vite de sujet, M. Laidlaw reconnut que la veste de tweed et les culottes de golf avaient fait merveille. Elles ressortaient très bien sur les photographies. Un habit de soirée pareil à celui du prince de Galles ? Pouvait-il se permettre de demander à Son Impériale Majesté s'il avait l'intention de le porter au bal de la St Andrew Society ? Il serait grandement honoré de le confectionner et il serait prêt à temps, dit-il, en se frottant les mains.

Whiteway & Laidlaw était la boutique préférée de P'ou Yi. Il passait parfois plus d'une demi-heure à contempler dans la vitrine les mannequins qui le fascinaient. Il aurait aimé en acheter un. Cela ferait bien dans le hall d'entrée du Jardin de Tchang. Pourquoi pas celui de ce jeune homme aux longs cheveux avec un trois-pièces à rayures ?

« Son Impériale Majesté désire-t-elle autre chose ? » demanda M. Laidlaw, voyant P'ou Yi hésiter.

P'ou Yi montra le mannequin. Ce complet rayé ? Certes... Mais quoi ? Aussi le mannequin ? Le sourire de M. Laidlaw s'effaça. Il ne savait que faire. Cette demande était si inhabituelle !... Il lui faudrait réfléchir... Il était difficile de se procurer des mannequins en Chine du Nord. Il devrait s'informer...

Après que P'ou Yi fut parti, il poussa un soupir. Qu'est-ce que Johnston allait penser ? Il était déjà inquiet de savoir ce que ce dernier dirait en voyant l'Empereur en culotte de golf. M. Laidlaw commençait à se rendre compte qu'il était bien difficile d'être le fournisseur de Son Impériale Majesté !

La Société de St Andrew se félicita en apprenant que P'ou Yi acceptait d'être l'hôte d'honneur de son bal annuel. Ils envoyèrent une délégation auprès de Woodhead afin d'organiser la chose. Les délégués en question n'étaient que trois, mais emplissaient presque tout l'espace de l'étroit bureau du rédacteur en chef. Cela rendit Woodhead de fort méchante humeur. Il était plongé dans un long et difficile éditorial concernant le « Cromwell de la Chine », Tchang Kaï-chek, et ses sinistres intentions à l'égard des concessions étrangères. « L'épée de Damoclès est suspendue sur la tête des concessions britanniques », venait-il d'écrire, lorsque Miss Stewart l'avait interrompu dans sa phrase en déclarant : « Eh bien ! Nous voici. J'espère que nous ne vous dérangeons pas ! »

Tandis que M. Peebles, le président, souriait onctueusement et que le capitaine « Freezer » Frost, un ancien du Royal Scots, prenait note des propos échangés, Miss Stewart, propriétaire de la boulangerie écossaise, posait des questions sans fin sur l'Empereur et l'Impératrice. Comment seraient-ils vêtus ? Quelle était leur boisson favorite ? Qui devait-on leur présenter ? Parlaient-ils anglais ?... Il y eut un silence lourd de menaces, tandis qu'elle en arrivait à la partie la plus importante de sa mission. Elle rougit et demanda : Amèneront-ils avec eux d'autres membres de leur entourage ? Comme la concubine, par exemple ?... »

Le ton de la voix de Miss Stewart exaspérait Woodhead. Elle se produisait souvent à des concerts à Gordon Hall. Quand elle chantait ses rengaines larmoyantes où il s'agissait toujours des chers petits lacs et des chers petits vallons d'Écosse, les oreilles de Woodhead tintaient douloureusement et il trouvait une excuse pour s'esquiver. Mais aujourd'hui il était pris au piège. Et de surcroît, dans son propre bureau ! Il se jurait d'écrire, un jour, un éditorial explosif contre cette fichue tradition romantique des Highlands. Il y dirait que ces tartans, ces kilts et ces cornemuses, dont on vous rebattait les oreilles, bien loin d'appartenir à

161

l'Écosse immémoriale, avaient été inventés au XVIIIe siècle et plus tard, embellis pour le roi George IV de la
dynastie de Hanovre ; que les branles dansés par les
Écossais avaient été composés sous le règne de la reine
Victoria et devaient beaucoup à son patronage, et que
les tartans vert et noir des Argyll and Sutherland
Highlanders avaient été conçus, à l'époque moderne,
par une commission du War Office... Oui, vraiment, il
avait une furieuse envie d'écrire un tel article !

Mais si Woodhead trouvait Miss Stewart insupportable, Peebles lui sortait des yeux. Ce petit comptable
était devenu un dirigeant des mines de charbon que
possédaient les Britanniques au nord de Tientsin. Pour
Woodhead, il était l'exemple typique de cette nouvelle
race de bureaucrates qui avaient commencé leur carrière dans les avant-postes de l'Empire. Il manquait de
l'esprit de croisade. Quand il était confronté à un
problème, Peebles déclarait, avec des ruses de diplomate : « Nous devons consulter nos amis américains. »
Woodhead considérait qu'il n'y avait pas de meilleure
façon de miner l'autorité de l'Empire britannique !

L'arrivée à Tientsin d'un éminent personnage mit un
peu d'animation dans la vie quotidienne de Woodhead
et le divertit de toutes ces histoires de clocher. Il reçut
un jour un message du consul général : Son Altesse
Royale le duc de Gloucester allait arriver de Shangaï
pour une brève visite. En un temps record, Woodhead
publia un numéro spécial du *Peking and Tientsin Times,*
plein d'illustrations, saluant la visite du duc. Là, il était
dans son élément. Il se faisait le héraut de l'Empire
britannique. Sans oublier de dire que tout le peuple
chinois aspirait à avoir une monarchie constitutionnelle
comme celle de la Grande-Bretagne.

Le duc de Gloucester exprima le désir de rencontrer
P'ou Yi et Woodhead fut chargé d'organiser la réception. Toute l'armée japonaise semblait être réunie à
l'extérieur du Jardin de Tchang quand le duc arriva.
Négligeant apparemment le fait qu'il devait demeurer
dans l'ombre, le major Mino se pavanait devant les
portes de la résidence.

Le jardin était parfaitement tranquille. Les bergers

allemands et les pékinois avaient été emmenés de l'autre côté de la rue dans la demeure de Kasuga. Seul, le paisible Pongo, somnolant au pied de l'escalier, était là pour accueillir le duc. P'ou Yi était bouleversé de recevoir le frère du prince de Galles dans la salle du trône. Il tendit sa photographie au duc en lui demandant de la remettre à son père, le roi George V, quand il rentrerait en Angleterre. La photo portait la signature de P'ou Yi et l'on pouvait y lire la raison sociale : *Yamamoto Photographic Studio, Victoria Road, Tientsin.*

Quelques semaines plus tard arriva une lettre du roi remerciant P'ou Yi pour sa photographie et contenant la sienne signée *George R.I.* P'ou Yi possédait déjà une collection de photographies des grands de ce monde dans son bureau. Il y avait là le roi d'Italie, Mussolini, le comte Ciano, et Harold Lloyd. On fit une place pour celle de George V, Défenseur de la Foi, roi de Grande-Bretagne et d'Irlande et Empereur des Indes. « Si seulement Johnston pouvait voir ça ! » pensait P'ou Yi. Johnston dont le rêve le plus cher était celui d'une étroite union entre les deux empires : la Grande-Bretagne et la Chine.

La salle de bal, au Astor House Hotel, était décorée de tartans pour le jour de la St Andrew. P'ou Yi était assis sous un dais en compagnie de l'Impératrice, avec M. Peebles et Miss Stewart. Il portait son nouvel habit à queue de pie et une cravate blanche. Près du dais, le major des Argylls conduisait ses joueurs de cornemuses, tandis que les danseurs se mettaient en place pour le branle. Alors que les cornemuses commençaient à jouer *Devil among the Tailors,* Miss Stewart, élevant la voix pour se faire entendre au milieu de tout ce vacarme, cria à l'oreille de P'ou Yi : « De'il amang the Tailors. » P'ou Yi sourit. « C'est très traditionnel », dit-il. Les danseurs allaient et venaient, tandis que les plus vieux essayaient de mettre un peu d'ordre dans tout ce chaos. « Là-bas, vite ! Maintenant faites tourner votre partenaire ! Non, pas vous ! »

« Je crains que l'on n'ait pas assez répété », dit Miss Stewart à Peebles.

La musique changea de nouveau.

« Maintenant, c'est *Sleepie Maggie* », hurla Miss Stewart à l'adresse de P'ou Yi.

La danse se termina, le chef des highpipers quitta l'estrade et les danseurs regagnèrent leurs tables.

« Nous allons avoir une valse, dit Miss Stewart. Nous aimons mêler la modernité à la tradition. »

P'ou Yi se raidit. Un son familier lui parvenait de l'autre bout de la salle. Quelqu'un accordait soigneusement son violon. Était-ce Charlie ? Miss Stewart alla au-devant de sa question.

« Herr Schneider et son trio vont jouer un nouveau morceau, dit-elle. J'espère qu'il vous plaira. »

Comme d'habitude, Herr Schneider leva les yeux au ciel et sur un rythme lent et mélancolique, il fit attaquer à son trio la triste ballade de *Bonnie Prince Charlie* :

> *« Ne reviendras-tu jamais ?*
> *Ne reviendras-tu jamais ?*
> *Mieux aimé, tu ne peux l'être,*
> *Ne reviendras-tu jamais ? »*

Pour P'ou Yi, la soirée atteignait son point culminant.

Un beau matin, le major Mino fut alerté par un de ses hommes. Au bout de Asahi Road, tout près de la Ville indigène, le major trouva deux policiers japonais qui avaient capturé une jeune Chinoise. Elle était folle de peur. En s'approchant, le major reconnut Élégant Ornement, la concubine impériale. C'était la troisième fois qu'elle essayait de s'échapper. Elle avait été la source de nombre d'ennuis au Jardin de Tchang. On entendait souvent ses cris de la rue. Les eunuques de service ne pouvaient rien y faire. Le Grand Gardien pensait qu'elle ne se conduirait pas ainsi s'il y avait à la Cour une douairière capable de contenir ses débordements. Élégant Ornement ne cessait de se lamenter. Elle était jalouse de l'Impératrice, qui était toujours en train de faire les magasins alors qu'elle-même devait rester à la maison. Elle était terrifiée par les bergers allemands qui grognaient chaque fois qu'elle entrait dans le jardin. Elle trouvait des fourmis dans sa chambre et passait des heures à veiller dans la crainte qu'elles ne passent sous la porte.

Finalement, elle réussit à soudoyer un des pages qui l'aida à s'échapper en la cachant dans une charrette. Arrivée dans la Ville chinoise, elle alla voir un juge pour demander le divorce. P'ou Yi ne s'y opposa pas, mais il publia un édit faisant d'elle une courtisane comme les autres. Les ministres de P'ou Yi et les services secrets japonais espéraient qu'aucune publicité ne serait faite autour de l'événement, mais le *Far Eastern Times*, toujours aux aguets, déçut leurs espoirs. Non seulement il fit état du divorce, mais il décrivit l'existence macabre qu'on menait au Jardin de Tchang où on entendait chaque nuit les cris des pages que l'on fouettait. La Cour de P'ou Yi, suggérait cet article, avait sombré dans la même décadence que celle du Vénérable Bouddha dans la Cité interdite.

L'article sur la vie au Jardin de Tchang était accompagné d'un autre intitulé : « Les folles extravagances de M. et Mme Henry P'ou Yi » dans lequel était révélé que l'Empereur avait un nombre considérable de dettes chez les commerçants de la concession britannique, qu'il était incapable de régler, témoin cette facture pour deux pianos fournis par la Robinson's Piano Company. La vérité, continuait l'article, était que la Cour avait tellement donné d'argent aux Seigneurs de la Guerre, à des mercenaires et à des conseillers de toutes sortes, qu'elle ne pouvait plus honorer les dépenses de la maison impériale dans les magasins de Victoria Road.

L'Impératrice essaya d'échapper à cette fâcheuse publicité. Aux réceptions qu'elle honorait de sa présence les gens remarquaient que, bien qu'ayant une meilleure connaissance de l'anglais que son époux, elle ne parlait presque jamais et se tenait à l'écart, tandis que tout le monde bavardait autour d'elle. Au nombre des rares visiteurs admis chez elle figurait Nona Ransom, professeur d'art à l'École britannique, qui donnait à P'ou Yi des leçons privées d'anglais. Un jour, Miss Ransom se trouvait chez l'Impératrice quand le cuisinier entra et déclara qu'il n'y aurait pas de dîner ce soir-là, car il n'y avait plus rien à manger ni d'argent pour en acheter. Visiblement fort gênée, l'Impératrice s'en tira cependant avec un sourire et passa outre. Mais la vie qu'elle menait à Tientsin lui était devenue insupportable. Elle se mit à fumer de l'opium et, un an après son arrivée dans la ville, elle était devenue intoxiquée. P'ou Yi, qui savait tout, ne s'en émut aucunement. Les services japonais aussi étaient au courant de ses visites aux fumeries. Mais on n'en fut averti, à la concession britannique, que le jour où elle eut un malaise au Astor House Hotel. On appela un médecin qui découvrit alors qu'elle se piquait à la morphine.

C'est à cette époque que l'Impératrice fit la connaissance de la princesse mandchoue Yoshiko. C'était la fille du prince « Fou », Sou, qui avait levé une armée pour défendre la « Grande Dynastie » Ts'ing contre les républicains de Mandchourie en 1916. A la mort de ses parents, la princesse avait été adoptée par un ami de la famille, Kawashima, un dirigeant de la société japonaise du Dragon Noir, envoyée au Japon et rebaptisée Yoshiko, ce qui veut dire « Joyau d'Orient ». En 1927, Yoshiko avait épousé un prince mongol, mais ils ne vécurent jamais ensemble. En 1928, elle vint à Shangaï où elle fut la maîtresse de Tanaka, un officier supérieur des Services secrets japonais. Elle prit l'habitude de s'habiller en homme et on la voit sur quelques photographies debout à côté d'avions japonais, en uniforme militaire.

Tout ce qu'elle racontait sur sa vie au Japon et à Shangaï amusait l'Impératrice. En particulier les voyages qu'elle avait faits en Mongolie et autres régions qu'on appelait tartares. Comme beaucoup de Chinoises, l'Impératrice rêvait de ce lointain Intérieur et de l'existence nomade qu'on y menait encore. Le soir, après avoir fumé beaucoup d'opium, elle se récitait son poème préféré, qui parlait d'une femme languissant après une oasis imaginaire dans le désert où vivait l'homme de ses rêves.

> *« Quelle route conduit à l'Ile du Couchant,*
> *Je le demanderai à l'homme qui s'occupe du Pont*
>   *des Bateaux.*

*Mais le soleil se couche et les loriots gagnent leurs
    nids ;*
Le vent souffle et soupire à travers les noyers.

La mer emportera tous mes rêves au loin,
Ainsi seras-tu peiné par mon chagrin ;
Si seulement le vent du sud connaissait mes pensées,
Il emporterait mes rêves jusqu'à l'Ile du Couchant. »

« J'ai entendu dire qu'on avait revu Lotus Jaune »,
murmura Kellaher. Il était assis sur un banc dans
l'arrière-salle de la boutique de Taku Road avec Mad
Mac.

Celui-ci but une gorgée de son bol d'alcool de riz et fit
la grimace :

« Pas aussi bon que celui du bossu, dit-il. On y a
mélangé du *gaoliang*. Vous voulez goûter ?... Il est vrai
que des gens de la rivière sont venus sur la place du
marché et ont déclaré qu'ils l'avaient vue. Vous avez
peur ?

— En un certain sens, oui, répondit Kellaher. Il est
remarquable qu'elle ne meure jamais !

— On ne meurt que lorsqu'on vous oublie. Vous avez
entendu parler du Chrysanthème Blanc ?

— Cette fille qui dirige une bande de hors-la-loi en
Mandchourie ?

— Oui. On dit qu'elle n'a que dix-huit ans. Et elle a
fait un raid contre la garnison japonaise juste au nord de
la Grande Muraille. Il y a toujours eu un Chrysanthème
Blanc dans la région. Les paysans ne veulent pas qu'elle
meure. (Mad Mac se mit à rire.) Un jour, le Fou a fait
périr une de ses héroïnes. Elle jouait un rôle dans *Les
Bandits des Marais*. Mais le public n'a pas voulu sa mort.
Alors il a dû la réintroduire dans l'épisode suivant. Les
Chinois ont un sens aigu de l'histoire, peut-être plus
qu'aucun peuple au monde, mais, pour les paysans,
l'histoire, ça ne veut pas dire des livres écrits par des
lettrés : ça veut dire les craintes, les espoirs et les rêves
des paysans. Les conteurs d'histoires leur donnent ce
qu'ils désirent. C'est comme pour les livres. Certains
bureaucrates, véritables sycophantes, ont tellement cas-

tré les anciens textes que même les spécialistes les plus compétents, chinois ou étrangers, sont bien embarrassés pour rétablir la véritable histoire de la Chine. Prenez Confucius ! Les lettrés officiels ont réussi à faire de cet homme tolérant et plein d'humour un patriarche pontifiant et dogmatique. Toutes ces anecdotes moralisatrices sont l'œuvre des historiens ultérieurs. Voyez comment ils se sont servis de Confucius pour justifier le statut inférieur de la femme chinoise ! Vous connaissez les Trois Obédiences obligeant la femme à se soumettre aux hommes de sa famille. Avant son mariage, à son père ; une fois mariée à son époux et, devenue veuve, à son fils. On attribue ce code social implacable à Confucius. Mais les conteurs d'histoires, eux, se sont faits les champions de la femme.

— Pourquoi est-ce toujours une femme qui est immortelle ? demanda Kellaher.

— Venez voir ça ! » répondit Mad Mac, en remplissant leurs bols. Deux rouleaux couverts de caractères chinois étaient suspendus à un mur de la pièce, au-dessus du *kang* (1). « C'est la fille du bossu qui les a peints. Ce sont des textes taoïstes pleins de révérence à l'égard de la femme. » Il les lut à voix basse :

> « *Le Tao s'étend partout*
> *Et nourrit toutes choses.*
> *Il n'essaie pas de les posséder*
> *Ni de les gouverner.*
> *L'eau est le plus noble élément.*
> *Elle donne vie à toutes choses,*
> *Et pourtant elle est humble et coule*
> *En des lieux que méprisent les gens.*
> *C'est pourquoi l'eau est si proche du Tao.* »

« Le mot " Tao " veut dire " voie de la nature ", ajouta Mad Mac. Et, pour les taoïstes, une femme est très proche de la nature. Elle *est* l'eau, le plus noble des

_____

(1) Plate-forme de briques dont on se servait comme lit. Le kang était chauffé par un four intégré, où l'on faisait brûler du bois ou du charbon (N.d.T.).

éléments. La Société du Lotus Blanc est taoïste de bout en bout, et, ici, dans cette région, leur chef a toujours été une femme nommée Lotus Jaune.

— Tous les chefs de bandes ne sont pas des femmes, répliqua Kellaher. Regardez Loup Blanc, par exemple, qui a pris la tête de la révolte paysanne près de Pékin, après la dernière sécheresse.

— C'est une sorte de Robin des Bois, dit Mad Mac. Comme les hommes des marais. Il est immortel lui aussi. Il vole les richesses et donne aux pauvres. L'actuel Loup Blanc est un brillant jeune homme, fils d'un mandarin. Il terrorise les républicains aussi bien que les Seigneurs de la Guerre. On dit qu'aucun fonctionnaire du gouvernement n'ose mettre le pied à Pao An, dans la vallée du Fleuve Jaune, où il a son repaire. Loup Blanc a toujours été un fléau pour les armées impériales.

— C'est ce que je crains, dit Kellaher. Le comité de surveillance pense que des liens de plus en plus étroits se tissent entre les guérilleros anti-Ts'ing de Loup Blanc et les hommes du Lotus Jaune, ici même.

— Le comité de surveillance ! s'exclama Mad Mac. Vous voulez dire Doihara. Ne vous êtes-vous jamais demandé pourquoi nous prenons tant de peine à soutenir cette dynastie Ts'ing qui est morte depuis longtemps ? Avec ce Johnston, du bureau des affaires coloniales, qui a passé des années dans la Cité interdite ! Et, maintenant, à Tientsin tout ce tintamarre que l'on fait autour d'un pauvre diable qui a abdiqué il y a près de vingt ans ! Nous nous croyons supérieurs aux Japonais, mais nous nous comportons comme si nous étions les jouets de Tanaka, le Premier ministre, et de ses colonels.

— Les militaires japonais disent que ce serait l'anarchie s'ils ne faisaient pas la police en Chine du Nord, surtout quand il n'y a pas un empereur pour assurer l'unité du pays.

— Ils n'arriveront jamais à faire cesser l'anarchie ici. Il y a une longue tradition d'anarchie en Chine. Comme au Japon. Les Samouraïs étaient les descendants directs des Robin des Bois chinois.

— Les taoïstes aussi étaient des anarchistes, non ? Voyez le personnage de l'ermite qu'incarne le Fou ! »

Mad Mac eut un petit sourire. « Vous n'aimeriez pas certaines des idées taoïstes comme : " Laissez le monde aller son chemin. Abolissez la Loi et l'Ordre, et les gens apprendront à s'aimer les uns les autres. " Vous n'avez jamais entendu le Fou réciter les maximes du sage Tchouang-tseu ? C'est de la pure anarchie :

> *On ne voit pas le Ciel commander les saisons,*
> *Pourtant elles ne s'écartent jamais de leur cours.*
> *Ainsi ne voit-on pas le sage commander au Peuple*
> *Qui pourtant lui obéit. »*

En entendant ces mots datant d'une époque antérieure à celle des empires, Kellaher sentit comme une bouffée d'éternité. Cette petite pièce, sans autre mobilier qu'un *kang,* un banc et une natte sur le sol aurait pu être la demeure d'un paysan, deux mille ans auparavant. Les caractères inscrits sur les rouleaux et leur sagesse étaient encore plus anciens. Mad Mac lui-même semblait faire partie de cette antiquité. Son crâne chauve et son visage étaient ridés et hâlés par le grand air, et sa couronne de cheveux au-dessus des oreilles ressemblait à un morceau de la natte étendue sur le sol, couleur de paille et tout effilochée.

Kellaher traversa Taku Road et rentra dans l'univers du présent. Dans Victoria Park, des enfants jouaient à la balançoire, sous l'œil de leurs gouvernantes. La fanfare des Argylls interprétait une sélection de *The Love Parade.* Une foule de gens étaient assis sur les bancs proches du petit kiosque. Un groupe de dames japonaises passa, vêtues de kimonos, des peignes plantés dans leur chevelure. Au pied de l'escalier de Gordon Hall, Miss Stewart, tenant une ombrelle, salua Kellaher de la main et continua de bavarder avec Peebles. Les tourelles grises de Gordon Hall dominaient toute la scène. On y voyait encore les cicatrices que la dernière bataille y avait laissées en 1900, quand Lotus Jaune l'avait assiégé. Un jour, avait-elle prophétisé, elle réduirait en cendres cette maison étrangère. Kellaher lui-même rêvait de voir Gordon Hall et tout ce qui l'entourait détruits. Surtout quand il venait de boire en compagnie de Mad Mac dans Taku Road. Il se sentait honteux de ce manque de loyauté. Mais comme beaucoup d'Irlandais dans l'armée, il n'était qu'un mercenaire. « Ceux dont j'ai la garde, je ne les aime pas », disait Yeats dans un poème consacré à un aviateur irlandais abattu pendant la Grande Guerre. Kellaher, non plus, n'aimait pas ceux dont il avait la garde. Quand il voyait les bandes de jeunes réfugiés de Sibérie vagabonder dans les ruelles ou hélant des sampans pour se faire transporter sur le Grand Canal, il les enviait. Ils faisaient beaucoup de bruit, mais n'étaient tenus par aucune allégeance. Ils étaient à ses yeux citoyens du monde.

A l'automne de 1930, près de dix ans après que la Grande-Bretagne eut accepté de restituer Weihaiwei à la Chine, l'Union Jack fut ramené sur le port. Johnston, lui-même, n'avait pu s'y opposer. Il était en poste en Angleterre. Avant de partir, il était venu faire ses adieux à P'ou Yi. Le temps pressait et il ne pouvait passer qu'une nuit à Tientsin. Il fut entendu que P'ou Yi le rencontrerait au Astor House Hotel, où Johnston avait ses quartiers. C'était tout ce que ce dernier souhaitait, car il n'eût point supporté une nouvelle scène au Jardin de Tchang, entre les bergers allemands qui attaquaient Pongo sous les aboiements furieux des pékinois, les grues de Mandchourie qui trompetaient dans leur cage et les eunuques ricanant qui se tenaient, attentifs aux moindres gestes, dans le hall.

P'ou Yi et Johnston prirent place dans la véranda. Ils parlèrent avec nostalgie du bon vieux temps dans la Cité interdite. Mais P'ou Yi avait une requête toute particulière à adresser à son précepteur et ami. Quand il remonterait triomphalement sur le trône, pourrait-il avoir à son service une fanfare de cornemuses dont les joueurs porteraient un tartan spécial aux couleurs impériales jaune et rouge ? Johnston était vraiment désolé. Il essaya de lui expliquer que les tartans et les cornemuses étaient quelque chose de purement écossais qui ne pouvait être exporté au-delà des mers. P'ou Yi insista. Si l'époux de la reine Victoria, le prince Albert, qui était allemand, avait lui-même dessiné un tartan, pourquoi lui, P'ou Yi, ne pourrait-il en faire autant ? Pendant un moment, Johnston demeura circonspect. Woodhead avait dû passer par là ! Cette remarque sur le prince Albert... Une fois de plus, il céda. Il se renseignerait aussitôt son arrivée à Londres, promit-il.

Le lendemain, 15 septembre, aux premières heures de la matinée, P'ou Yi revint à l'hôtel prendre Johnston avec sa voiture. Ils se rendirent à l'appontement anglais où le vapeur attendait. Ils montèrent ensemble à bord et bavardèrent dans la cabine de Johnston jusqu'à ce que la sirène sonnât. P'ou Yi, alors, descendit à terre, non sans avoir fait un cadeau d'adieu à Johnston. C'était un éventail où il avait de sa propre main copié un poème chinois de circonstance. Il y eut un second coup de sirène. On largua les amarres et le vapeur se mit à descendre la Sea River. Johnston se tenait à la proue, saluant P'ou Yi assis dans sa voiture. Le bateau contourna l'église russe et P'ou Yi disparut à la vue de son ami. Ce dernier déploya l'éventail où il put lire ces mots :

> *« Je quitte à pied la ville par la porte du Levant...*
> *C'est là que nous nous séparâmes et mon ami s'en*
> *alla.*
> *Je veux le suivre de l'autre côté du fleuve,*
> *Mais le fleuve est profond et il n'y a pas de pont.*
> *Oh, que ne sommes-nous un couple de hérons*
> *Pour regagner ensemble notre nid ! »*

P'ou Yi restait immobile et sans vie dans sa voiture, contemplant le vapeur qui emportait Johnston vers ces lieux exotiques où vivait le prince de Galles : Balmoral, le château de Windsor, la mer Méditerranée. Il y avait de cela bien longtemps, Johnston lui avait promis de l'emmener au château de Windsor, mais le seul château qu'il eût jamais connu de sa vie était ce minable Gordon Hall. P'ou Yi se sentait abandonné.

Le major Mino, qui était garé à quelque distance de la voiture de P'ou Yi, commençait à s'impatienter. Il donna l'ordre à son chauffeur de dire à celui de l'Empereur de s'en aller.

Arrivé au Jardin de Tchang, le major nota l'heure exacte de l'arrivée de P'ou Yi. Deux pages aidèrent ce dernier à sortir de sa voiture. En chancelant, il entra dans le jardin. Les grues commencèrent à pousser des cris. P'ou Yi donna l'ordre à ses pages de les faire taire. Ceux-ci essayèrent de les calmer à grands coups de bambou, mais elles n'en crièrent que plus.

Depuis l'évasion d'Élégant Ornement, la garde avait été renforcée au Jardin de Tchang. Peu de visiteurs étaient autorisés à y entrer et la demeure était devenue pareille à une forteresse. P'ou Yi se rendait moins souvent à la concession britannique et y allait toujours seul, car l'Impératrice s'était retirée de toute vie publique. L'Empereur n'était plus accueilli avec le même enthousiasme dans les grands magasins de Victoria Road, mais il était toujours convié aux concerts de charité de Gordon Hall, où sa silhouette bizarre excitait la curiosité. « C'est l'empereur de Chine ! s'exclamaient certaines personnes de l'assistance, en le montrant du doigt. On dit qu'il garde des eunuques et des concubines dans son palais. L'Impératrice y est séquestrée. Elle fume de l'opium. » Les gens racontaient, maintenant, sur P'ou Yi des histoires qu'ils n'auraient jamais osé évoquer quand son protecteur Johnston était encore en Chine.

Le fidèle Woodhead le suivait partout dans ses déplacements. Il n'était pas particulièrement mélomane, mais il pouvait faire la différence entre la bonne et la mauvaise musique, et ces concerts interminables mettaient son endurance à rude épreuve. Il y avait pourtant une forme de musique dont il ne cessait de se repaître : la musique militaire. Il lui suffisait d'entendre le son des trombones et des cymbales pour que se réveillât en lui son esprit patriotique. Comme « Morrison de Chine » et Johnston, Woodhead n'avait jamais servi dans les forces armées, mais il s'était fait un champion de la Grande Guerre, du moins en paroles, de son bureau de Tientsin. Conscient de son statut de civil, il avait un profond respect pour tout ce qui concernait la chose militaire. En présence d'officiers supérieurs, il montrait presque de la servilité. Il pensait, certes, que l'homme d'affaires devait être une sorte de croisé et le fer de lance de l'Empire, mais c'était à l'officier qu'appartenaient la puissance et l'esprit de décision. Il avait sur son bureau une petite statuette en bronze représentant un soldat japonais. C'était son bien le plus précieux. Elle lui avait été offerte par le général Hayashi, Premier ministre du Japon, en reconnaissance de l'appui qu'il apportait à son pays. Le général avait été particulièrement enchanté par quelques articles où Woodhead faisait l'éloge de l'armée de Kouantoung.

Le district de Kouantoung, dans la péninsule de Liaotoung au sud de la Mandchourie, avait été loué par la Chine au Japon en 1898. Connues sous le nom d'armée de Kouantoung, les forces armées japonaises en Mandchourie avaient combattu les Russes en 1904. Elles étaient aussi engagées dans des opérations incessantes contre les hors-la-loi qui descendaient des montagnes pour effectuer des raids sur les stations de chemin de fer. Avec ses soldats entraînés aux plus durs combats, l'armée de Kouantoung était considérée comme le *corps d'élite* (1) de l'armée japonaise. En outre, ses généraux avaient une influence considérable sur le gouvernement de Tokyo et la cour impériale. Le général Hayashi, lui-même, en avait été le commandant en chef, avant d'être nommé Premier ministre. Woodhead était doublement honoré par les Japonais, car le général lui avait dit que l'Empereur avait exprimé son contentement de voir cette statuette donnée à « ce grand ami des soldats japonais ».

Woodhead prenait ainsi grand plaisir à accompagner P'ou Yi aux parades militaires qui avaient lieu dans la concession britannique, comme le lever des couleurs pour l'anniversaire du roi, mais il était désappointé que P'ou Yi ne partageât pas pleinement son enthousiasme. L'Empereur aimait bien voir les soldats en grand uniforme, mais aussitôt qu'ils se mettaient en marche, son esprit commençait à vagabonder et il baissait les yeux vers le sol, semblant y chercher quelque chose. Lors d'une de ces parades, Woodhead fut stupéfait

(1) En français dans le texte (N.d.T.).

d'entendre P'ou Yi demander pourquoi les soldats n'avaient pas de domestiques pour porter tout leur chargement, comme c'était le cas chez les fourmis.

Chaque année, accompagné de Woodhead, P'ou Yi était l'hôte d'honneur des cérémonies commémorant la Prise de la Bastille et l'Independance Day. La parade du 14 juillet avait lieu dans le Parc français. Contrairement au Victoria Park, il était ouvert aux Chinois, ce qui ulcérait Woodhead qui pensait que ces « roublards de Français », comme il les appelait, en tiraient un bénéfice politique. La tribune officielle était drapée d'une bande-role tricolore où étaient brodés en lettres d'or les mots *Liberté, Égalité, Fraternité*. Ce n'était pas là la devise favorite de Woodhead ! Assis au milieu des Français, il ne comprenait pas un mot de ce qu'ils disaient et se sentait mal à l'aise. Les Français ne manquaient jamais une occasion de rappeler au monde que c'étaient les Britanniques qui avaient imposé l'opium en Chine. Ne pouvaient-ils oublier ce sujet et le laisser mourir de sa propre mort ? Mais les Français trouvaient toujours un nouvel angle sous lequel présenter le scandale du trafic de l'opium. Récemment, un de leurs journalistes avait écrit un article sur l'engagement qu'avaient dû prendre les Indiens du Bengale, obéissant à leurs maîtres britanniques, d'augmenter leur production d'opium pour fournir le marché chinois.

Regardant autour de lui, Woodhead remarqua avec déplaisir une rangée de frères maristes. Leur école était pleine de réfugiés sibériens. Il pensait avec effroi à ce que cette sorte de citoyens allait devenir. Au milieu de la rangée se trouvait le père supérieur, avec, à côté de lui, cette canaille de père Faust, un type de Dublin, compagnon de boisson de l'inspecteur Kellaher. Derrière eux, se tenaient quelques pères du Collège jésuite de Racecourse. Woodhead se sentait encore plus embarrassé en leur présence. Les Jésuites portaient des robes et des bonnets chinois et parlaient la langue du pays. Ils lui donnaient parfois l'impression de constituer une société secrète. « Dieu sait quelle est leur politique ! Plutôt en faveur des Rouges, si vous me demandez mon avis, disait-il à ses compères du Tiensin Club. Johnston a raison. L'ennui avec les Français, c'est que ce sont tous des chrétiens rouges. »

Woodhead était plus à l'aise avec les Américains, le jour de l'Independance Day. C'est qu'il se sentait supérieur à eux. N'avait-il pas écrit un article intitulé : « La Bannière étoilée flotte-t-elle encore ? » qui avait amené toute une brigade de *marines* à défendre Tientsin en 1927. Les membres du Tientsin Club avaient une devise : « Quand Woodhead parle, Washington tremble. »

Aux yeux des Américains, il était l'archétype du colonialiste et, pour cela, ils l'adoraient. C'était le style d'homme qui les fascinait. Ils le trouvaient arrogant à l'extrême, paternaliste et grandiloquent, mais plus ses tirades anti-américaines étaient acerbes, plus elles leur plaisaient. Le titre de « Nation la plus favorisée » avait été donné à la Grande-Bretagne par un empereur de Chine, déclarait Woodhead, mais il était remis en question par la politique américaine de « la porte ouverte ». Woodhead accusait les Américains de Chine d'être des parasites et des hypocrites. Il disait de la présence américaine à Tientsin qu'elle était pareille à « un bernard-l'ermite qui s'empare de la coquille d'un autre » et que les hommes d'affaires et les missionnaires américains y faisaient leurs choux gras, tout en se flattant de n'y posséder aucune concession. Pis que tout, leurs missionnaires pacifistes se livraient à des activités antibritanniques.

Une telle agressivité eut un résultat remarquable : Woodhead reçut une foule d'invitations à aller donner des conférences aux États-Unis. Il répéta, à Chicago, ses attaques farouches contre les Américains : faites sur un ton hautain et impérieux, elles furent accueillies avec enthousiasme.

Les plus embarrassés par les éclats de Woodhead étaient les Britanniques eux-mêmes. Whitehall était consterné. Le consul général à Tientsin protesta. Mais le porte-parole de la vieille Chine, qui n'avait pour arme que sa plume, n'en fut pas pour autant réduit au silence. Ses amis du Tientsin Club disaient que s'il n'avait pas eu la langue si bien pendue,

Woodhead aurait été fait chevalier de l'Empire britannique.

Pour Woodhead, le point culminant de l'année était le 11 novembre. Ce jour-là avait lieu une parade militaire au monument aux morts de Victoria Park, les morts de cette guerre de 1914-1918 à laquelle il avait tant essayé d'intéresser ses concitoyens de Tientsin. Cette parade était conçue sur le même modèle que celle qui se déroulait à Whitehall. C'était la grande cérémonie de l'Empire et Woodhead était fier d'y emmener P'ou Yi. Une compagnie des Argylls, un détachement des marins du *H.M.S. Hollyhock,* le corps des Volontaires de Tientsin, des membres de la Légion britannique et une troupe de boy-scouts entouraient trois côtés du monument. Face au cénotaphe se tenait le consul général, qui représentait le roi, avec, derrière lui, le président et les membres du Conseil municipal britannique et un groupe d'attachés militaires étrangers vêtus d'uniformes divers. On va voir ce qu'on va voir ! songeait Woodhead.

Le service religieux, puis la parade se déroulèrent avec une précision d'horloge. La procession du clergé et des enfants de chœur, venant de l'église de Tous-les-Saints, arriva exactement à onze heures moins dix. Il y eut des prières, des hymnes et deux minutes de silence pour ceux qui étaient tombés en Europe pendant la Grande Guerre. Les cornemuses jouèrent *Les Fleurs de la Forêt,* tandis qu'on déposait les couronnes. Tout avait été soigneusement répété et il n'y eut pas le moindre accroc. Woodhead était fier d'une cérémonie aussi bien ordonnée. Quelle différence avec le défilé du 14 juillet ! La solennité était le fort des Britanniques en de telles occasions. Il ne serait jamais venu à l'esprit de Woodhead que cette précision méticuleuse et tout cet apparat, qu'il admirait tant, étaient des choses nouvelles et étrangères aux traditions anglaises. Les cérémonies officielles, comme celles du Couronnement, de l'ouverture du Parlement et les défilés avaient toujours été plus ou moins improvisées. La reine Victoria elle-même était agacée par des rituels trop élaborés. Et ce ne fut qu'à la fin du XIXe et au début du XXe siècle, quand l'Empire britannique avait commencé à décliner, qu'on leur avait donné une telle solennité et qu'on les avait réglées dans le moindre détail.

Woodhead se tourna vers P'ou Yi. « Ce n'est pas à moi de le dire, déclara-t-il, mais tout ce spectacle se passe très bien, n'est-ce pas ? » P'ou Yi avait les yeux fermés. « Très traditionnel », répondit-il. Soudain l'officier commandant les Argylls hurla : « En avant, marche ! » et le défilé descendit Meadows Road, précédé, bien entendu, par une fanfare jouant *It's a long way to Tipperary*. Le visage de P'ou Yi s'éclaira. « Merci ! Merci ! » dit-il à Woodhead, persuadé que la « Marche des fourmis », comme il l'appelait, avait été demandée spécialement pour lui.

Peu après le Jour de l'Armistice, en 1930, une information parut dans le *Peking and Tientsin Times* qui laissa ses lecteurs médusés. Son rédacteur en chef, H.G.W. Woodhead, C.B.E, avait donné sa démission. Il partait pour Shangaï, où il dirigerait le *Oriental Affairs* et serait commentateur politique à la radio. De nombreux admirateurs de ce croisé du commerce furent affligés, mais la nouvelle de son départ provoqua un secret soulagement au consulat britannique. Pendant des années, les agents du consulat avaient été exaspérés de voir Woodhead traité comme une sorte de vice-roi par les ressortissants de diverses nationalités aussi bien que par les négociants chinois. Ses allures cavalières avaient nourri la chronique dans toute la concession. On se souvenait, en particulier, avec effroi, de ses déclarations selon lesquelles « la Grande-Bretagne aurait dû conquérir la Chine plutôt que les Indes ». « Si cela avait été le cas, ajoutait Woodhead, la Chine connaîtrait une prospérité sans limites. Ce pays aurait des forces de police efficaces, des impôts uniformes et, surtout, une législation sans pareille. »

Le Tientsin Club organisa un dîner d'adieu en l'honneur de Woodhead. Il s'assit sous le portrait de Lord Elgin, entre le général Burnell-Nugent, commandant les troupes britanniques à Tientsin, et le général Ueda, commandant de la garnison japonaise. A cette vue, le consul général pensa que cela allait bien à Woodhead d'être encadré par de si hauts représentants de la profession qu'il estimait le plus. Il remarqua également que M. Okamoto, le consul japonais, n'était pas là. On disait que les relations entre le corps diplomatique japonais et le haut commandement n'avaient jamais été aussi tendues. Il faudrait en savoir plus, pensait-il. Cela pourrait être important.

Avant les toasts, Woodhead trouva le temps de demander à Burnell-Nugent s'il garderait un œil sur P'ou Yi après son départ. « Vous trouverez en l'Empereur un jeune homme fort aimable, dit-il. Mais ne soyez pas surpris de son comportement au cours des défilés. Les soldats le font toujours penser, en quelque sorte, à des fourmis qui marchent. »

L'assistance applaudit quand Woodhead se leva pour parler. Il déclara, avec un éclair de malice dans le regard, qu'on n'entendrait plus sa voix dans les affaires de Tientsin. Il regrettait de décevoir ses lecteurs, mais il était sûr de trouver le temps d'écrire encore quelques articles dans son journal. « Les vieux journalistes, ajouta-t-il, comme les vieux soldats, ne meurent jamais. » Il attendit que les rires s'éteignent, puis il reprit : « Me trouvant en ces lieux, me revient à l'esprit le mot fameux de Lord Elgin... » Les invités firent silence : Woodhead en était arrivé à l'essentiel de son discours !

8

LE DRAGON RENTRE CHEZ LUI

UNE fois Johnston et Woodhead partis, P'ou Yi commença à mener une existence misérable. Il recevait beaucoup moins d'invitations de la concession britannique, où il n'était plus l'objet de la moindre curiosité. Son habit prince-de-galles restait suspendu dans sa garde-robe.

Un jour, une lettre arriva pour son chef de cabinet. Elle venait du propriétaire des lieux. A son grand regret, écrivait-il, la famille Tchang se trouvait dans l'obligation de demander désormais un loyer à Son Impériale Majesté. Cette lettre ne pouvait arriver à un pire moment. P'ou Yi était dans une situation financière catastrophique. Ses créanciers l'acculaient et il avait été obligé, en désespoir de cause, de brader quelques-uns de ses bijoux. Le cabinet se réunit. Il fut décidé que la Cour devait faire des économies. Avec l'aide du consulat japonais, on trouva une autre résidence pour P'ou Yi près des casernes de l'armée japonaise. Elle fut appelée « le Jardin Tranquille ».

Nombre de fonctionnaires attachés à P'ou Yi, y compris une équipe de conseillers qui coûtait fort cher, l'abandonnèrent pour des employeurs plus fortunés. Les deux eunuques de service s'en allèrent. Il ne restait à la Cour que le Grand Gardien, un ministre et quelques pages. L'Impératrice ne garda qu'une seule dame de compagnie. L'un après l'autre, les Seigneurs de la Guerre qui avaient juré de combattre pour le rétablissement de P'ou Yi sur le trône, changèrent de camp et apportèrent leur soutien au gouvernement nationaliste de Nankin. Le fils de l'ancien maréchal Tchang Tso-lin, le « jeune maréchal », comme on l'appelait, prit, lui aussi, le parti des nationalistes, comme beaucoup d'anciens supporters de la dynastie Ts'ing vivant dans le sud de la Mandchourie.

Les seuls visiteurs que recevait désormais l'Empereur au Jardin Tranquille, étaient le major Mino et un officier de la garnison japonaise, qui faisaient à P'ou Yi de longs rapports sur les activités des adversaires de la dynastie, dans la Ville chinoise de Tientsin. P'ou Yi ouvrait rarement les yeux. Le Jardin Tranquille était devenu pour lui une sombre prison.

C'est alors qu'à l'automne de 1931, tout changea. Le capitaine Nakamura des services secrets japonais, qui opérait dans le sud de la Mandchourie, fut arrêté et fusillé pour espionnage par les nationalistes à Moukden. Le 18 septembre, un attentat à la bombe endommagea la ligne de chemin de fer de la Mandchourie du Sud, appartenant aux Japonais, près de la gare de Moukden. Réagissant avec une surprenante rapidité, les troupes nippones s'emparèrent de la ville. Quelques jours plus tard, un corps d'armée japonais envahissait toute la région. L'affaire avait été montée de toutes pièces par le colonel Doihara. Il l'appela lui-même : « L'incident de Moukden. »

Expert en matière de litote, Doihara employait souvent l'expression : « la situation politique exige que... », ce qui lui permettait de justifier les actions les plus brutales.

Les Chinois nationalistes crièrent au scandale. La plupart pensaient que P'ou Yi était impliqué dans ce complot. Sa vie fut de plus en plus menacée et la garde japonaise du Jardin Tranquille fut doublée. En dépit de ces mesures, deux grenades, reliques de la Grande Guerre, furent découvertes dans un panier de fruits qu'on avait offert à l'Empereur. Il n'y eut pas d'autres alertes.

Peu après l'affaire des grenades, Doihara demanda à voir P'ou Yi. C'était la première fois que l'Empereur se trouvait en présence du colonel et il fut frappé par l'éternel sourire que celui-ci affichait sur sa face jouf-flue. Au nom de l'armée de Kouantoung, Doihara avait l'honneur d'offrir à P'ou Yi le poste de dirigeant du nouvel État de Mandchourie. Il toucherait un salaire de 600 000 dollars par an et, bien entendu, ses frais domestiques seraient payés. P'ou Yi demanda s'il serait rétabli sur le trône. Le souriant Doihara l'assura que l'armée japonaise y veillerait aussitôt que « la situation politique serait mieux assurée ». Il pressa P'ou Yi et le Grand Gardien de donner leur réponse le plus vite possible, car Tientsin devenait de plus en plus dange-reux pour l'Empereur.

Dès que Doihara fut parti, le général Burnell-Nugent fit son entrée. P'ou Yi s'adossa à son fauteuil. Le général était l'officier qui était toujours monté sur un cheval lors des défilés et distribuait des ordres à tout le monde. Il donna l'impression à P'ou Yi de tout connaî-tre des intentions de Doihara. Il lui apportait les vœux des résidents britanniques de Tientsin et lui promit tout son soutien dans les aventures excitantes qui l'atten-daient. Il enviait l'Empereur d'être entouré de tous ces merveilleux poneys sauvages de Mandchourie. En disant cela, le général s'inclina et sourit. Avec son long nez que prolongeait un menton non moins long et des dents de devant proéminentes, il ressemblait lui-même à un cheval !

Le lendemain, le consul japonais appela au télé-phone. M. Okamoto assura P'ou Yi qu'il était en parfaite sécurité au Jardin Tranquille à deux pas des casernes japonaises. Il lui conseilla de ne pas quitter le pays et précisa que le gouvernement japonais n'aimait guère le projet de la Société du Dragon Noir de nommer P'ou Yi chef de l'État de Mandchourie.

Deux jours plus tard, P'ou Yi reçut un émissaire du gouvernement nationaliste de Nankin. S'il promettait de ne pas partir pour la Mandchourie ou pour le Japon, les nationalistes étaient tout prêts à reconduire les Articles du Favorable Traitement et lui allouer un coquet salaire annuel.

L'ancien Grand Gardien, Tch'en Pao-tchen, qui avait maintenant quatre-vingts ans, fit le voyage de Tientsin et supplia P'ou Yi de ne pas quitter le pays. Il avait entendu dire par des partisans de la dynastie Ts'ing en Mandchourie que l'armée de Kouantoung, elle-même, était divisée sur le projet de faire venir P'ou Yi.

Désorientés par ces suppliques contradictoires, P'ou Yi et le Grand Gardien ne savaient que faire. Doihara revint à la charge. Il avait la certitude que les adversaires des Ts'ing dans la Ville chinoise se préparaient à lancer une attaque contre le Jardin Tranquille. Le temps était venu pour P'ou Yi de s'enfuir.

S'enfuir ! Il écarquilla les yeux. Si seulement Johnston était là ! Or, Johnston *était* là ! Par une extraordinaire coïncidence (si coïncidence il y avait), il venait d'arriver d'Angleterre au moment même où Doihara mettait son plan au point. Johnston passa les deux jours suivants avec son ancien protégé. L'idée que son « poussin » fût sur le point de retourner au pays de ses ancêtres, les grands empereurs Ts'ing, excitait Johnston et il ne pensait qu'à cela. Est-ce qu'il le suivrait dans sa fuite ? demanda P'ou Yi. Il y eut un silence angoissé. Johnston, malheureusement, était retenu en Angleterre par d'impérieux devoirs. Peut-être le rejoindrait-il plus tard. Est-ce que ce serait une bonne idée de porter l'habit prince-de-galles pour s'enfuir ? demanda P'ou Yi. Non. Johnston pensait que ce serait peu pratique. En revanche, une robe et un bonnet mandchous... Un jour, P'ou Yi reviendrait triomphalement et, ensemble, ils se promèneraient de nouveau dans les cours de la Cité interdite. Mais avant que cela n'arrive, P'ou Yi avait une œuvre importante à accomplir en Mandchourie. Johnston se disait qu'il vivait un moment historique. P'ou Yi n'était plus son « poussin ». Il était devenu un dragon, et le Dragon allait rentrer chez lui.

L'Écossais quitta Tientsin la nuit du 9 novembre. Le lendemain matin, il était à Nankin. Apprenant sa présence dans la ville, M.T.V. Soung, ministre des Finances du gouvernement nationaliste, demanda à le rencontrer. Il dit à Johnston que les services secrets japonais se préparaient à déporter P'ou Yi en Mandchourie. Il souhaitait que l'Écossais intervînt pour l'empêcher de quitter la Chine. Le gouvernement chinois avait élevé une protestation auprès de la Société des Nations relative à l'invasion de la Mandchourie par les Japonais. Ce serait une grave menace pour la paix si l'ancien empereur Ts'ing allait dans ce pays et, de ce fait, apportait sa caution aux envahisseurs. La réponse de Johnston fut sèche. L'Empereur était libre d'agir à sa guise, d'aller où il voulait et, de toute façon, il ne serait pas otage des Japonais.

Cette nuit-là, le 10 novembre, Doihara monta son « incident de Tientsin ». Une quarantaine de Chinois à la solde des services secrets japonais se rendit dans la ville chinoise où ils firent feu sur une patrouille. La police rendit coup pour coup. Un escadron de blindés japonais entra alors dans la ville et se mêla à la bataille, tuant plusieurs personnes sous le feu de leurs mitrailleuses. Le bruit s'entendait jusque dans la concession britannique.

Pendant le désordre occasionné par ces combats, qui n'étaient qu'une diversion, Doihara arriva en voiture au Jardin Tranquille, où le major Mino l'attendait. Ils déguisèrent P'ou Yi en officier japonais, ne lui permettant d'emporter avec lui que son sac à bijoux, le firent monter dans leur voiture et disparurent à toute vitesse. Malade et terrorisée, l'Impératrice se tenait, pieds nus, sur le seuil de sa demeure, regardant la voiture disparaître. Une fois de plus, P'ou Yi l'abandonnait.

La voiture traversa la concession britannique, prit Victoria Road, passa devant Gordon Hall et le monument aux morts où, dans quelques heures, les Britanniques commémoreraient le 11 novembre. Arrivée à l'Astor House Hotel, la voiture tourna à gauche et atteignit bientôt la digue. Une vedette attendait. Sept marins japonais casqués étaient alignés sur le pont protégé par des sacs de sable. Doihara et Mino dirent au revoir à P'ou Yi et regagnèrent leur véhicule.

On emmena P'ou Yi dans une petite cabine. Ce n'était qu'un trou sombre et il se sentait désorienté et effrayé. Il avait la vague impression que d'autres personnes se trouvaient dans la même cabine, mais il n'osait adresser la parole à ces présences fantômes. Ce n'était pas là l'évasion qu'il avait imaginée. Il essayait de

184

se consoler en se rappelant les dernières paroles de Johnston : « Ne pensez qu'à la joie de vos sujets mandchous quand ils verront leur Empereur! » La vedette largua les amarres et descendit le fleuve. Au bout d'une demi-heure, quand elle ne fut plus sous la protection des concessions étrangères, elle fut attaquée par un groupe de soldats nationalistes, sur la rive Nord, qui braquèrent des projecteurs et firent feu, tandis qu'elle disparaissait dans les ténèbres.

Le soleil se levait quand la vedette contourna le dernier banc d'alluvions de la Sea River et entra dans l'estuaire. Au-delà de Taku Bar, silhouette sombre sur le ciel pâle, le vapeur *Awaji Maru* attendait P'ou Yi pour le conduire en Mandchourie. Le Dragon était sur le chemin du retour.

TROISIÈME PARTIE

LE PALAIS DU SEL

9

LE DRAGON BOITEUX DÉBARQUE

Aux premières heures de la matinée du 12 novembre 1931, le *Awaji Maru*, après la traversée mouvementée du golfe de Liaotoung, entra dans le petit port mandchou de Yingkov. Durant la nuit, P'ou Yi, qui avait eu le mal de mer, était tombé dans sa cabine et s'était blessé à la jambe. Mais aussitôt que le vapeur fut à quai, il fit un effort, se leva et passa sur sa robe mandchoue une capote de l'armée japonaise. En chancelant il monta sur le pont, s'attendant à être chaudement accueilli par ses sujets.

Il régnait un étrange silence. P'ou Yi s'approcha de la rambarde et regarda. A part un ou deux dockers, le quai était désert. Un train totalement vide était stationné devant le vapeur. Au pied de la passerelle, un comité de réception formé de six Japonais attendait. Il n'y avait pas un seul Mandchou pour saluer le Dragon qui remettait les pieds dans son pays. Amakasu, de la police secrète japonaise, se découvrit. P'ou Yi se souvint de l'avoir déjà vu au Jardin Tranquille. Au nom du colonel Itagaki de l'armée de Kouantoung, Amakasu souhaita la bienvenue à Son Excellence sur la terre de ses ancêtres. Le colonel était désolé d'avoir été retenu par une conférence.

On hissa P'ou Yi dans le train. Un soldat japonais en armes montait la garde dans le couloir. Amakasu tira les rideaux. « Une question de sécurité », dit-il d'un air embarrassé. Avec une secousse, le train s'ébranla. Amakasu s'assit en face de P'ou Yi. De temps à autre, il le regardait par-dessus ses petites lunettes cerclées de fer. Une heure plus tard, le train s'arrêta en gare de Tangkangtsou, une station thermale réputée pour ses eaux. P'ou Yi et le Japonais descendirent et prirent un taxi qui les mena au Railway Hotel.

Tangkangtsou, dans le district de Kouantoung, était un centre de vacances bien connu des soldats de l'armée de Kouantoung dont le quartier général était tout proche. Le salon de l'hôtel était plein d'officiers. On fit monter P'ou Yi au premier étage. « Vous allez rencontrer des amis à vous, dit Amakasu, en l'accompagnant. Tout l'étage vous a été réservé. »

Au sommet de l'escalier, attendant P'ou Yi pour le saluer, se tenaient le Grand Gardien et des membres de son ancien cabinet. Les uns étaient partis lorsqu'il avait quitté le Jardin de Tchang ; il n'avait plus revu les autres depuis sa fuite de la Cité interdite, sept ans auparavant. Soudain, P'ou Yi se raidit. Un grand homme tout maigre coiffé d'une calotte noire se tenait derrière le Grand Gardien. « La Mante religieuse ! » se dit-il.

Tcheng Hiao-siu avait soixante-dix ans. Son petit crâne chauve, ses paupières tombantes, ses traits anguleux lui donnaient une apparence bizarrement métallique. Il avait l'habitude de tenir ses mains devant lui à la manière d'une mante et, depuis le jour où P'ou Yi l'avait vu à la Cité interdite, il était devenu pour lui la « Mante religieuse ». C'était un confucianiste de stricte obédience, proche ami de Johnston, et il avait aidé ce dernier à organiser l'évasion de l'Empereur vers la légation japonaise. Quand P'ou Yi avait gagné Tientsin, la Mante religieuse avait été expulsé par son rival, le Grand Gardien, et avait dû quitter la Cour, mais il était demeuré au service de P'ou Yi pour certaines missions spéciales. Après l' « incident de Moukden », il était allé voir les dirigeants de la Société du Dragon Noir à Tokyo pour les sonder sur l'hypothèse d'un retour de P'ou Yi en Mandchourie.

Amakasu s'inclina devant P'ou Yi et lui dit : « Pour des raisons de sécurité que j'ai déjà expliquées à vos ministres, vous devez tous rester au premier étage de cet hôtel. Il vous est interdit de vous rendre au rez-

de-chaussée et vous ne pouvez recevoir aucun visiteur. »
Le Japonais s'inclina de nouveau et s'éclipsa.

P'ou Yi ne semblait pas se rendre compte de tout ce que cela impliquait, à savoir qu'ils étaient, lui et sa cour, en résidence surveillée. « Pourquoi m'a-t-il appelé Excellence ? demanda-t-il au Grand Gardien. Ne suis-je pas Empereur ? »

Le Grand Gardien reconnut qu'il était déplaisant qu'on s'adressât à P'ou Yi autrement que sous les termes d'Impériale Majesté. Mais il y avait quelque chose de plus grave, dit-il. Quand lui, le Grand Gardien, avait demandé à un officier japonais des services secrets combien de temps la Cour devrait demeurer au Railway Hotel, il lui avait été répondu que le colonel Itagaki était en réunion et qu'il donnerait sa réponse plus tard. Il était clair, déclara le Grand Gardien, que l'état-major de l'armée de Kouantoung ne savait encore que faire de P'ou Yi et des ministres qui formaient son nouveau cabinet.

Une semaine plus tard, P'ou Yi et ses ministres prenaient le train pour Port-Arthur, à l'extrême sud de la péninsule de Liaotoung. On leur donna des chambres au premier étage du Yamato Hotel. Les mêmes règles de sécurité leur furent appliquées. Une fois de plus, il leur était interdit de descendre l'escalier et aucune visite ne leur était permise. P'ou Yi réunit son cabinet dans sa suite personnelle. Les ministres, d'une seule voix, protestèrent contre la claustration de leur Empereur. P'ou Yi joua son rôle de monarque durement malmené. « Les Japonais me traitent comme un roi de jeu de cartes », gronda-t-il. Le Grand Gardien approuva et déclara que c'était la faute du colonel Itagaki. La Mante religieuse conseilla la prudence. Il suggéra que P'ou Yi envoyât un cadeau au colonel. Cela, au moins, lui rappellerait l'existence de la Cour au premier étage du Yamato Hotel. Malheureusement, P'ou Yi n'avait pas de photographies de lui, ses bagages n'étant pas encore arrivés. Avec réticence, il plongea la main dans son sac à bijoux et en sortit une petite broche.

Le lendemain, Amakasu dépêcha deux officiers auprès de P'ou Yi. C'étaient des professeurs attachés à l'École de l'armée de Kouantoung, expliquait-il. Ces deux officiers étaient des experts de la guerre russo-japonaise de 1904. Le colonel Itagaki leur avait demandé de faire visiter à Son Excellence les vieilles installations russes qui commandaient le port.

Pendant le mois qui suivit, deux après-midi par semaine, on put voir P'ou Yi claudiquer derrière les deux experts en question le long des lignes de défense russes. On ne lui épargnait aucun détail. Parfois, les deux experts avaient quelques divergences d'opinion, par exemple sur le calibre d'un énorme canon russe ; ils se livraient alors à des discussions polies mais acerbes qui n'en finissaient plus. P'ou Yi s'était plaint de n'avoir rien à faire au Yamato Hotel, il se sentit pourtant soulagé quand il eut visité le dernier fort. Hélas ! l'un des experts lui dit : « Demain, nous ferons le tour des installations navales de Port-Arthur. » On lui montra par le menu le musée de la marine. Il fut invité à visiter un poste de commandement dominant le port où, en 1904, la grande flotte du Tsar avait jeté l'ancre. Les experts lui désignèrent l'emplacement exact de chaque bâtiment à la veille de la fatale bataille. Enfin, ce fut l'apothéose de ces six semaines de tourisme militaire. Du poste de commandement, les deux experts expliquè-rent à P'ou Yi comment deux escadres de destroyers japonais étaient entrées dans le port à la fin de la nuit et, à la faveur d'une attaque surprise, avaient coulé la plupart des navires russes. L'effet de surprise est le principe le plus important de l'art de la guerre, déclarè-rent en chœur les deux experts, en contemplant les lieux où la victoire du Japon sur la Russie avait changé le cours de l'histoire en Extrême-Orient.

Après la fuite de P'ou Yi, l'Impératrice était restée cloîtrée dans sa chambre au Jardin Tranquille, en la seule compagnie du couple de grues. Mais la Société du Dragon Noir décida qu'il serait dangereux de la laisser à Tientsin, où elle pouvait tomber entre les mains d'une faction opposée à leurs projets. Sur les instructions de Doihara, le major Mino la convoqua et essaya de la convaincre d'aller rejoindre son mari à Port-Arthur.

Mais elle était persuadée qu'on en voulait à sa vie, et elle refusa. Alors le major Mino lui envoya son unique amie Yoshiko. Il se trouvait que cette dernière avait une maison à Port-Arthur, que lui avait léguée son père, le prince « Fou ». Sans que Yoshiko le sût, les services japonais avaient déjà réquisitionné cette demeure.

Quand Yoshiko entra dans la chambre de l'Impératrice, elle fut horrifiée par ce qu'elle vit. Cette femme qui, il y avait à peine quelques mois, était si belle, était hagarde et débraillée, et sa chambre un véritable capharnaüm rempli de poussière. Peu à peu Yoshiko réussit à calmer l'Impératrice et même à lui faire prendre un peu de nourriture. Quand elle apprit que Yoshiko possédait une maison à Port-Arthur, où elle avait été élevée, l'Impératrice se sentit rassurée et accepta de s'y rendre.

Les deux femmes arrivèrent à la maison de Sou pour la trouver encerclée de soldats en armes. Amakasu les reçut à la porte et les informa que c'était la résidence de Son Excellence P'ou Yi. On permit à l'Impératrice de rencontrer brièvement son époux. Ils se parlèrent à peine. Amakasu conduisit l'Impératrice à sa chambre et lui dit qu'elle devait y rester, à moins qu'on ne l'appelât. On lui donnerait de l'opium, ajouta-t-il avec un ricanement. Au bout de trois jours, Yoshiko partit pour Shangaï. La petite fenêtre de la chambre de l'Impératrice donnait sur une rangée de fils de fer barbelés, au-delà de laquelle on pouvait voir des barils de pétrole. Dans cette pièce confinée et silencieuse, elle n'avait pour tout réconfort que l'opium et ses rêves.

Une semaine avant que l'Impératrice n'arrivât à Port-Arthur, P'ou Yi avait été transféré du Yamato Hotel dans la maison de Sou. Quant au Grand Gardien et à la Mante religieuse, ils avaient été autorisés à sortir de l'hôtel à condition d'observer le couvre-feu qui tombait à minuit. Les semaines qui suivirent, les deux hommes se rendirent à la maison de Sou tous les jours pour essayer de voir P'ou Yi, mais aucun ne fit la moindre tentative pour rencontrer l'Impératrice ni même s'enquérir de son état.

Pendant ce temps, les six autres personnages officiels

193

de la Cour restaient confinés au premier étage de leur hôtel. Eux qui avaient toujours fait preuve de la plus grande astuce dans la recherche de leur propre bien-être, devaient se repentir d'avoir épousé trop tôt, bien trop tôt, la cause de P'ou Yi.

Du balcon de la maison de Sou, P'ou Yi dominait tout le port. Chaque jour, il voyait de lourds navires décharger leur cargaison de barils de pétrole et de caisses de munitions sur les quais, tandis qu'à l'horizon d'autres navires attendaient leur tour d'entrer dans le port. Jour et nuit, des trains quittaient les quais, pleins de fournitures, en direction de Moukden et de la zone des combats.

En janvier 1932, le gouvernement nationaliste de la Chine avait déposé une plainte auprès de la Société des Nations contre l'invasion de la Mandchourie, et de larges secteurs de l'opinion publique mondiale se montraient alarmés par l'agression japonaise. Le gouvernement japonais lui-même était divisé sur l'opportunité d'une telle invasion et il avait fallu toute la force de conviction des chefs de l'armée de Kouantoung et de la Société du Dragon Noir pour gagner la partie. Aux États-Unis, les sénateurs élevèrent de véhémentes protestations, accusant leur gouvernement d'être complice de l'invasion de la Mandchourie en autorisant l'exportation de pétrole et de fer vers le Japon. Sans cette aide, clamaient les sénateurs, l'invasion aurait échoué. L'inquiétude régnait également parmi les ressortissants étrangers des ports chinois sous traités. Combattre les hors-la-loi autour de Moukden était une chose, disaient-ils ; autre chose l'invasion de toute une province. Écartant d'un revers de la main ce genre de protestation, Woodhead prit la défense du Japon. Il était de nouveau dans son élément. A la radio de Shangaï et dans les articles qu'il écrivait spécialement pour le *Peking and Tientsin Times,* il rappelait au monde que « c'était du devoir du Japon de garantir la paix en Extrême-Orient. Nous devons lui être reconnaissants, ajoutait-il, de ce que seul, parmi nos alliés, il ait pris des mesures préventives pour défendre les droits des étrangers en Chine ». L'attitude du Japon en Mandchourie n'était rien d'autre que l'extension de sa « politique à l'égard de la Chine », disait-il, citant la propre phrase de Doihara. Depuis longtemps, Woodhead s'intéressait à ce dernier. Le colonel avait toutes les qualités d'un aventurier et rappelait à Woodhead l'un de ses héros, Lawrence d'Arabie, et il commença à parler de lui comme du « Lawrence d'Orient ». Le nom fut adopté et, dans le fumoir du Tientsin Club, les membres reconnaissaient qu'un numéro du *Peking and Tientsin Times* ne saurait être complet sans une chronique de Woodhead intitulée « Lawrence d'Orient dans son voyage mystérieux » ou « Lawrence d'Orient a encore frappé ».

Mais l'euphorie de Woodhead ne devait pas durer longtemps. Vers la fin de janvier 1932, il eut un exemple de la « politique positive à l'égard de la Chine », tout près de sa propre maison à Shangaï, qui ébranla sa foi dans les « gardiens de la paix » en Extrême-Orient. Après une bagarre entre Japonais et Chinois dans les rues de la ville, où un Japonais et deux Chinois avaient été tués, le commandant local japonais, l'amiral Shiozawa, demanda des renforts. Un transport de troupes aérien et quatre destroyers arrivèrent. Nullement satisfait par les excuses du maire de la ville, l'amiral donna l'ordre à ses fusiliers marins d'occuper Thapeï, un district surpeuplé, où vivaient un million et demi de Chinois. Les puissances étrangères établies à Shangaï approuvèrent cette action. Ce n'était pas la première fois que Thapeï, considéré comme un point chaud, avait été occupé d'urgence par des troupes étrangères. Mais personne n'était préparé à la suite des événements. Les Chinois de Thapeï résistèrent aux Japonais et emportèrent la victoire. L'amiral Shiozawa ordonna que le district fût bombardé. Pendant des heures, les avions japonais lâchèrent des bombes sur cette zone surpeuplée jusqu'à ce qu'elle ne fût plus que flammes. Il y eut des milliers de morts.

Woodhead contemplait le bombardement à l'abri d'un poste de commandement britannique, mais il en vit assez pour être malade de tout ce carnage. Après ce spectacle, il devint un autre homme. Il ne fut plus jamais l'ardent défenseur des Japonais que l'on avait connu jusque-là.

Le colonel Itagaki de l'armée de Kouantoung envoya finalement un message déclarant qu'il était prêt à rencontrer P'ou Yi. La date fut fixée au 23 février, plus de trois mois après l'arrivée de P'ou Yi en Mandchourie. L'essentiel du plan concernant P'ou Yi avait déjà été communiqué au Grand Gardien et à la Mante religieuse par Amakasu. P'ou Yi devait être le chef de l'Exécutif de la nouvelle république du Mandchoukouo. Ce nom voulait tout simplement dire « Pays des Mandchous », mais il choqua les vieux ministres de P'ou Yi, car les Chinois avaient l'habitude, pour désigner cette région, d'employer l'expression de « Nord-Est », la considérant comme une province de l'Empire.

La rencontre avec le colonel Itagaki eut lieu à la demeure de Sou. Ce n'était qu'une formalité, mais les deux vieux ministres de P'ou Yi avaient mis au point une foule d'objections pour sauver la face. Le colonel Itagaki, un petit homme tiré à quatre épingles, portait des pantalons au pli impeccable. « C'est un autre Adolphe Menjou », se dit P'ou Yi, en remarquant la manière qu'il avait de se frotter les mains comme un maître d'hôtel recevant un hôte de marque. Il avait l'habitude de faire les cent pas au cours des réunions, comme s'il passait ses troupes en revue.

Après avoir remis à P'ou Yi un message de félicitations de la part du général Honjo, commandant en chef de l'armée de Kouantoung, et l'avoir remercié de la broche dont il lui avait fait cadeau, le colonel traça les grandes lignes de ce que devait être la nouvelle république. Puis, les mains derrière le dos, il se mit à marcher de long en large, tandis que le Grand Gardien élevait ses objections. Qu'est-ce que le titre de « chef de l'Exécutif » avait à voir avec celui d' « Empereur » ? Le mot de « république » n'avait-il pas quelque chose de répugnant ?... La Mante religieuse gardait un silence prudent. Le colonel rejeta ses objections avec mépris. Il s'arrêta quelques instants puis déclara : « La capitale de la république sera à Tch'ang-tch'ouen. Il n'y aura qu'un seul parti politique. On le nommera " Mouvement pour la Concorde ". Cela étant dit, ajouta le colonel, il aimerait bien connaître la décision de la Cour dès le lendemain. » Il s'inclina devant P'ou Yi et sortit de la salle, suivi avec empressement par la Mante religieuse.

Ce soir-là, P'ou Yi donna un banquet à la demeure de Sou en l'honneur du colonel Itagaki, l'homme qui avait attendu si longtemps avant de daigner le rencontrer. On ne fit aucune allusion à ce projet de république. Durant la conversation, dont on ne peut guère dire qu'elle fut animée, le colonel s'adressa la plupart du temps à la Mante religieuse. Remarquant cela, le Grand Gardien craignait le pire. Pendant des semaines, lui et la Mante avaient rivalisé pour gagner les faveurs du Japonais, et il semblait maintenant que la Mante religieuse avait emporté la partie. S'il en était ainsi, se disait le Grand Gardien en soupirant, il n'avait plus qu'à se retirer de la Cour et retourner à sa boutique d'antiquaire avec ses succursales à Tientsin, Pékin et Moukden.

Le lendemain, P'ou Yi donna son accord de principe à la constitution de la République du Mandchoukouo. Inutile de dire que personne n'eut la moindre pensée pour l'Impératrice. Un autre banquet fut offert par le colonel Itagaki en l'honneur de P'ou Yi. On porta un toast à la République. Quand tout fut terminé, la Mante religieuse accompagna le colonel à sa voiture. Une fois de retour, il s'adressa à P'ou Yi, les mains levées, et le regarda de ses yeux perçants. Il venait d'être nommé Premier ministre du Mandchoukouo, dit-il, et il espérait rester de nombreuses années au service de P'ou Yi.

10

LES PRINCIPES
DE LA BIENVEILLANTE LOI

LE 6 mars, le train emportant P'ou Yi dans sa nouvelle capitale, à quelque 7 000 kilomètres à l'intérieur de la Mandchourie, quitta la gare de Port-Arthur. Par la fenêtre de son wagon, il jeta un coup d'œil sur ces forts lugubres qu'il ne connaissait que trop. Avec lui se trouvaient Amakasu et la Mante religieuse ; dans le wagon suivant, l'Impératrice et une dame de compagnie ; dans un troisième wagon, les membres du cabinet qui se plaignaient encore de leur détention au Yamato Hotel. Le voyage n'en finissait pas. La locomotive atteignait rarement les 45 kilomètres à l'heure. En certains endroits de la ligne, il y avait une voie unique et il fallait s'arrêter souvent pour laisser passer les trains chargés de soldats et de munitions. Chaque fois que celui de P'ou Yi pénétrait dans une zone de sécurité où les troupes étaient concentrées, les gardes entraient dans les compartiments et baissaient les rideaux, et Amakasu souriait avec un geste d'approbation. Cela ne gênait nullement P'ou Yi et les autres. Élevés comme ils l'avaient été dans la pénombre des palais ou des demeures urbaines, ils étaient impressionnés à la vue des paysages de Mandchourie, avec leurs forêts et leurs montagnes couvertes de neige et, à la limite, ils auraient préféré demeurer à l'étage de leur hôtel pour le restant de leur vie plutôt que de mettre le pied dans cette contrée sauvage où rôdaient les bandits et les tigres.

Au bout de trois heures, ils quittèrent le district de Kouantoung et la péninsule de Liaotoung et entrèrent dans l'immense plaine de Mandchourie qui s'étend sur plus de 1 500 kilomètres, de la Grande Muraille jusqu'au fleuve Amour et aux terres arctiques de la Sibérie. La ligne de chemin de fer de Mandchourie du Sud traversait en son centre cette longue et étroite plaine, passant par les villes de Moukden, de Tch'ang-tch'ouen et de Kharbine pour faire sa jonction avec le Transsibérien. A l'ouest, cette plaine était bordée par les hauts plateaux de Jehol, le désert de Gobi et la Mongolie ; à l'est, par une ligne de forêts dominées par les Longues Montagnes Blanches. Tch'ang-tch'ouen, qui veut dire « Éternel Printemps », était jadis une étape importante pour les nomades sur leur trajet allant de la vallée de la Volga à la Corée du Nord. En 1932, c'était une cité en pleine expansion, comprenant trois zones : la Ville chinoise entourée de murailles, aux petites ruelles, où se trouvaient de nombreuses boutiques vendant des fourrures, du grain et des alcools ; la vieille Ville russe avec ses maisons de bois qui lui donnaient l'air d'une agglomération sibérienne ; et la Ville japonaise, avec ses larges avenues, ses parcs, ses bâtiments de style eurasien et ses immeubles de bureaux. C'était la plus récente et il y régnait une atmosphère triste et sans vie.

Malgré tous les avantages que leur offrait leur gouvernement pour s'installer en Mandchourie, peu de Japonais étaient prêts à quitter leur pays pour cette immense et ingouvernable contrée, plus grande que la France et l'Allemagne réunies. Depuis l'invasion japonaise, en 1931, le nombre des hors-la-loi s'était considérablement accru, car ils avaient été rejoints par des milliers de déserteurs de l'armée chinoise en déroute. La Société secrète de la Lance Rouge, mortelle ennemie des Japonais, contrôlait pratiquement les forêts et les montagnes de l'Est. Entre les mois de juillet et d'octobre, lorsque la récolte d'opium brut arrivait, les hors-la-loi descendaient dans la plaine pour effectuer des raids sur des villages et des villes. C'était l'époque où le *gaoliang* atteignait plus de trois mètres de haut, leur procurant une magnifique couverture. Les affidés de la Lance Rouge avaient la sympathie des villageois qui les tenaient au courant de l'approche des troupes japonaises. Ils étaient si puissants en 1932, qu'aucun train ne circulait la nuit dans le sud de la Mandchourie. On comprend pourquoi les Japonais hésitaient à s'établir dans leur nouvelle colonie.

Le 8 mars, les écoliers du district de Tch'ang-tch'ouen eurent un jour de vacances et tous les citoyens disponibles furent invités à venir souhaiter la bienvenue à leur ancien empereur, qui allait devenir chef de leur nouvel État. Avec des sifflements de vapeur et un grand crissement de freins, le train venant de Port-Arthur entra en gare après un voyage qui avait duré deux longues journées. Il stoppa brutalement et P'ou Yi fut projeté de sa banquette, mais se redressa aussitôt. « Écoutez ! » s'exclama-t-il. Une fanfare jouait sur le quai. Sur une estrade une foule d'enfants agitaient des drapeaux aux couleurs du Soleil Levant. « Regardez ! » dit la Mante religieuse, montrant du doigt un petit groupe qui, lui, avait des drapeaux à cinq rayures, emblème du Mandchoukouo. P'ou Yi monta sur l'estrade pour recevoir l'hommage du maire de la ville et du comité de réception. Le maire le mena ensuite devant la garde d'honneur fournie par une unité de l'armée de Kouantoung. A côté, se tenait une compagnie de soldats du Mandchoukouo, tout nouvellement recrutés, vêtus d'uniformes verts. A la sortie de la gare, la foule applaudit et P'ou Yi salua de la main. La Mante religieuse montra un petit groupe de Mandchous loyalistes dans leurs longues robes traditionnelles, agitant des drapeaux où était peint un dragon. Ravi, P'ou Yi leur adressa un salut tout particulier. Il rayonnait de bonheur. Tout le monde semblait si amical — et il n'y avait pas un seul poney mandchou en vue. C'était la réception que Johnston lui avait promise et dont il avait rêvé depuis son départ de Tientsin. L'amertume qu'il avait ressentie à son arrivée à Yingkov et lors des longues semaines passées à Port-Arthur s'était dissipée.

Une rangée de voitures noires attendait pour conduire P'ou Yi et sa suite à sa nouvelle résidence. Il s'assit dans la première file avec le maire et salua la foule par la portière, tandis que la voiture s'ébranlait, précédée de deux motocyclistes de la police militaire. Mais les rues qu'ils empruntèrent dans la banlieue ouest du district japonais étaient vides. « Toute la population devait être à la gare », dit P'ou Yi. Le maire se borna à sourire. Ils passèrent devant des immeubles en béton et une ou deux personnes mirent le nez à la fenêtre. Peu après, la voiture s'arrêta devant une porte aux grilles de fer percée dans une haute muraille. « Voilà votre résidence et vos bureaux, dit le maire. C'est le plus bel immeuble de la ville : l'ancien office central de la gabelle. »

Des sentinelles armées ouvrirent le portail et la file de voitures pénétra dans une sorte de terrain vague. Au centre s'élevait un bâtiment de briques grises qui rappela à P'ou Yi Gordon Hall. Au fond, se trouvaient un certain nombre de bungalows dont les fenêtres étaient recouvertes de moustiquaires. « Ce sont vos quartiers résidentiels », dit le maire. P'ou Yi lui montra des hangars aux toits de tôle ondulée peints en rouge et adressa un regard interrogateur au maire. « Ah ! dit celui-ci. C'était là où on entreposait le sel. » Ce terrain vague qui faisait penser à une usine désaffectée était entouré par une muraille fortifiée d'environ cinq mètres de haut. A chacun de ses angles, une tourelle percée de meurtrières protégeait les approches.

P'ou Yi restait silencieux. « Il y a aussi des lieux de récréation », dit le maire, en conduisant son hôte du côté des bungalows. Effectivement, entre ceux-ci et le bâtiment central se trouvaient un court de tennis en béton avec un filet en loques et une piscine vide. « C'est un Américain qui les a fait construire », dit le maire. Il ne pouvait savoir que l'Américain en question avait jadis rencontré P'ou Yi. En effet, vingt-trois ans auparavant, dans la Salle de la Suprême Harmonie à la Cité interdite, Mr Esson Gale, alors jeune interprète, avait été reçu en audience par le tout jeune Empereur, avec une délégation américaine et Mr Gale avait remarqué que les bras et les jambes de ce bébé âgé de trois ans étaient si raides qu'il ressemblait à un jouet mécanique. Depuis, Mr Gale avait été nommé au service de la gabelle. En 1922, il avait été inspecteur en chef à Tch'ang-tch'ouen et lui et sa femme avaient fait construire ce qui était essentiel à leur existence, à savoir ce court de tennis et cette piscine, que le maire de la ville, aujourd'hui, se plaisait à décrire comme des « lieux de récréation ».

Le lendemain 9 mars fut le jour de l'intronisation du chef de l'Exécutif du Mandchoukouo. A partir de neuf heures du matin, une succession ininterrompue de voitures déversa son lot de dignitaires japonais civils et militaires et de vieux fonctionnaires chinois. Parmi ces derniers se trouvait le Grand Gardien qui, pour l'occasion, était venu de Moukden. La cérémonie eut lieu dans une grande salle de réception au premier étage du bâtiment principal. Cette salle venait d'être spécialement décorée et sentait encore la peinture fraîche. P'ou Yi portait l'habit de soirée que lui avaient confectionné Whiteway & Laidlaw. Il s'assit dans un large fauteuil canné. A son côté se tenaient le général Honjo et le colonel Itagaki ; de l'autre, la Mante religieuse et M. Uchida, directeur de la ligne de chemin de fer de la Mandchourie du Sud. Avant que ne commençât la cérémonie, le général Honjo annonça que, afin de célébrer la naissance du nouvel État, le gouvernement japonais avait décidé de changer le nom de la ville Tch'ang-tch'ouen en Hsingking, qui voulait dire « nouvelle capitale ». Sa déclaration fut suivie d'une salve d'applaudissements.

On présenta à P'ou Yi le sceau du pouvoir exécutif, puis la Mante religieuse lut une déclaration au nom de l'Empereur. « Notre nouveau pays est fondé sur le principe du Wang Tao, la Voie Royale de la Bienveillante Loi. Si nous suivons ce principe, le Mandchoukouo deviendra un paradis pour le peuple. »

Une fois la cérémonie terminée, les assistants sortirent en foule et l'on prit des photographies de P'ou Yi entouré de ses dignitaires. Le tout nouveau drapeau du Mandchoukouo aux cinq rayures fut hissé à un mât. Les officiers saluèrent et les civils se découvrirent.

Dans l'après-midi, Amakasu fit visiter à P'ou Yi le bâtiment officiel. Au grand amusement du Japonais, P'ou Yi l'appelait le « Palais du Sel ». Les longs couloirs donnaient sur des pièces dégageant une forte odeur de moisi qui déprimèrent P'ou Yi. Au second étage, ils grimpèrent un escalier menant sur le toit. C'était le seul endroit d'où l'on pouvait voir par-dessus la muraille d'enceinte. A l'est, se trouvaient les immeubles d'habitation et autres bâtiments de la Ville japonaise. Sur les trois autres côtés, on apercevait à perte de vue des champs de *gaoliang*. Entre la muraille et ces champs, du côté sud, s'étendait un petit parc planté de saules avec un étang. « C'est très joli », se dit P'ou Yi.

Un banquet était prévu pour le soir, mais avant qu'il ne commençât, P'ou Yi décida d'emmener Belle Contenance faire une promenade dans le parc. A peine avaient-ils atteint l'étang, où ils se plurent à contempler quelques canards en train de nager, qu'ils entendirent des cris. Une patrouille de police arriva, suivie d'Amakasu. « Rentrez vite ! cria-t-il. Ce lieu est strictement interdit. »

Sur le chemin du retour, Amakasu expliqua que l'alarme avait été donnée quand P'ou Yi était sorti de sa résidence et que la police s'était lancée à sa recherche. « Votre Excellence et sa famille ne doivent jamais sortir sans une escorte militaire », déclara le Japonais.

Le soir, au cours du banquet, P'ou Yi était songeur. Tandis que les toasts se succédaient, il ne cessait de penser à toutes ces pièces vides dans le Palais du Sel et à cet étang charmant situé dans le parc interdit.

Un jour, la Mante religieuse fit irruption dans le bureau du chef de l'Exécutif et déposa sur la table de P'ou Yi une pile de documents pour qu'il y apposât sa signature. Il lui expliqua que c'étaient là les termes d'un traité entre le Japon et le Mandchoukouo, qu'il avait mis au point avec le général Honjo. Peut-être devrait-il en tracer les grandes lignes pour que P'ou Yi fût au courant ? La Mante religieuse commença : le Japon assumera la défense et la sécurité du Mandchoukouo ; le Mandchoukouo fournira la nourriture et l'équipement nécessaires à l'armée japonaise ; il aura également le contrôle des voies de chemin de fer...

P'ou Yi signa tous ces documents. Il ne restait plus au commandant de l'armée de Kouantoung qu'à venir à Hsingking pour accomplir les formalités officielles, ajouta la Mante religieuse. Le Mouvement pour la Concorde ratifierait alors le traité et le Japon reconnaîtrait juridiquement la République du Mandchoukouo. D'autres pays le suivraient sûrement dans cette voie. La Mante religieuse avait de bonnes raisons d'être satisfait. Il venait d'accomplir son premier acte d'homme d'Etat et cela semblait s'être passé sans accroc.

Avant la signature du traité, le général Honjo prit sa retraite et fut remplacé au commandement de l'armée de Kouantoung et comme gouverneur de la province par le général Muto. Ce dernier, un homme d'une soixantaine d'années aux cheveux blancs et d'allure paternelle, avait commandé en 1918 les forces japonaises au cours de l'expédition alliée en Sibérie, qui avait si mal tourné, et il s'était signalé en organisant en un temps record la retraite des siens devant les Bolcheviks.

Muto vint donc à Hsingking pour la signature officielle du traité. On porta des toasts en sablant le champagne. En veine de confidences, le général prit P'ou Yi à part. « D'homme à homme, lui dit-il, en lui donnant une tape dans le dos qui faillit lui faire perdre l'équilibre, le régime républicain peut être bon pour certains pays, mais vous et moi savons que les Chinois et les Japonais préfèrent être gouvernés par un empereur. (Il désigna du doigt son interlocuteur et se mit à rire grassement.) Cela dit, je ne vous ai rien promis, vous me comprenez ? » Ébahi par ces propos, P'ou Yi put difficilement fermer l'œil de la nuit. Un jour, il porterait de nouveau, songeait-il, la robe du Dragon et cette maudite Mante religieuse, qui le saluait à peine, devrait se prosterner en entrant dans son bureau. Que cette pensée était réconfortante !

La Mante religieuse fit irruption dans le bureau de P'ou Yi, salua encore plus brièvement que d'habitude et lui dit : « Un vieil ami de Votre Excellence vient d'arriver de Tientsin. Puis-je l'introduire ? »

H. G. W. Woodhead entra et serra chaleureusement la main à P'ou Yi. La Mante religieuse s'en alla, les laissant seuls avec un interprète du département de l'Information.

Woodhead, qui venait faire un reportage en Mand-chourie, était fier d'être le premier journaliste à inter-viewer le chef de l'Exécutif.

« Merci de m'accorder un peu de votre temps, lui dit-il. Je sais que vous êtes très occupé. »

Woodhead affichait un grand sourire, mais P'ou Yi demeurait silencieux. Le journaliste, un peu déconte-nancé, reprit :

« Je suis ravi de voir que vous vous portez bien. »

Il était un peu moins jovial. A son grand étonnement, P'ou Yi se tourna vers l'interprète et échangea avec ce dernier quelques mots en chinois. « Son Excellence vous remercie pour l'intérêt que vous portez à sa santé », traduisit l'interprète en choisissant ses mots.

Woodhead était étonné. Il avait toujours conversé en anglais avec P'ou Yi. Il connaissait fort mal le chinois et, quand il essayait de le parler, il se bornait à bafouiller quelques mots. P'ou Yi aurait-il si vite oublié son anglais ? Reprenant contenance, Woodhead expliqua à l'interprète qu'il aimerait poser une ou deux questions au chef de l'Exécutif. L'interprète traduisit la prière du journaliste. P'ou Yi sourit et approuva.

« Pourquoi Votre Excellence a-t-elle quitté Tientsin pour la Mandchourie ? » demanda Woodhead.

Il y eut une avalanche de propos en chinois entre P'ou Yi et l'interprète et celui-ci répondit : « Premièrement, Son Excellence considère que les nationalistes négligent le bien-être du peuple chinois. Deuxièmement, le Mandchoukouo, qui est la terre de ses ancêtres, a exercé sur Elle, depuis toujours, un attrait irrésistible.

— Y a-t-il du vrai dans ce que l'on dit, à savoir que Son Excellence a été conduite de force ici par les Japonais et qu'Elle est en leur pouvoir depuis qu'Elle est arrivée dans ce pays ? »

L'interprète se pencha vers P'ou Yi qui eut un large sourire. « Jamais, répondit l'interprète, Son Excellence n'a été sous la coupe des Japonais. »

P'ou Yi se leva de son fauteuil pour signifier à son visiteur que l'entrevue était terminée. Puis en se tour-nant vers l'interprète, il dit : « Wang Tao.

— Son Excellence déclare que personne ne peut

craindre de tomber sous la coupe de quiconque dans ce pays où règne le principe de la Bienveillante Loi », dit l'interprète.

Arrivé à la porte, P'ou Yi tendit la main à Woodhead et dit quelques mots rapides en chinois. Et l'interprète de traduire : « Son Excellence désire que vous transmettiez toutes ses salutations aux Britanniques vivant à Tientsin, en particulier à ceux de la société de St Andrew. »

Lorsque plus tard, Woodhead rédigea un rapport complet sur sa visite à P'ou Yi, il ne fit aucune mention de cette « adorable fille, avait-il dit jadis, qui ressemblait à une délicate porcelaine ».

Il venait juste de quitter le bureau de P'ou Yi et marchait dans le couloir, quand il fut abordé par un officier japonais qui se présenta comme le colonel Yoshioka. Celui-ci déclara qu'il était fort honoré de faire la connaissance du fameux rédacteur en chef du *Peking and Tientsin Times* et ajouta qu'il était responsable du département de l'Information. Il était sûr que Woodhead serait intéressé par des textes concernant le Mandchoukouo, et il lui tendit une masse d'articles et de brochures. Chancelant sous le poids de cette documentation, Woodhead regagna sa voiture qui l'attendait pour le ramener au Railway Hotel.

D'une corpulence moyenne, le colonel Yoshioka avait une taille remarquablement fine, toujours étroitement sanglée par son ceinturon. Il avait les pommettes hautes et le teint olivâtre. Impatient de communiquer avec autrui, il ne cessait de geindre et s'exprimait d'une voix haut perchée quand il était excité. P'ou Yi l'appelait « la Guêpe ». La Guêpe avait appartenu à l'état-major du colonel Doihara à Moukden et il l'avait parfois accompagné à Tientsin où, un jour, il avait rencontré P'ou Yi. Lorsque P'ou Kie, le frère puîné de P'ou Yi, était élève à l'école des Cadets de l'armée japonaise, il avait été un de ses instructeurs et c'était en partie grâce à lui qu'il avait obtenu ce poste auprès de P'ou Yi. Peu après l'arrivée de la Guêpe, Amakasu avait été muté aux services secrets de Hsingking. Sous l'influence de Doihara, la Guêpe était devenu un propagandiste hors pair. Mais, contrairement au Lawrence d'Orient, qui s'exprimait sous forme de slogans comme un agent de publicité, il avait tendance à être assez verbeux. Il avait cependant réussi à résumer sa doctrine en une courte phrase chinoise, que le Lawrence d'Orient ne pouvait qu'approuver : « Wang Tao », à savoir : le principe de la Bienveillante Loi. C'était lui qui rédigeait les discours de P'ou Yi et inspirait ses déclarations à la presse. A en juger d'après l'interview de Woodhead, il ne pouvait qu'être satisfait des progrès de son élève. Mais une expérience plus sévère attendait P'ou Yi.

Peter Fleming, envoyé spécial du *Times* de Londres, était arrivé en Mandchourie, en passant par la Sibérie. Le titre que Fleming avait donné à son livre sur ses pérégrinations en Asie en disait long sur son auteur. Il avait appelé son ouvrage *One's Company*. Fuyant le conventionnel, il était d'une nature intrépide et il s'était débrouillé pour convaincre un officier japonais de l'autoriser à accompagner une opération contre les hors-la-loi dans la région boisée des Longues Montagnes Blanches. Plus tard, Fleming avait comparé cette expédition au comportement d'un éléphant essayant de dénicher et de détruire une nuée de moustiques.

A peine était-il arrivé en Mandchourie que Fleming réussit à se mettre à dos tous ses collègues de la presse étrangère en disant qu'ils étaient « les membres d'une profession surestimée, qui n'allaient jamais sur le terrain des combats, mais se prélassaient dans les hôtels, attendant de recevoir les consignes officielles ».

Il avait décrit le quartier japonais de Hsingking comme une ville où régnait « un climat de fumisterie, avec cette apparence trop bien ordonnée, trop propre et totalement dépourvue de caractère que l'on trouve dans toutes les villes ferroviaires soumises à l'influence japonaise dans la plaine de Mandchourie ». Quant à la propagande de la Guêpe, Fleming ne cachait pas le mépris qu'elle lui inspirait. La Guêpe fut d'ailleurs fort malheureux lorsque Amakasu lui apprit que son traité de quatre cents pages sur *Le Mandchoukouo avant et après l'incident de Moukden* qu'il avait envoyé à Fleming, avait été retrouvé dans un crachoir au foyer du

Railway Hotel. Plus tard, Fleming confessa qu'ayant lu « plusieurs kilomètres » de cet ouvrage, il avait abandonné à bout de forces, car il était plein de statistiques indigestes et, ce qui était le pire aux yeux de Fleming, totalement dépourvu d'humour.

Le P'ou Yi devant qui Fleming fut introduit portait des lunettes noires, une redingote, un gilet blanc et des guêtres assorties. Une fois de plus, le chef de l'Exécutif ne répondit aux questions que par l'intermédiaire de son interprète. Contrairement à Woodhead, Fleming s'attendait à la fameuse formule « Wang Tao », et il savait que ses questions seraient gênantes, si tant est qu'elles ne fussent pas écartées.

« N'est-il pas vrai, demanda-t-il, que le gouvernement du Mandchoukouo retire de considérables profits du monopole qu'il a sur le trafic de l'opium ? »

L'interprète frémit. Il essaya d'arriver à la formule miracle, le « Wang Tao », mais ses circonlocutions n'avaient rien de convaincant.

« Est-ce que l'usage des bombardiers, lors des opérations menées contre les hors-la-loi, n'aboutit pas à détruire les biens de la population et à faire d'innocentes victimes ? »

L'interprète resta la bouche ouverte, puis essaya de nouveau d'en arriver au « Wang Tao ».

Ayant au moins remporté une victoire morale, Fleming décida qu'il était temps de se montrer généreux. Il posa une question plus facile :

« Quels ont été les plus beaux jours de la vie de Son Excellence ? Ceux qu'Elle a passés dans la Cité interdite, Son exil à Tientsin ou Son existence actuelle au Mandchoukouo ? »

P'ou Yi et son interprète arboraient un sourire de soulagement en discutant de ce problème charmant. L'interprète commença à traduire : « Son Excellence dit que, tant que l'on est bienveillant à l'égard de tous, tant que l'on met en pratique le principe du Wang Tao, le bonheur n'est qu'une question de... » Puis il se mit à rabâcher sa leçon.

Fleming trouva que P'ou Yi était un personnage plutôt pathétique. Comme il devait l'écrire plus tard, il avait meilleure allure que celle qu'on lui voyait sur les photographies, où il ressemblait à une tortue. Lorsque P'ou Yi apprit cette remarque, il fut déconcerté. Il aimait beaucoup les tortues et n'aurait pas trouvé le moins du monde insultant de ressembler à l'une d'elles.

11

LA LUNE DU SOLEIL DU MIKADO

P'OU Yi était assis dans son bureau. Il était revêtu de sa redingote et de son gilet blanc qu'agrémentait ce jour-là une cravate grise piquée d'une épingle ornée d'une perle. La Mante religieuse se tenait à ses côtés, affichant l'air désolé d'un maître de cérémonie qui n'avait rien à faire, tandis que la Guêpe s'activait, posant des montagnes de documents sur la table. Il est vrai que, ce jour-là, la Guêpe avait de quoi donner des signes de nervosité. Une commission de la Société des Nations venait rendre visite à P'ou Yi. Comme si cela ne suffisait pas, le colonel Itagaki les accompagnait. Itagaki avait appris que l'entretien de Fleming avec P'ou Yi s'était soldé par une victoire pour le journaliste. La Guêpe, à la fois producteur, scénariste et metteur en scène de la pièce qui allait commencer, savait que sa carrière en dépendait. Il donna ses dernières instructions à l'interprète, plaça un fauteuil à côté du bureau de P'ou Yi, vérifia l'alignement des six autres fauteuils arrangés en demi-cercle face au bureau et, satisfait de sa mise en scène, sortit pour accueillir Itagaki.

On entendit une sonnerie de clairons et la garde présenta les armes aux membres de la commission débarquant d'une suite de voitures. Itagaki conduisit Lord Lytton, le président de ladite commission, et ses membres dans le bureau de P'ou Yi.

Quand l'entrevue commença, P'ou Yi quitta son fauteuil, derrière son bureau, et vint s'asseoir, comme prévu, dans l'autre fauteuil resté libre. Lord Lytton et ses collègues français, américain, italien et allemand prirent place en face de lui. Itagaki se tenait derrière eux. Dans le fond de la salle, la Mante religieuse était perché sur un tabouret, raide comme un morceau de bois. Lord Lytton, en jaquette noire et pantalon à rayures, menait les débats à la manière d'un bon vieux juge de la Haute Cour, tandis que P'ou Yi ressemblait à un jeune avocat timide venant pour la première fois à la barre. Souriant à P'ou Yi et lui parlant sur un ton onctueux, Lord Lytton lui posa quelques questions amicales dans le plus simple des langages. Son interlocuteur, qui ne pouvait pas quitter des yeux le pantalon rayé de son vis-à-vis, fut très vite incapable de suivre la conversation, ce qui d'ailleurs n'avait aucune importance car l'interprète avait la situation bien en main.

Lord Lytton posa sa dernière question. « Je serais heureux que vous me disiez comment le nouvel État du Mandchoukouo a été fondé. »

P'ou Yi se pencha vers son interprète, sourit et répondit : « Les masses de Mandchourie attendaient depuis longtemps de bénéficier du principe de la Bienveillante Loi... »

A la fin de l'entrevue, P'ou Yi conduisit Lord Lytton à l'écart et lui montra la photographie dédicacée du roi d'Angleterre ; Sa Seigneurie fut touchée de cette attention toute personnelle.

Dans le couloir, la Guêpe attendait anxieusement d'être fixé sur son sort. Quand il vit Itagaki sortir en se frottant les mains, et, derrière lui, la Mante religieuse, les bras levés comme s'il était en prières, il comprit que tout s'était passé pour le mieux.

Quelques semaines plus tard, la commission Lytton présenta son rapport à la Société des Nations. Il montrait à l'égard du Japon une remarquable indulgence. Il était normal que le Japon souhaitât voir l'ordre régner dans une contrée si proche de la Russie. La commission reconnaissait que le Japon avait violé la souveraineté de la Chine et fondé ce nouvel État du Mandchoukouo dans son propre intérêt, mais elle ne demandait pas qu'il s'en retirât. Au contraire, la commission recommandait que le gouvernement du Mandchoukouo, avec P'ou Yi à sa tête, fût maintenu dans ses fonctions avec, peut-être, l'aide de conseillers étrangers. La vérité était que la S.D.N. ne pouvait rien faire contre l'attitude agressive du Japon en Extrême-Orient, même si elle l'avait voulu. Elle avait été patronnée par le président Wilson, mais son gouvernement l'avait vite désavouée et, sans le soutien des États-Unis, elle était sans pouvoirs.

Vers la fin de 1932, le nouvel État du Mandchoukouo subit des revers de fortune. Au-delà de ses frontières occidentales s'étend la province de Jehol. Le gouverneur chinois de cette province avait pris le parti du Mandchoukouo lors de sa fondation, mais maintenant, il avait changé d'opinion et déclarait que le Jehol devait retourner à la Chine. C'était plus que le gouvernement japonais ne pouvait tolérer. Il y avait désormais à Tokyo un nouveau ministre des Affaires étrangères, M. Uchida, l'ancien directeur des chemins de fer de la Mandchourie du Sud. Il avait des amis proches dans l'armée de Kouantoung et il croyait profondément dans la politique « positive » à l'égard de la Chine. Il donna l'ordre au général Muto de reconquérir le Jehol. Des vagues de bombardiers survolèrent la région, attaquant aussi bien les troupes chinoises que la population civile pour ouvrir la voie aux divisions de Muto. La résistance chinoise s'effondra et les Japonais occupèrent rapidement la ville de Jehol, capitale de la province. Cette nuit-là, P'ou Yi donna un banquet au Palais du Sel pour célébrer la victoire de Muto.

On découvre à l'intérieur de Jehol les ruines du Palais d'Été des empereurs Ts'ing demeuré inoccupé depuis que Hien Fong, époux du Vénérable Bouddha, y était mort après avoir fui Pékin, et sur les pentes de la montagne, un grand nombre de temples. Les dominant tous, il y a le Potala. Copie du palais des lamas du Tibet, le Potala fut édifié au XVIIIe siècle par le fameux empereur Ts'ien Long, aïeul de l'impératrice Belle Contenance. Au printemps, les premiers contreforts de la montagne et les champs de la vallée sont recouverts de pavots mauves. Au-delà s'étendent les steppes de l'Intérieur et l'île légendaire qui hantait les rêves de l'Impératrice.

L'invasion du Jehol suscita une forte réprobation de la part de la Société des Nations. A Genève, les délégués, l'un après l'autre, dénonçaient le geste du Japon. Uchida ordonna à la délégation japonaise de quitter la S.D.N. en signe de protestation et, le 27 mars 1933, il annonça que son pays ne faisait plus partie de l'organisation.

Le général Muto avait désormais carte blanche. Ses troupes se dirigèrent vers le Sud, franchirent la Grande Muraille, entrèrent en Chine et bientôt menacèrent Pékin. Le gouvernement nationaliste de Tchang Kaïchek, à Nankin, prit peur et sollicita un armistice. Par le Traité de Tangkou, la Chine acceptait de retirer ses troupes dans un rayon d'environ mille kilomètres, entre la Grande Muraille et Pékin, laissant à l'armée japonaise le contrôle de la Chine du Nord.

Le drapeau du Soleil Levant flottait sur les camps du général Muto, mais il se rendit vite compte qu'il avait affaire à un ennemi plus dangereux que Tchang Kaïchek et son armée nationaliste. Loup Blanc était rentré en activité et il ne se passait pas un jour sans que Muto reçût des rapports annonçant que ses hommes étaient tombés dans des embuscades, notamment ceux qui patrouillaient dans la province de Shensi, à l'ouest de Pékin.

Dans cette province, la Grande Muraille borde le vaste plateau désertique que les Mongols appellent l'Ordos. Au-delà, du côté chinois, se trouvait la petite ville de Pao An. C'est là que Loup Blanc avait son repaire. Adversaire farouche des Seigneurs de la Guerre, des fonctionnaires du gouvernement et des collecteurs d'impôts, il était considéré comme un héros par les paysans. Ses exploits démoniaques étaient fameux. Une fois, lui et quelques-uns de ses compagnons avaient été invités par un des généraux du Seigneur de la Guerre Fong Yu-siang. Le général avait l'intention d'empoisonner Loup Blanc. Mais au cours du banquet, celui-ci et ses hommes désarmèrent leurs hôtes et s'emparant d'une vingtaine de fusils, s'enfuirent dans les collines. De tels exploits faisaient que les paysans attribuaient à Loup Blanc des pouvoirs quasi surnaturels. Personne ne pouvait rivaliser avec lui dans un duel à l'épée et l'on disait même qu'il était invulnérable aux balles de fusil.

Loup Blanc avait des liens avec l'Armée rouge qui combattait Tchang Kaï-chek dans le Sud et on prétendait qu'il était lui-même communiste. Cela n'intéressait pas les paysans. Pour eux, il était celui qui exterminait les fonctionnaires de l'État et protégeait leurs villes et leurs cultures des collecteurs d'impôts et des soldats.

Au printemps de 1932, Loup Blanc et ses paysans ne contrôlaient pas moins de onze comtés dans le nord-ouest de la Chine. Tchang Kaï-chek envoya une armée contre lui, mais il parvint à s'enfuir par une brèche de la Grande Muraille dans les déserts de l'Intérieur où personne n'osait le poursuivre. Les Japonais avaient envahi le nord de la Chine et Tchang Kaï-chek avait battu en retraite, laissant le général Muto s'occuper de Loup Blanc comme il le pourrait.

Au début de l'année, lors de l'invasion de la Mandchourie, Mao Tsé-toung et ses camarades de l'Armée rouge avaient déclaré la guerre au Japon. Presque personne, dans le monde, n'avait entendu parler de Mao, dont la décision passa inaperçue. Même ceux qui en avaient eu vent n'en tinrent aucun compte. Pourtant, certains historiens occidentaux devaient reconnaître que la déclaration de guerre de Mao aux Japonais avait été le signal précurseur de la Seconde Guerre mondiale.

Sous la contrainte des forces nationalistes qui, dans le Sud, essayaient d'exterminer les Rouges, Mao et son armée commencèrent leur longue marche vers le nord-ouest. A l'automne de 1935, les avant-gardes de l'Armée rouge atteignirent Yenan, dans la province de Shensi, au cœur du domaine de Loup Blanc. Les Rouges envoyèrent des émissaires à Yenan afin d'y préparer l'entrée de leurs troupes.

L'un d'entre eux, Tchang Tching-fu, s'imposa vite à la guérilla locale ; on l'appelait l'Inspecteur. Choqué par le comportement anarchiste de Loup Blanc et de ses hommes, qu'il appelait du « Robin Hoodisme », il n'eut

214

pas de mal à prouver que Loup Blanc et ses partisans ne suivaient pas la ligne du Parti. Loup Blanc fut arrêté avec une centaine de ses hommes.

Quand l'Armée rouge arriva à Yenan, en octobre, et que Mao apprit l'arrestation de Loup Blanc, il le fit immédiatement relâcher avec ses hommes. C'était une sage mesure car elle prévenait des troubles chez les paysans et, en même temps, elle laissait libre cours à un vaillant chef de guerre qui menait lui-même ses troupes au combat contre les Japonais, contrairement aux généraux ordinaires.

En mars 1936, Loup Blanc fut gravement blessé lors d'une attaque contre un fort japonais sur le Fleuve Jaune. Il fut ramené à Pao An, où il mourut. Peu de temps après, des paysans affirmèrent l'avoir vu galopant à cheval le long de la Grande Muraille. Pareil au Lotus Jaune des marais, il était devenu immortel.

En juillet 1933, alors que ses troupes menaient de difficiles combats contre Loup Blanc, le général Muto était mort paisiblement dans son lit. Ce fut une grande perte pour P'ou Yi. Muto lui avait toujours porté un intérêt paternel. P'ou Yi se plaisait en sa compagnie, en particulier lors des banquets, lorsque, après quelques coupes de champagne, il se livrait à de grasses plaisanteries, puis riait aux éclats en se moquant de la funèbre Mante religieuse et de la Guêpe toujours en proie à l'anxiété.

Les funérailles de Muto eurent lieu à Port-Arthur, qui était la base principale de l'armée de Kouantoung. La cérémonie fut un mélange cocasse de coutumes orientales et occidentales, ce que Fleming trouva extrêmement vulgaire. Un service religieux shintoïste fut suivi d'une parade militaire au cours de laquelle le cercueil de Muto fut placé sur un affût de canon tiré par des *marines* japonais, tandis qu'une fanfare jouait la *Marche funèbre* de Chopin. On avait placé sur le cercueil la casquette et l'épée du défunt et toutes ses décorations, y compris celles qu'il avait gagnées pour sa retraite de Sibérie et sa conquête sans histoire du Jehol. On n'avait pas eu le temps d'inventer une médaille pour sa campagne en Chine du Nord.

Le nouveau commandant en chef, le général Hishikari, avait le visage en lame de couteau d'un vieux baroudeur. Comme Muto, il croyait profondément dans le régime impérial. L'empereur du Japon, certes, était le Mikado suprême, mais il restait une place pour une sorte d'empereur satellite, pensait-il. Dès leur première rencontre, le général dit à P'ou Yi que, à coup sûr, le gouvernement japonais le reconnaîtrait bientôt comme empereur du Mandchoukouo. A cette nouvelle, P'ou Yi se mit à sauter de joie dans son bureau sous le regard bienveillant de la Mante religieuse.

Une grande excitation s'empara du Palais du Sel quand le bruit se répandit que le chef de l'Exécutif allait devenir empereur. De sa propre initiative, la Guêpe se rendit à Tokyo où il plaida la cause de P'ou Yi auprès des membres de la Société du Dragon Noir. Il rendit également visite à des parents du Mikado qui lui donnèrent quelques présents pour P'ou Yi. L'état-major de l'armée de Kouantoung, en revanche, devint furieux en apprenant la démarche de la Guêpe et le colonel Itagaki lui adressa une réprimande qui, pendant plusieurs semaines, fit retomber l'enthousiasme de la Guêpe.

Finalement, le gouvernement japonais publia un communiqué déclarant qu'une cérémonie aurait lieu bientôt à Hsingking, au cours de laquelle le Japon reconnaîtrait officiellement P'ou Yi comme empereur du Mandchoukouo. La nouvelle fut publiée dans les journaux de Pékin et, peu de temps après, une horde de parents et amis, que pour la plupart il n'avait jamais rencontrés, arrivèrent pour voir P'ou Yi. Il y avait là trois sœurs de P'ou Yi, filles du prince Tch'ouen par diverses concubines, leurs maris et trois jeunes hommes qui étaient ses neveux. Leur voyage à Hsingking avait été organisé par l'état-major de l'armée de Kouantoung qui trouva de quoi renforcer sa propagande dans cette démonstration d'affection familiale et de loyauté à l'égard du nouveau régime du Mandchoukouo.

216

L'un des beaux-frères de P'ou Yi, qui venait d'arriver, un certain Tcheng, était le petit-fils de la Mante religieuse. Lui et sa femme avaient passé deux ans en Angleterre, où ils avaient vécu dans la demeure de Johnston. *Mister* Tcheng, comme il aimait être appelé, prenait de grands airs en raison des séjours qu'il avait faits à l'étranger. Mais il avait commis une fatale erreur en se prévalant de sa parenté avec la Mante religieuse, ignorant que son grand-père n'était guère aimé de P'ou Yi et de la Guêpe. P'ou Yi le détesta sur-le-champ.

Si tous ces parents du futur empereur nourrissaient quelques illusions sur leur vie à la Cour, ils furent cruellement déçus lorsque les portes de fer se refermèrent sur eux et qu'ils se retrouvèrent prisonniers de ces hautes murailles de pierres grises. Tous les bungalows étant occupés, ils durent se contenter d'un ancien grenier à sel aménagé à la hâte. Il n'y avait là aucune commodité et ils étaient obligés de se partager des W.-C. extérieurs. La nuit, ils grelottaient de froid et, le jour, ils étaient persécutés par la Guêpe qui s'employait à leur imposer maintes règles de vie et autres restrictions. Au bout d'une semaine, *Mister* Tcheng songea à trouver un moyen de retourner à Pékin, mais comme il le découvrit lui-même, une chose était d'entrer au Palais du Sel, autre chose d'en sortir.

Le colonel Itagaki arriva pour discuter des formalités du couronnement. P'ou Yi lui dit, en proie à une grande exaltation, qu'il avait demandé les robes du Dragon impérial. Une des douairières consorts avait veillé sur ces vêtements d'apparat qui lui seraient apportés de Pékin par un vieux noble mandchou.

Il y eut un silence glacé. « J'ai déjà décidé, dit Itagaki, que Votre Excellence porterait l'uniforme de généralissime des forces terrestres, maritimes et aériennes du Mandchoukouo. »

P'ou Yi trépigna de colère. « Je veux la robe du Dragon ! s'écria-t-il. C'est le seul vêtement que l'Empereur puisse porter sur le trône.

— Je dois rappeler à Votre Excellence, dit Itagaki, qu'Elle doit être couronnée comme Empereur du

Mandchoukouo. Elle n'est pas rétablie sur le trône de Chine. »

Il se tourna vers la Mante religieuse.

« Je crains que le colonel n'ait raison, dit ce dernier. Il ne s'agit pas là d'une restauration. Peut-être qu'un jour, quand le Japon aura conquis la Chine, vous pourrez en devenir de nouveau l'Empereur. »

P'ou Yi lui lança un regard mauvais. Cet homme lui déplaisait de plus en plus. Tous les soirs, P'ou Yi jouait au mah-jong avec lui et deux autres membres de son cabinet jusqu'aux premières heures de la matinée et c'était toujours la Mante religieuse qui gagnait. Parfois, alors que P'ou Yi était près de remporter la victoire, l'autre tendait ses longs doigts, s'emparait d'un domino et déclarait qu'il avait gagné.

P'ou Yi dit à Itagaki qu'il devrait reconsidérer la manière dont il serait vêtu pour son couronnement et quitta le bureau d'un air fâché.

Le lendemain, la Mante religieuse l'informa qu'on était parvenu à un compromis. P'ou Yi porterait la robe du Dragon lors des sacrifices à l'autel du Ciel et l'uniforme de généralissime pour son couronnement.

La veille de la cérémonie, P'ou Yi se trouvait dans sa chambre aménagée dans un des bungalows, lorsque la Mante religieuse et un vieux noble mandchou arrivèrent avec un sac contenant les robes impériales. Le Mandchou s'agenouilla et se prosterna devant P'ou Yi qu'il n'avait plus vu depuis de longues années. P'ou Yi fut heureux de cet hommage et il aida avec plaisir le vieil homme à se relever.

On sortit du sac les vieux vêtements fanés et les deux hommes aidèrent P'ou Yi à s'en revêtir. Ce dernier se tourna vers un miroir, tandis que le vieux Mandchou ajustait le col de sa tunique. Se contemplant dans le miroir, P'ou Yi dit à l'homme qui se tenait derrière lui : « Je n'étais qu'un enfant la dernière fois que j'ai porté les vêtements impériaux. Ils étaient beaucoup plus petits que ceux-ci. Pouvez-vous me dire quel a été le dernier empereur à revêtir ces vieilles robes ?

— Votre Majesté, répondit le vieillard, la princesse

qui les a conservés m'a dit que c'était l'empereur Kouang Siu. »

Il y eut un long silence. La Mante religieuse et le vieil homme se regardèrent, puis ils sortirent, laissant P'ou Yi s'admirer dans son miroir.

A l'aube du 1er mars 1934, P'ou Yi se tenait devant un autel de bois qui avait été érigé dans le parc interdit au-delà des murailles du Palais du Sel. Derrière l'autel, on pouvait voir se lever les premiers rayons du soleil à travers les branches dénudées d'un saule, tout près de l'étang. La Mante religieuse jeta de l'encens sur du charbon de bois en train de brûler. Revêtu de ses habits jaunes et pesants, P'ou Yi s'inclina devant l'autel, tournant le dos au soleil. Il adressa une brève prière au Ciel, s'inclina en direction du soleil et la cérémonie prit fin. Il se retourna alors vers la Mante religieuse et le noble mandchou qui attendaient. Les deux hommes auraient dû se prosterner devant l'Empereur, mais ils restaient là, pétrifiés. Le personnage revêtu de ces habits jaunes qui leur faisait face n'était plus le jeune P'ou Yi qu'ils avaient connu auparavant, mais un homme au regard triste et vieilli qui avait trop long-temps vécu dans la pire solitude.

La Guêpe se démenait dans le bureau du chef de l'Exécutif, mettant la dernière main au décor de la cérémonie du couronnement. On avait étalé sur le sol un tapis rouge allant de la porte à un fauteuil à haut dossier installé dans le fond de la salle. Derrière ce fauteuil, qui devait servir de trône, le mur était couvert de tentures de soie d'un bleu lumineux. On avait disposé deux grands vases contenant des chrysanthèmes jaunes de chaque côté. Aucune place n'était réservée à l'Impé-ratrice, qui s'était dite indisposée. La Mante religieuse et les autres membres de la Cour de P'ou Yi s'alignèrent devant le trône. Il y eut une sonnerie de trompettes et le prince Chichibu, frère de l'empereur du Japon, entra escorté par le général Hishikari et le colonel Itagaki, tous trois vêtus d'uniformes de style britannique. La Guêpe, s'inclinant avec obséquiosité, les conduisit à leur place à côté du trône. Il y eut une nouvelle sonnerie de trompettes et l'assistance se retourna pour assister à l'entrée de P'ou Yi. Dix pages, recrutés parmi les pensionnaires de l'orphelinat de Hsingking, entrèrent à la suite les uns des autres, conduisant le cortège impérial. Puis arriva P'ou Kie, le frère de P'ou Yi, en uniforme de cadet de l'armée japonaise. Il était suivi de ses trois jeunes neveux. En dernier lieu, venait P'ou Yi. Même la Guêpe, qui avait vu l'uniforme de l'Empereur dans un placard en début de matinée, resta bouche bée. P'ou Yi portait une tunique grise à la Napoléon qui lui descendait jusqu'aux genoux et était agrémentée d'épaulettes dorées. Son pantalon bleu nuit était trop long pour lui. Un sabre recourbé était suspendu à son ceinturon blanc. Il tenait du bras droit un casque également doré, avec des plumes rouges et une jugulaire en forme de chaîne. On eût dit la coiffure d'un centurion sorti tout droit d'un film de Hollywood sur la Rome antique. C'était là l'uniforme du généralissime des forces terrestres, maritimes et aériennes du Mandchoukouo.

Itagaki avait tenu à ce que cette cérémonie se déroulât avec une précision toute militaire et, afin d'impressionner son chef, la Guêpe s'était donné un mal fou pour apprendre à P'ou Yi à marcher au pas de l'oie. Raide comme un piquet, P'ou Yi, levant les jambes le plus haut possible, arpenta le tapis rouge.

Quand il se fut assis sur le trône, la Mante religieuse et les autres membres de son cabinet s'inclinèrent trois fois. P'ou Yi avait demandé que fût rétabli le rite de la prosternation, mais sa requête avait été rejetée par Itagaki. Le colonel avait ordonné que la simple inclinaison due au chef de l'Exécutif fût répétée trois fois.

Le général Hishikari s'avança et présenta ses lettres de créance d'ambassadeur du Japon à la Cour impériale du Mandchoukouo. Du point de vue des Japonais, ce geste marquait le point culminant de la cérémonie.

Une fois celle-ci terminée, on prit des photographies à l'extérieur de l'Office du Sel désormais appelé le Palais impérial, bien que P'ou Yi eût fort irrité la Guêpe en insistant pour qu'on l'appelât le « Palais du Sel ». Des toasts furent portés pour célébrer la naissance de la nouvelle dynastie. Personne n'était plus heureux que la Guêpe, d'autant que le général Itagaki se déclarait satisfait de la manière dont les choses s'étaient déroulées. Non seulement il avait pardonné ses indiscrétions à la Guêpe, mais il l'avait promu au poste d' « attaché à la Maison impériale ».

Dans l'après-midi, on alla présenter P'ou Yi à ses sujets. Toujours revêtu de son uniforme de généralissime, il s'assit à côté du général Hishikari dans une limousine découverte, entourée de motocyclistes de l'armée japonaise. Quand la voiture impériale passa devant la gare, une foule d'écoliers agita des drapeaux aux couleurs du Japon et du Mandchoukouo, criant : « Longue vie à l'Empereur ! » à ce personnage portant des lunettes noires et un casque de centurion romain.

Quelques jours après le couronnement de P'ou Yi, son père, le prince Tch'ouen, arriva de Pékin. Son élévation au titre d'empereur semblait avoir complètement tourné la tête de P'ou Yi et il traita une simple réunion de famille comme s'il s'agissait d'un exercice militaire. Plutôt que d'aller à la gare accueillir son père, il envoya un officier avec une garde d'honneur. Toujours revêtu de son uniforme de généralissime, il attendit le vieux prince à l'entrée principale de son « palais ».

Apprenant que le prince Tch'ouen devait venir, l'Impératrice alla rejoindre P'ou Yi. C'était la première fois qu'elle se montrait en public depuis son arrivée de Port-Arthur. Quand le prince descendit de voiture, P'ou Yi lui fit un bref salut, mais à sa grande surprise, l'Impératrice s'agenouilla sur le sol selon l'ancienne coutume chinoise. Le prince, qui aimait beaucoup l'Impératrice, fut ému aux larmes de la revoir. Il l'aida gentiment à se relever, lui donna le bras et la conduisit à l'intérieur du palais, suivi par le généralissime qui marchait au pas de l'oie.

Ce soir-là, P'ou Yi donna un dîner privé en l'honneur de son père. On revit l'Impératrice qui vint s'asseoir tout près du prince Tch'ouen. Remarquant que son père portait beaucoup d'attention à son épouse, P'ou Yi commençait à être irrité. Son visage pourtant s'éclaira quand son frère, P'ou Kie, leva son verre et dit : « Longue vie à Sa Majesté l'Empereur ! » Tout le monde se joignit au toast et P'ou Yi baissa modestement les yeux.

En se rasseyant, P'ou Kie fit une plaisanterie que P'ou Yi ne comprit pas, mais qui fit se trémousser ses sœurs. Le nouvel empereur fronça les sourcils. Il se souvenait de ce jour où, dans la Cité interdite, il avait surpris P'ou Kie avec une robe bordée de jaune. Décidément, P'ou Kie représentait une menace. Il désirait certainement devenir empereur lui-même !

L'heure était venue pour le prince Tch'ouen de rentrer chez lui. Profitant de l'occasion, *Mister* Tcheng, qui ne fit aucune mention de son épouse ni de sa famille, implora le prince de l'emmener avec lui. Le père de P'ou Yi en fut fort embarrassé et fit part de sa requête à la Guêpe qui répliqua sèchement qu'il était hors de question que *Mister* Tcheng s'en allât.

Une fois le prince Tch'ouen retourné à Pékin, l'Impératrice se retira dans la solitude de sa chambre. Le peuple du Mandchoukouo ne la connaissait que par la photographie prise le jour de ses noces, alors qu'elle était une très belle fille de seize ans. Cette photographie était accrochée à côté de celle de P'ou Yi aux murs des écoles, des casernes et autres lieux publics. Les Japonais attachaient une grande importance à l'image de leur Mikado, dont les photographies étaient vénérées comme des icônes. Contrairement au Mikado, P'ou Yi n'était pas considéré comme un personnage sacré, mais les écoliers comme les soldats étaient tenus de s'incliner quand ils passaient devant son image ou celle de l'Impératrice.

L'année qui suivit son couronnement, P'ou Yi fut autorisé à sortir à trois reprises de son palais pour être montré en chair et en os à ses sujets. En deux de ces occasions, il le fit en voiture. La troisième fois, il rendit visite au siège du Mouvement pour la Concorde. P'ou Yi fut reçu par une véritable ovation. Assis dans un fauteuil doré, en face des portraits de lui-même et de l'Impératrice, il lut un discours que la Guêpe avait écrit

222

et où il avait introduit une note nouvelle. « P'ou Yi, disait-il, était honoré d'être la lune du soleil du Mikado et leur alliance allait éclairer l'Asie tout entière. » Une fois le discours fini, il y eut une autre ovation et P'ou Yi, quittant la tribune, retourna à son obscure résidence de banlieue.

L'Impératrice ne l'accompagnait jamais dans ces sorties officielles et il était inévitable que des rumeurs se répandissent sur la vie secrète qu'on menait au palais impérial. On disait que l'Impératrice languissait dans un cachot, tandis que P'ou Yi menait une existence dissolue dans le palais. Quelle que fût la vérité de telles rumeurs, il n'y avait aucun doute que, depuis son couronnement, P'ou Yi était revenu à son ancien vice de fustiger ses pages pour la moindre incartade. Il se levait rarement avant midi et ne prenait aucun exercice, sinon pour aller observer les fourmis parmi les orties croissant dans sa résidence.

La chose était inévitable. Un jour, un page s'échappa du palais et raconta ce qu'il y avait souffert. Des journalistes japonais demandèrent un rendez-vous à l'attaché à la Maison impériale. Il appartenait à la Guêpe de protéger la réputation de P'ou Yi et il n'y alla pas de main morte. Il tint une conférence de presse au cours de laquelle il abreuva son public de détails sur la vie saine et aérée que menait l'Empereur. Il déclara que P'ou Yi avait reçu en héritage de ses ancêtres mandchous un amour instinctif pour les chevaux. Il se levait tôt tous les matins et, après un frugal petit déjeuner, on pouvait le voir galoper à travers les collines bien loin de son palais. C'était un champion dans le sport traditionnel des Tartares, le tir équestre à l'arc et, à l'intérieur de l'enceinte de son palais, il décochait avec maestria ses flèches sur des cibles. Il était si bon cavalier et tireur à l'arc qu'il était à peine besoin de la présence de sentinelles pour garder le palais.

Vers neuf heures du matin, un jour de l'hiver 1934, un officier de cavalerie japonais et deux hommes de troupes entrèrent à cheval dans l'enceinte du palais. Un des soldats tirait derrière lui une magnifique jument baie. Quand la Guêpe arriva sur les lieux, l'officier expliqua que c'était un cadeau de Son Impériale Majesté Hirohito, empereur du Japon qui, ayant entendu dire que P'ou Yi était un cavalier hors pair, avait le plaisir de lui faire présent de cette jument née dans ses propres écuries.

Fort gêné, la Guêpe entra dans la chambre de P'ou Yi, le réveilla et, de sa voix haut perchée, lui fit part de la mauvaise nouvelle. Au mot de « cheval », P'ou Yi s'enfouit sous ses couvertures et n'en sortit plus de toute la journée.

A la fin de 1934, le général Hishikari, d'accord avec la Mante religieuse, décida que le moment était venu pour P'ou Yi de faire une visite à l'empereur du Japon. Ainsi rendrait-il la politesse au prince Chichibu qui avait assisté à son couronnement, et cela cimenterait l'alliance entre le Japon et le Mandchoukouo. Le Mikado et le gouvernement japonais donnèrent leur accord à cette initiative et la date de la visite fut fixée au début du mois d'avril 1935. Nullement découragé par ses précédents panégyriques de P'ou Yi, la Guêpe se livra à une nouvelle campagne de propagande pour faire connaître à la population de Tokyo les nombreuses qualités de l'empereur du Mandchoukouo. La pierre d'angle de sa campagne fut la publication d'un énorme volume intitulé : *Recueil Respectueux des Vertus de Sa Majesté,* qui était fait pour impressionner les mères de famille japonaises.

P'ou Yi, disait cet ouvrage, était un poète et un calligraphe distingué. Il avait peu d'égaux comme peintre, même chez les artistes professionnels. Il connaissait parfaitement la littérature anglaise et quand il écrivait en anglais, son style avait la richesse de celui de Shakespeare. La Guêpe rappelait à ses lecteurs que P'ou Yi était aussi un homme d'action. Son ouvrage montrait une image de lui, armé d'un arc et d'un carquois, chevauchant à travers les montagnes du Mandchoukouo, prêt à combattre l'envahisseur.

Le 2 avril, P'ou Yi monta sur le navire de guerre japonais *Hie Maru* dans le port de Dairen. Le Mandchoukouo ne possédait pas un seul bâtiment, mais P'ou

Yi arborait l'uniforme bleu nuit de commandant suprême de la marine du Mandchoukouo. L'Impératrice n'avait pas été invitée à ce voyage et était restée cloîtrée dans son bungalow en béton.

Avant que le navire ne levât l'ancre, P'ou Yi, l'Empereur poète, fut installé dans une luxueuse cabine merveilleusement décorée et composa, avec l'aide de la Guêpe, un poème en l'honneur de ses alliés japonais.

> « *La mer est un calme miroir,*
> *Je fais un long voyage.*
> *Les deux pays se donnent la main*
> *Pour consolider l'Orient.* »

La mer ne demeura pas longtemps un « calme miroir » et, bientôt, P'ou Yi fut pris d'un violent mal de mer, qui dura pendant les quatre jours de la traversée.

Le matin du 6 avril, le *Hie Maru* entra dans le port de Yokohama. Une centaine d'appareils de l'aéronavale japonaise devaient venir saluer l'Empereur et tout le monde était sur le pont pour contempler le spectacle, mais le commandant suprême de la marine du Mandchoukouo demeura dans sa cabine, allongé sur sa couchette, tandis que les avions passaient en rugissant dans les airs.

Le prince Chichibu l'attendait pour le saluer et l'escorter à Tokyo dans un train spécial. Quand P'ou Yi émergea enfin de sa cabine, il portait un uniforme de style allemand, avec une casquette et une paire de bottes de cavalier comme celles de Hitler. Il avait épinglé sur sa poitrine six étoiles et un nombre incalculable de médailles. Le visage caché derrière ses lunettes noires, il descendit en trébuchant la passerelle, soulagé de mettre pied à terre.

A la gare de Tokyo, l'empereur Hirohito l'accueillit et l'invita à prononcer quelques mots devant la foule assemblée. La Guêpe lui tendit un papier. « Je suis très honoré, déclara P'ou Yi, d'être la lune du soleil

225

du Mikado. Notre alliance éclairera toute l'Asie. »

Un groupe de journalistes le suivit partout où il se rendit durant cette visite qui dura trois semaines et la Guêpe était toujours sur le qui-vive, répondant aux questions indiscrètes, fournissant des informations sur le poète et l'homme d'action. Il était ravi par le grand nombre de photographies de P'ou Yi que publiaient les quotidiens. On l'y voyait aidant galamment la vieille mère du Mikado à monter la pente de son jardin ; se rendant en pèlerinage à un sanctuaire ; ou recevant le nonce apostolique au Japon. Le Vatican, en effet, avait récemment annoncé la reconnaissance *de jure* de l'Empire du Mandchoukouo et le pape avait demandé au nonce de présenter ses vœux à P'ou Yi.

Le point culminant de la visite approchait. P'ou Yi et le Mikado devaient passer en revue dix mille soldats de la garde impériale et plusieurs escadrons de cavalerie et de blindés, lors d'une grande parade militaire. La veille, un vieux général qui était l'aide de camp du Mikado, arriva à l'hôtel de P'ou Yi pour discuter des détails de la cérémonie. Lorsque la Guêpe vit que le général portait un uniforme de cavalier, il fut pris d'un terrible pressentiment. Le général déclara que le Mikado monterait son cheval préféré lors de la parade, et qu'une autre monture serait offerte à P'ou Yi, pour que tout le monde pût admirer ce merveilleux cavalier. Au grand étonnement du général, P'ou Yi s'enfuit de la pièce en criant qu'il préférait mourir plutôt que de monter sur un cheval. La Guêpe expliqua alors au général, aussi bien qu'il le put, que P'ou Yi souffrait encore des effets de la traversée et ne pourrait monter à cheval avant au moins un mois.

Les drapeaux du Japon et du Mandchoukouo flottaient au centre de l'esplanade autour de laquelle se tenaient les formations de la garde impériale, de la cavalerie et des chars d'assaut. Les soldats et les spectateurs attendaient avec impatience l'arrivée de ce cavalier qu'ils avaient, en image, vu galoper à travers monts et vallées. Il y eut une sonnerie de trompettes et l'on vit apparaître un couple de poneys aux longs poils traînant une voiture dans laquelle avaient pris place le

Mikado et un petit personnage chaussé de lunettes noires sous le casque d'un Romain de l'Antiquité.

La Guêpe dépensa toute son énergie, ce jour-là et jusqu'à la fin de la visite de P'ou Yi au Japon, pour échapper à ces messieurs de la presse.

12

LE CACHOT

UN beau jour de 1935, une voiture noire s'arrêta devant les portes du Palais du Sel. Une fois que les sentinelles eurent contrôlé les papiers de son unique occupant, un gentleman fort distingué, la voiture fut dirigée vers le bâtiment principal, où la Guêpe attendait.

« Sir Reginald Johnston ? demanda la Guêpe.

— Lui-même. Vous êtes ?…

La Guêpe claqua les talons.

« Colonel Yoshioka, attaché à la Maison impériale. Sa Majesté a reçu votre lettre. Elle est à sa résidence, mais Elle arrivera bientôt. Voulez-vous L'attendre dans Son bureau ? »

La Guêpe conduisit Johnston dans le couloir.

Deux pages se tenaient à l'entrée du bureau. Ils s'inclinèrent et le visiteur pénétra dans une pièce obscure. Bien qu'il fût onze heures du matin, on n'avait relevé qu'un seul rideau, ne laissant pénétrer dans la pièce qu'une faible lueur. L'atmosphère sentait la cigarette froide et Johnston se demanda si l'on avait jamais ouvert les fenêtres. Il se dirigea vers un guéridon où étaient posées une photographie dédicacée du roi George V et une de Mussolini. A côté d'elles se trouvait l'album impérial consacré aux fourmis. Il était ouvert sur une illustration montrant une reine suivie par ses rois, ses soldats et ses ouvrières. Johnston soupira. Il était accablé à l'idée de toutes les années qu'il avait passées à essayer de faire mener à P'ou Yi une existence salubre en plein air.

« Ah ! Vous regardiez mon album ? »

Johnston se retourna. P'ou Yi portait son costume prince-de-galles et son œillet à la boutonnière. Il tenait à la main un long fume-cigarette d'ébène. Johnston s'inclina. P'ou Yi le pria de s'asseoir sur le sofa. Ils étaient comme deux amis qui ne se sont plus vus depuis longtemps et ne savent pas très bien à quoi s'en tenir sur leurs relations actuelles.

« Savez-vous que l'armée italienne est entrée en Éthiopie ? demanda P'ou Yi.

— Je viens juste d'apprendre la nouvelle, répondit Johnston.

— Si les Italiens avaient un régiment de fourmis blanches, ils se fraieraient en quelques jours un chemin à travers tout le pays. Les Italiens sont nos alliés, vous le savez. Le roi d'Italie a été l'un des premiers à reconnaître le Mandchoukouo. Maintenant, le chancelier Hitler a fait de même.

— J'ai suivi le destin de votre pays avec un profond intérêt, Votre Impériale Majesté », dit sèchement Johnston.

La Mante religieuse entra avec une pile de documents. Après avoir salué son vieil ami Johnston, il dit que P'ou Yi avait des missives urgentes à signer et suggéra à Johnston d'aller faire un tour dans l'enceinte du palais jusqu'à l'heure du déjeuner.

En arpentant le court de tennis dont le filet pendait toujours en lambeaux, l'Écossais pensait au bon vieux temps de la Cité interdite. Il se souvenait du poème que P'ou Yi avait écrit pour lui :

« Ah ! que ne sommes-nous un couple de hérons
Qui rentreraient chez eux ensemble ? »

Maintenant, ils étaient tous deux loin de leur nid et regrettaient de l'avoir quitté. Johnston avait cessé d'être heureux du jour où il n'avait plus été le précepteur de P'ou Yi. En 1931, année de l'évasion de ce dernier en Mandchourie, il avait pris sa retraite de fonctionnaire colonial et été fait chevalier de l'Empire. Il espérait être nommé gouverneur de Hong Kong ou, sinon, vice-chancelier de l'université de la ville, mais entre-temps, un universitaire avait révélé que le livre attaquant les missions chrétiennes en Chine, publié sous le pseudonyme de Liou Shao-yang, était en fait l'œuvre de Johnston. Cette découverte fatale ruina toutes les chances que ce dernier pouvait avoir en Chine.

En échange, il était devenu directeur du département de chinois à l'École des études orientales de Londres. Ses élèves avaient remarqué que, quel que fût le sujet de ses cours, qu'il s'agît des *Entretiens* de Confucius ou des *Trois cents poèmes de Tang,* au bout de quelques minutes Johnston oubliait son propos et commençait à parler de son séjour dans la Cité interdite. Son regard s'éclairait et il décrivait avec délectation le magnifique cérémonial de la salle de la Suprême Harmonie ou le spectacle qu'offrait le palanquin impérial conduit par une équipe de porteurs au palais de la Nourriture de l'Esprit. Mais il lui arrivait aussi de demeurer parfois silencieux, les yeux embués de larmes.

En 1934, il avait publié *Crépuscule de la Cité interdite,* ses mémoires de précepteur à la Cour. Il avait dédicacé son livre à P'ou Yi, avec « le fervent espoir qu'après ce crépuscule et cette longue nuit, l'aube d'un jour nouveau et plus faste se lèverait pour lui comme pour son peuple des deux côtés de la Grande Muraille ». Pendant des années, Johnston avait rêvé de ses retrouvailles avec P'ou Yi et il avait souvent imaginé la paisible atmosphère d'un palais dans les collines, où de loyaux domestiques serviraient à table, et que hanterait la fine fleur de la noblesse mandchoue. Maintenant, assis dans la salle à manger de ce funèbre Office du Sel, servi par d'insipides pages, la Mante religieuse à sa droite, et la Guêpe qui se lamentait sans arrêt, à sa gauche, tandis qu'au bout de la table se tenait P'ou Yi, avec son visage de tortue caché par des lunettes noires, Johnston éprouvait une désagréable sensation d'irréalité, comme s'il se fût agi d'un pays imaginaire peuplé d'étranges créatures.

Après le déjeuner, Johnston dit au revoir à P'ou Yi qui le raccompagna jusqu'au seuil du bâtiment principal. Il lui demanda de présenter ses respects au prince Tch'ouen et à P'ou Kie. Il ne fit aucune allusion à l'Impératrice. En attendant que le chauffeur démarre, il adressa un dernier salut à P'ou Yi. La voiture partit et il regarda par-dessus son épaule. P'ou Yi était toujours là à lui faire des signes de la main. Quelqu'un se tenait à côté de lui. Johnston put à peine le distinguer, mais il aurait juré que c'était l'eunuque de service.

En 1937, Johnston prit sa retraite d'enseignant et se retira dans son Écosse natale. Il ne s'était jamais marié et il vécut tout seul dans une petite île, Eilean Righ, qui veut dire « Ile du Roi », sur le lac Craignish, dans l'Argyllshire. Durant les quelques mois qui lui restaient à vivre, il passa la plupart de son temps à étudier, entouré de sa collection d'ouvrages chinois et de quelques souvenirs précieux : l'insigne noir de mandarin du grade le plus élevé, un manteau de zibeline, un éventail sur lequel était écrit un poème et une bague de jade blanc.

Il mourut à Édimbourg le 6 mars 1938. Dans son testament, il ordonnait la destruction de toutes ses archives personnelles, lettres et journaux.

Au cours de l'hiver 1936, P'ou Kie acheva ses études à l'école des Cadets de l'Armée japonaise et retourna à Hsingking. Il reçut le grade de lieutenant de la garde impériale et habita un bungalow de béton près de celui de P'ou Yi. Sachant l'intérêt que portait son frère au prince de Galles, P'ou Kie lui passa un magazine japonais illustré intitulé *l'Année de l'Empereur*. P'ou Yi le dévora jusqu'à la dernière page. On y voyait des images des funérailles du roi George V ; du prince de Galles en Édouard VIII ; le nouveau roi assistant à divers défilés ; le même Édouard VIII au cours d'une croisière en Méditerranée, et, malheureusement, tout vêtu de noir, le jour de son abdication. A la dernière page du magazine, il y avait le portrait de son frère, le nouveau roi George VI. P'ou Yi fronça les sourcils. Il regarda son propre frère, P'ou Kie, dans son splendide uniforme de la Garde. Tout le monde, au Palais du Sel, s'était empressé autour de P'ou Kie depuis son retour du Japon. La Mante religieuse avait fait une remarque que son ennemi invétéré, la Guêpe, avait aussitôt rapportée à P'ou Yi. Il était bon, avait dit la Mante, que, pour une fois, il y eût un officier qualifié dans la maison impériale. Ces propos lui eussent coûté la vie au temps de l'ancien régime à la Cité interdite, mais aujourd'hui, des formes plus civilisées de châtiment prévalaient. La Mante religieuse fut démis de son poste de Premier ministre, son compte en banque fut bloqué et il vécut en résidence surveillée à Hsingking. Il mourut trois ans plus tard.

L'état-major de l'armée de Kouantoung nomma comme Premier ministre Tchang Ching-hui, un membre pro-japonais du cabinet de P'ou Yi. Il avait toujours un éventail dans sa manche et P'ou Yi jurait que le manche de cet éventail était, en fait, un poignard. Désormais, P'ou Yi commençait à suspecter que l'on fomentait un complot pour le faire abdiquer.

Ses craintes furent fortifiées l'année suivante, lorsque P'ou Kie partit pour le Japon y chercher une épouse. Il eut la bonne fortune d'être accepté par une certaine Hiro, fille du marquis Saga et petite-cousine du Mikado lui-même. Les noces eurent lieu le 3 avril au club des officiers, près de la gare de Hsingking. P'ou Yi avait, en effet, décidé que le palais n'était pas un endroit convenable. Cela n'était pas pour déplaire à P'ou Kie, car il était peu vraisemblable que Hiro, qui trouvait déjà le club des officiers assez déprimant, aurait eu le cœur d'assister à la cérémonie, après avoir vu le palais miteux de l'Office du Sel et le misérable bungalow entouré de hangars désaffectés qui devait être sa future demeure.

Aussitôt les noces terminées, P'ou Kie ramena son épouse à Tokyo, où il devait suivre des cours au collège militaire. En son absence, l'état-major de l'armée de Kouantoung mit au point les règles de succession au trône du Mandchoukouo. Dans le cas où l'Empereur mourrait sans enfant, ce serait P'ou Kie qui lui succéderait et, ensuite, son fils. Ces règles semblaient raisonnables, mais P'ou Yi y vit une preuve de plus que tout le monde conspirait contre lui.

P'ou Kie et Hiro revinrent à Hsingking en octobre 1937. La vue du sinistre bungalow donna le frisson à l'épouse de P'ou Kie. Mais le plus horrible l'attendait à l'intérieur de son appartement de quatre pièces. Ses meubles et ses cadeaux de mariage étaient entassés sur le sol. Il n'y avait pas de téléphone ni aucune des commodités auxquelles elle était habituée. Pire que tout pour une femme japonaise, personne n'avait pensé à déposer un vase de fleurs en signe de bienvenue.

Avec beaucoup de réticence, P'ou Yi donna un déjeuner familial au Palais du Sel, en l'honneur de son frère. L'Impératrice y assistait. C'était la première fois qu'on la revoyait en compagnie de P'ou Yi depuis la visite du prince Tch'ouen. Elle avait le visage émacié, les épaules tombantes, mais elle avait gardé sa beauté un peu fantomatique et Hiro, qui ne l'avait jamais rencontrée auparavant, lui trouva beaucoup de charme.

Après les hors-d'œuvre, on servit une dinde sur un grand plat que l'on plaça près de P'ou Yi pour qu'il la découpât selon les usages occidentaux. Il y eut un silence dans les conversations, tandis que chacun regardait P'ou Yi. Soudain, l'Impératrice se pencha au-dessus de la table, prit la dinde dans ses doigts aux ongles effilés, en découpa un morceau avec ses mains et le dévora avec rapacité, en poussant des grognements d'animal féroce. Ensuite, avec un cri sauvage, elle arracha une des cuisses. Il était évident pour Hiro que la faim était la cause de la folie de cette femme.

P'ou Yi se leva de table et se dirigea vers la porte pour échapper à cet affreux spectacle. Les autres le suivirent. Hiro fut la dernière à partir. Elle se retourna pour voir la belle Impératrice, avec sa coiffure ornée de fleurs et de joyaux, étendue sur le sol et grognant en rongeant un os.

Au cours de cet étrange déjeuner, Hiro avait remarqué que l'un des pages de service était traité différemment de ses compagnons. Il se tenait souriant derrière la chaise de P'ou Yi, alors que les autres garçons, le visage renfrogné, faisaient tout le travail. Les semaines suivantes, en recueillant de-ci de-là des bribes de conversations et en en parlant à son mari, l'innocente Hiro apprit que le page favori de P'ou Yi était considéré comme sa « concubine mâle » et que l'Empereur en avait toujours fait ainsi depuis son séjour à Tientsin et peut-être déjà à la Cité interdite. Hiro en arriva à la conclusion, comme elle le nota dans son journal, que c'était l'existence de cette concubine mâle qui avait brisé le cœur de Belle Contenance et l'avait conduite à fumer de l'opium.

Chaque jour, la « concubine mâle », suivie d'un autre page portant un plateau de nourriture, se rendait dans un petit bungalow situé entre celui de Hiro et celui de P'ou Yi. Parfois, on en voyait sortir une très jeune fille accompagnée de deux gros hommes qui, comme le dit P'ou Kie à sa femme, étaient sans doute des eunuques. Il n'était permis à personne d'autre d'approcher de ce mystérieux bungalow. A la fin, P'ou Yi ne put plus cacher à son frère qui était cette jeune fille. Il lui dit que, quelques mois plus tôt, il avait épousé la fille d'une famille mandchoue et en avait fait son épouse consort. Elle s'appelait Yu-ling ou « Années de Jade » et elle avait seize ans.

A contrecœur, P'ou Yi conduisit un jour P'ou Kie et Hiro dans le mystérieux bungalow et leur présenta Années de Jade. La première chose que Hiro remarqua chez cette jeune fille timide était qu'elle portait une bague de perles que Hiro, elle-même, avait rapportée du Japon en cadeau pour l'Impératrice. Lorsque Hiro et son mari sortirent, deux eunuques qui se tenaient sur le seuil s'inclinèrent devant eux. Ils donnèrent à P'ou Kie l'étrange sentiment qu'il était de retour dans la Cité interdite.

P'ou Yi avait commencé à faire venir des eunuques de Pékin peu après s'être installé au Palais du Sel, quand il n'était encore que le chef de l'Exécutif. Les eunuques ne faisaient pas partie officiellement de sa suite et vivaient dans le labyrinthe de pièces formant le sous-sol du bâtiment central, qu'on appelait « le Cachot ». Au départ, il n'y en avait que deux ; ils furent bientôt huit. Il n'y avait pas d'eunuque en chef, mais P'ou Kie remarqua qu'ils obéissaient tous à la « concubine mâle ».

Un jour, un eunuque de service, voulant faire preuve de zèle, rapporta à P'ou Yi qu'il avait découvert que Hiro tenait un journal. Inquiet, P'ou Yi donna des ordres pour qu'elle fût mise sous surveillance. Il était sûr qu'elle l'espionnait. La Guêpe, à qui il était difficile d'accuser d'espionnage la propre cousine du Mikado, fit de son mieux pour calmer les alarmes de P'ou Yi, mais celui-ci, maintenant, se reposait de plus en plus sur ses eunuques et ces derniers ne cessaient de nourrir ses craintes. Le rapport suivant était encore plus inquiétant que le premier. Hiro, dont la taille ne cessait de s'arrondir, était enceinte — un fait que P'ou Kie fut heureux de confirmer. Un enfant ! Qui serait héritier de son trône ! P'ou Yi porta les mains à sa gorge, tel un monarque de tragédie. Il était maintenant dans le plus grand péril !

Par une malheureuse coïncidence, Hiro, qui en avait assez de la cuisine que l'on préparait dans le Cachot, choisit ce moment pour suggérer à P'ou Yi qu'il devrait essayer la cuisine japonaise et qu'elle la ferait elle-même. De la cuisine japonaise préparée par Hiro ! Terrorisé à l'idée d'être empoisonné, l'Empereur se mit à courir autour de son trône comme s'il était poursuivi par une harpie, sous le regard ahuri de Hiro.

Enfin, elle accoucha. C'était une fille ! Pour la pre-mière fois depuis de longues semaines, P'ou Yi eut un sourire. Il envoya un message de félicitations à P'ou Kie et même daigna se rendre à leur bungalow pour voir Hiro et son bébé, mais, aussi peut-être, pour s'assurer que c'était bien une fille. Au début, Hiro avait été effrayée par P'ou Yi qui se comportait d'une façon aussi monstrueuse à l'égard de sa femme. Mais il était si pathétique qu'elle commença à prendre en pitié le malheureux empereur prisonnier du Palais du Sel, un rôle que P'ou Yi jouait à la perfection.

Un grand nombre de cadeaux arrivèrent du Japon pour l'enfant, y compris un diable à ressort offert par le Mikado. Quand P'ou Yi vit l'objet, il fut émerveillé. Jour après jour, il se rendait au bungalow de Hiro et restait assis pendant des heures sur le sol à jouer avec ce miraculeux objet, tandis que l'enfant le regardait en gloussant.

Quand P'ou Yi ne s'amusait pas avec les jouets de sa jeune nièce, il prenait un plaisir sadique à son vieux passe-temps qui consistait à fouetter les pages. Ce palais presque toujours désert, avec ses hauts murs et ses caves aux nombreux recoins, constituait un endroit idéal. Avec l'aide de sa concubine mâle, il avait dressé une liste de règlements et de punitions à l'intention des pages et des eunuques. Chacun était tenu de rapporter toute infraction, même légère, commise par un de ses compagnons. P'ou Yi faisait passer le coupable en jugement et prononçait sa sentence. S'il le montrait du doigt, le pauvre diable était transporté dans le Cachot où il était fouetté. Si la faute était grave, il était torturé, puis emprisonné. Parfois, P'ou Yi et sa concubine mâle assistaient au supplice.

Les peines les plus sévères étaient réservées à celui qui essayait de s'échapper de l'enceinte. S'il était sans famille, il était facile de le rattraper, car il errait dans la campagne ou dans les faubourgs, mais les eunuques un peu fortunés pouvaient franchir la Grande Muraille vers le Sud et gagner Pékin, où ils étaient en sécurité — du moins l'espéraient-ils, car P'ou Yi n'hésitait devant rien pour rattraper les évadés, comme le montre une lettre qu'il envoya un jour à un noble mandchou vivant à Pékin :

« Un certain Kouo Te-shun, eunuque au service de Notre Personne, s'est échappé du palais le 3 août. Il vous est demandé de le rechercher à Pékin. Vous vous souvenez que le dernier fugitif, Liou, n'a pas encore été retrouvé. Il est essentiel que le nommé Kouo le soit. Lorsque cela sera fait, renvoyer d'abord son insigne du palais par messager, puis faire escorter Kouo jusqu'à Hsingking. »

Bientôt, le Cachot allait devenir un lieu de mort. Un jeune page nommé Sun Po-yuan, récemment recruté à l'orphelinat, essaya de prendre la fuite : il fut battu et condamné à passer un mois dans une cellule sans lumière. Il fit une seconde tentative, mais fut pris alors qu'il essayait de franchir la muraille. Cette fois-ci, il reçut une épouvantable volée de coups et mourut peu après. Sa mort inquiéta P'ou Yi, qui alla prier devant une statue de Bouddha pour que son âme gagnât rapidement l'autre monde !

Hiro, tout le temps qu'elle passa au palais, essaya vainement de découvrir les appartements de l'Impératrice. Elle se faisait beaucoup de souci pour elle. Des bruits alarmants circulaient selon lesquels l'Impératrice était prisonnière dans le Cachot. On racontait, avec l'accord tacite de P'ou Yi, qu'elle avait commis l'adultère avec un inconnu, sans doute un domestique, et méritait pour cela le plus sévère châtiment. Il n'y en avait aucune preuve et Hiro ne croyait pas un mot de tout cela. Elle croyait pourtant P'ou Yi, qui lui avait dit un jour qu'il gardait Années de Jade comme un oiseau en cage et que s'il l'avait épousée, c'était uniquement pour punir l'Impératrice.

La mort entra de nouveau au palais. Années de Jade, qui avait alors vingt ans, fut prise d'une forte fièvre. P'ou Yi déclara que ce n'était pas sérieux, mais quand la Guêpe vit la jeune malade, il insista pour qu'on appelât un médecin japonais. Celui-ci diagnostiqua une méningite. Le matin suivant, la jeune femme était morte.

La place d'Années de Jade fut prise par une gamine chinoise âgée de douze ans. Hiro vit cette pauvre petite chose aux cheveux nattés arriver au bungalow de la seconde épouse consort, escortée par deux énormes eunuques. Au bout de trois jours, au grand soulagement de Hiro, la petite fille s'échappa. On ne la retrouva jamais.

La Guêpe, agissant de sa propre initiative, lui trouva bientôt une remplaçante. Yu ts'in, ou Luth de Jade, était la fille d'un garçon de restaurant de Hsingking. Elle avait quinze ans. P'ou Yi la considéra comme une heureuse diversion à la flagellation des pages. Il établit un rituel spécial pour elle et fit rédiger à son intention une liste de règles et de punitions, stipulant tout ce qu'il lui arriverait en cas de désobéissance, liste qu'elle signa. Chaque fois que les eunuques lui rapportaient un manquement aux règles, P'ou Yi la faisait passer en jugement, produisait le document, la forçait à le lire à haute voix, puis la fouettait personnellement. C'était pour lui un sport absorbant et sa concubine mâle devait se sentir négligée, voire inquiète de perdre sa position dominante à la Cour.

L'Empereur, prisonnier dans son Palais du Sel, n'avait jamais perdu l'espoir de retourner dans la Cité interdite et de retrouver le trône des grands Ts'ing. Un jour, pendant l'été de 1937 (trois mois avant le mariage de P'ou Kie et de Hiro), il sembla que ses espérances pourraient bientôt être satisfaites. Le 7 juillet, on avait tiré sur une patrouille de soldats japonais sur le pont Marco Polo (Loukouchiao) à l'extérieur de Pékin. Dans la confusion qui suivit, les Japonais échangèrent des coups de feu avec des soldats nationalistes chinois. Les Japonais envoyèrent un escadron de chars et la bataille s'engagea. Les Chinois battirent en retraite et, peu après, les Japonais occupèrent Pékin.

P'ou Yi sauta de joie dans son bureau en entendant la nouvelle. « Pékin est de nouveau à nous ! » cria-t-il. La Guêpe approuva en souriant.

« Incident au pont Marco Polo », titra le *Peking and Tientsin Times*. Doihara lui-même n'aurait pu mieux dire. Cette provocation portait sa signature et devait avoir de lourdes conséquences : ce simple coup de feu au pont Marco Polo fut le signal de l'invasion de toute la Chine par les Japonais.

Le Lawrence d'Orient avait de nouveau frappé ! Les vieux amis de Woodhead, au Tientsin Club, se sentirent ragaillardis par la rapide prise de Pékin par les Japonais. Mais alors que les jours passaient et que les Japonais déversaient des renforts à Tientsin, qu'ils utilisaient comme une tête de pont, toute l'affaire commença à engendrer nombre de désagréments. Par exemple, il était devenu impossible de trouver un pousse-pousse dans toute la ville, car les Japonais les avaient réquisitionnés pour charrier l'équipement de leurs soldats qui débarquaient dans le port. Et quelques résidents britanniques durent avoir de sombres pressentiments à la vue de ces colonnes de soldats au visage sévère défilant dans Victoria Road, en direction de leurs casernes.

Shangaï tomba entre les mains des envahisseurs, puis ce furent Nankin et Hankeou, tandis que les forces japonaises avançaient en Chine centrale, obligeant

Tchang Kaï-chek et les nationalistes à se réfugier à Chounkin. Chaque jour, P'ou Yi attendait un message de l'état-major de l'armée de Kouantoung l'invitant à remonter sur son trône à Pékin. En fait, les Japonais avaient d'autres projets. Un leader nationaliste, Wang Tsing-wei, avait récemment déserté pour rejoindre les Japonais et, avec leur soutien, il avait formé un gouvernement à Pékin. On ne désirait pas la présence de P'ou Yi au sud de la Grande Muraille et ses amis japonais ne se souciaient pas de le lui dire.

La concession britannique de Tientsin n'était plus maintenant qu'un îlot au milieu de la Chine occupée. Le commerce était florissant et il régnait dans la concession une atmosphère de prospérité. Il semblait que le soutien constant de Woodhead à la politique « positive » du Japon à l'égard de la Chine fût amplement justifié.

La vie de tous les jours continuait comme avant. 1937 vit le couronnement du roi George VI et un service eut lieu en plein air à Victoria Park, avec feu d'artifice et autres cérémonies. Dans un coin du parc, on construisit un village modèle britannique, avec sa foire et son mât de cocagne. Derrière les grilles du parc, la foule des Chinois regardait avec un respect mêlé de crainte les soldats britanniques, habillés en paysans, qui rigolaient devant les baraques foraines.

En novembre, la Société de St Andrew donna un bal plus important que d'habitude. Les journaux ne faisaient plus aucune mention de P'ou Yi, et il était peu probable que les danseurs eussent le moindre souvenir de ce fragile personnage aux lunettes noires qui les avait observés en train de se livrer à leurs danses écossaises sur le plancher de l'Astor House Hotel. Une seule personne, peut-être, pensait à l'Empereur, là-bas, derrière la Grande Muraille. Quand le bruit des cornemuses se fut éteint, Herr Schneider leva les yeux au ciel, poussa un soupir, puis fit attaquer à ses musiciens la ballade *Bonnie Prince Charlie* :

« *Ne reviendras-tu jamais ?*
Ne reviendras-tu jamais ?
Mieux aimé tu ne peux l'être,
Ne reviendras-tu jamais ? »

13

LE GÉNÉRALISSIME

IMPERCEPTIBLEMENT, comme la mer qui se retire d'une crique ensablée, l'atmosphère de confiance qui régnait à la concession britannique de Tientsin commença à se dissiper. L'année 1937 fut aussi celle de Guernica, et les avions allemands anéantirent la cité basque, comme les Japonais avaient détruit Tchapeï. Le Japon avait adhéré au pacte antikomintern de Hitler et l'attitude belliciste des nazis l'encourageait dans ses entreprises.

Au début de 1939, le commandant de la garnison japonaise de Tientsin déposa soudain une série de plaintes auprès du conseil municipal britannique de la ville. Une bombe avait explosé dans la concession britannique et un homme d'affaires japonais avait été tué. Les Japonais étaient convaincus que nombre de terroristes avaient trouvé refuge à la concession et exigeaient d'y pénétrer pour les rechercher. Pendant un certain temps, les Britanniques résistèrent à ce qu'ils considéraient comme une violation de leur souveraineté, mais finalement ils donnèrent secrètement leur accord. Ainsi, de temps à autre, la police japonaise adressait-elle aux autorités britanniques une liste de suspects qu'elle désirait interroger. Ensuite, accompagnés d'un inspecteur britannique, les policiers se rendaient chez les suspects, généralement la nuit. Parfois un suspect réussissait à s'enfuir, la veille de son interrogatoire, et le nombre d'évasions augmentant, le major Mino prit l'affaire en main. Il découvrit que quelqu'un, au quartier général de la police britannique, qui avait connaissance de la liste des suspects, avertissait ces derniers. Mino avait une idée sur l'identité de la personne en question.

Une nuit, l'inspecteur Kellaher marchait dans Gordon Road, quand une voiture qui le suivait arriva à son niveau. Deux hommes firent feu sur l'Irlandais, puis la voiture prit la fuite, le laissant moribond entre les bras d'un coolie qui passait par là. Le lendemain matin, le *Peking and Tientsin Times* titrait à la une : « L'inspecteur Kellaher abattu par des bandits. »

La Seconde Guerre mondiale se profilait en Europe, et les Japonais, qui étaient sur le point de se joindre aux forces de l'Axe, montrèrent le mépris dans lequel ils tenaient les Britanniques de Tientsin, en bloquant les issues de leur concession. Quiconque désirait entrer ou sortir était fouillé par les soldats. L'îlot constituant la concession était devenu maintenant un avant-poste assiégé et beaucoup de résidents comprirent pour la première fois que leur existence était menacée par ceux-là mêmes qui devaient en assurer la sécurité — ces fameux « gardiens de la paix » en Extrême-Orient !

Naguère, la voix forte et décidée de Woodhead aurait pu apaiser ses concitoyens, mais lui-même, à présent, doutait que le Japon « jouât réellement le jeu ». Il se rendit à Tokyo et demanda une interview au prince Konoye, le Premier ministre. Après l'entrevue, les deux hommes furent photographiés ensemble, se serrant la main et tout sourire. Le ministre japonais, un homme cultivé et plein de charme, ne ressemblait en rien à ces soudards de généraux qui avaient dirigé le gouvernement ces dernières années, et quelques personnes purent se sentir rassurées par cette photographie, mais en fait, derrière le prince Konoye, c'était l'état-major de l'armée de Kouantoung qui dictait au Japon sa politique à l'égard de la Chine. Au bout de quelques mois, le prince fut remplacé par un « dur », le général Tojo.

La guerre éclata en Europe et la Grande-Bretagne retira ses troupes de Chine. Un petit groupe de résidents regarda tristement le *H.M.S. Hollyhock* quitter le port de Tientsin. Le lendemain, le dernier régiment restant, le East Surrey, descendit Victoria Road jusqu'à la gare, abandonnant les « croisés du commerce » à leur sort.

Les divisions de panzers fonçaient à travers la France. Les stukas bombardaient les colonnes de soldats alliés qui battaient en retraite. Sur les plages de Dunkerque, les troupes britanniques s'embarquaient sous le feu des Messerschmitt. Les soldats allemands défilaient au pas de l'oie, en rang par six, sous l'Arc de Triomphe. A Notre-Dame, un caporal allemand jouait une fugue de Bach, tandis que Hitler, seul dans un coin, savourait sa victoire dans le sanctuaire national de la France. Par un vitrail, un rayon de soleil se posa sur son visage. La vue de Hitler souleva une tempête d'applaudissements dans l'assistance. P'ou Yi y joignit les siens. Il se trouvait au premier rang dans la salle de projection d'une caserne japonaise, à Hsingking. Derrière lui était assis le général Yamashita de l'armée de Kouantoung. Ils regardaient un documentaire allemand intitulé *Victoire à l'ouest*. A la fin du film, P'ou Yi se remit à applaudir.

Il était fasciné par Hitler. La façon que le Führer avait de se tenir debout, coiffé d'une casquette et vêtu d'une longue tunique, dans une voiture décapotée, faisant le salut nazi, ou de se pencher pour recevoir un simple bouquet de fleurs des mains d'une petite fille, exaltait P'ou Yi. Presque chaque jour, il revêtait son uniforme de style allemand, avec des bottes de cheval et, à deux ou trois reprises, la Guêpe le surprit dans son bureau, debout devant son miroir, une mèche de cheveux sur le front...

Une fois, en rentrant chez lui, P'ou Kie trouva P'ou Yi dans la nursery, arborant une fausse moustache et sa mèche sur le front. « Je fais rire le bébé en me faisant passer pour Hitler », prétendit P'ou Yi, en voyant le regard étonné de son frère. En fait, le bébé jouait paisiblement dans un autre coin de la pièce et P'ou Kie se demanda ce que son frère pouvait bien avoir en tête.

A l'automne de 1940, le Japon rejoignit l'Axe et, avec l'Allemagne et l'Italie, signa le Pacte de l'Ordre Nouveau. P'ou Yi assista à une cérémonie, au mess des officiers de Hsingking, pour célébrer l'événement.

Quand un groupe de dirigeants de la Jeunesse hitlérienne, en chemises brunes, qui avaient servi de conseillers dans l'armée de Kouantoung, fit étape à Hsingking, P'ou Yi donna une réception en leur honneur au Palais du Sel.

Maintenant que son pays était virtuellement en guerre, P'ou Yi n'entendait pas laisser son frère, aussi brillant officier fût-il, oublier que, lui, était généralissime. Un champ de tir fut installé dans l'enceinte du palais, où les coups de feu faisaient écho à ceux de la garde impériale à l'exercice. On transforma un petit bureau en salle des opérations. Quand P'ou Yi ne jouait pas dans la nursery ou ne fouettait pas son personnel, il se penchait sur des cartes d'état-major en compagnie de la Guêpe, ou assistait à des défilés dans l'enceinte de son palais. « La surprise est un principe capital de l'art de la guerre. » C'était ce qu'avaient dit les instructeurs de l'armée de Kouantoung à P'ou Yi durant son séjour à Port-Arthur. Le 7 septembre 1941 lui parvint la nouvelle de Pearl Harbor. « Comme tout cela est facile », pensa-t-il. Les navires à l'ancre côte à côte constituaient une cible parfaite pour les avions japonais surgissant des premiers rayons du soleil.

Il y eut des nouvelles encore plus excitantes. Des divisions de l'armée de Kouantoung du général Yamashita avaient envahi la Malaisie et, à la faveur d'une opération menée de main de maître, rapidement occupé la région. C'était, en quelque sorte, une victoire du Mandchoukouo, car c'était là que les hommes de Yamashita avaient été entraînés. Avec l'aide de la Guêpe, P'ou Yi rédigea un message de félicitations à son ami le général. Au siège du Mouvement pour la Concorde, il lut une proclamation stipulant qu'il mettait toutes les ressources du Mandchoukouo à la disposition du Japon pour l'aider dans son effort de guerre.

Cette guerre l'emplissait d'aise. Presque chaque jour, on apprenait de nouvelles victoires de l'Axe. En Occident, Hitler lançait ses armées au cœur de la Russie. Le Japon avait signé un pacte de non-agression avec l'U.R.S.S., mais le peuple du Mandchoukouo se réjouissait du fait que l'Ours soviétique avec lequel il avait une frontière commune dans le nord du pays se battît sur un front lointain.

Il y eut d'autres attaques surprises des Japonais. Le 10 décembre 1941, l'aviation nippone coula les bâtiments de guerre britanniques, le *Prince of Wales* et le *Repulse,* dans le sud de la mer de Chine et, le 25 décembre, Hong Kong tomba entre les mains des Japonais.

Enfin survint leur plus grande victoire. Au début de 1942, le général Yamashita s'empara de Singapour après une brève résistance de la part des forces britanniques. De sa salle d'opérations au Palais du Sel, le généralissime envoya, de nouveau, ses félicitations à Yamashita et à ses hommes.

Pendant ce temps, l'armée japonaise parachevait sa conquête de la Chine et liquidait les derniers territoires que la Grande-Bretagne y occupait. P'ou Yi avait porté un intérêt particulier à l'une de ces opérations. Le jour de Pearl Harbor, les Japonais avaient occupé la concession britannique de Tientsin et les résidents étrangers avaient été faits prisonniers et envoyés dans un camp de concentration à Weihsien dans la province de Shantoung. L'Union Jack avait été ramené et le drapeau à l'emblème du Soleil Levant hissé sur Gordon Hall. Dans le hall du bâtiment où, si souvent, P'ou Yi avait été reçu par Peebles, étaient suspendus quatre portraits : ceux du roi George V et de la reine Mary, d'un côté ; de George VI et de la reine Elisabeth, de l'autre. Quand le commandant des troupes japonaises y avait pénétré, il s'était senti dépassé, comme quelqu'un qui entre dans un temple empli d'icônes. Après avoir recouvré ses esprits, il avait aboyé un ordre. Ses hommes s'étaient mis au garde-à-vous et il avait salué chacun des monarques d'un moulinet de son sabre. Ayant rendu ses hommages aux monarques anglais, il entra dans le salon pour y rencontrer Peebles, le président du conseil municipal britannique, et recevoir de lui le dernier symbole de la présence britannique à Tientsin : les clefs de Gordon Hall.

A l'heure même où les Japonais occupaient la concession, Woodhead, qui logeait à Shangaï, dans le quartier du port, fut réveillé par de lourdes explosions. L'aviation japonaise attaquait les navires anglais et américains amarrés sur le fleuve. Par la suite, il décrivit le spectacle : « Des tourbillons de fumée s'échappaient d'un grand nombre de navires. J'ai eu à peine le temps de voir sombrer le *H.M.S. Petrel,* le drapeau hissé à son mât, dans les plus pures traditions de la Royal Navy. »

Plus tard dans la matinée, Woodhead apprit par la radio le coup de Pearl Harbor. De sa fenêtre, il pouvait voir les soldats japonais casqués patrouiller dans les rues de la ville. Il comprit qu'il s'en fallait de quelques heures pour qu'il fût arrêté. Au cours des derniers mois, depuis que le prince Konoye avait été remplacé par l'amiral Tojo, les chroniques de Woodhead dans les journaux et à la radio étaient devenues de plus en plus hostiles à l'égard du Japon. Le consul britannique l'avait averti plus d'une fois qu'il n'était pas sain pour lui de rester à Shangaï, mais le « croisé du commerce », n'en faisant toujours qu'à sa tête, n'avait pas l'intention de partir. Il pensait que ce ne serait pas « jouer le jeu » que d'abandonner son public en de telles circonstances.

Quand la police japonaise arriva chez lui, l'inspecteur Kawai remarqua la statuette en bronze d'un soldat japonais bien en évidence dans son salon. Il lui demanda de quoi il s'agissait. Woodhead lui répondit que c'était un cadeau du Premier ministre du Japon, le général Hayashi, ajoutant que ce présent avait été accompagné d'une lettre de l'Empereur lui-même.

Woodhead fut emmené dans un camp de concentration destiné aux étrangers, qu'on appelait Bridge House. Il fut dépouillé de tout ce qu'il avait sur lui et jeté dans une petite cellule sans lumière qu'il partageait avec une douzaine d'autres prisonniers. Il supporta avec un immense courage le traitement odieux auquel il fut soumis, qui allait des formes les plus subtiles de torture et d'interrogatoire aux coups de fouet. Quand il n'en pouvait plus, il s'asseyait sur le sol de sa cellule, se récitant ces vers de Kipling : « Si tu le peux oblige ton cœur et tes muscles / A te servir encore après que tu n'en auras plus... »

Par rapport à tous ces pauvres diables enfermés dans cette cage, dont certains n'en devaient pas sortir vivants, Woodhead, ce propagandiste ennemi, était aux yeux des Japonais le pire des criminels. Ses amis désespéraient de le revoir un jour. En juin 1942, le *Times* de Londres avait prévu son sort. Sous le titre « Un orientaliste britannique accusé d'espionnage », un article déclarait : « Mr H.G.W. Woodhead, une autorité reconnue en Extrême-Orient, est passé devant une cour martiale japonaise où il était accusé d'espionnage et de propagande subversive à l'égard du Japon. » En fait, Woodhead n'eut pas de procès. Un matin, trois mois après son arrestation, on lui dit qu'il était libre et qu'il serait déporté de Shangaï sur un navire japonais. On ne lui donna aucune raison de cette libération inattendue.

Plein de poux et mourant de faim, le bras et la jambe droits paralysés, Woodhead fut traîné hors de sa cellule. Quelqu'un de haut placé était-il venu à son secours ? Des idées confuses traversaient son esprit. S'il n'avait pas été en si piteux état, il aurait pu comprendre ce qui lui avait valu la vie sauve. Quand ses geôliers le portèrent dans le couloir de sa prison, l'inspecteur Kawai claqua les talons, serra sa main valide et, respectueusement, lui tendit la petite statuette en bronze du soldat japonais.

Dans l'enceinte du Palais du Sel, la seule parcelle de terrain qui n'était pas couverte d'orties et d'herbes folles était le petit jardin que cultivait Hiro devant son bungalow. Un autre petit jardin avait été planté en 1940. Il entourait un temple accolé à un mur du bâtiment principal, dédié à la Grande Déesse du Soleil de la religion shintoïste. C'était elle qui avait fondé l'Empire du Japon, il y avait plus de deux mille cinq cents ans, et le Mikado était son descendant. Si le peuple du Mandchoukouo partageait la même foi en elle que celui du Japon, alors les deux nations n'en feraient plus qu'une. C'est ce que déclara l'état-major de l'armée de Kouantoung à P'ou Yi, et on entreprit de l'instruire dans la religion shintoïste. La Guêpe, assisté d'un membre du clergé, lui donnait un enseignement quotidien et ils faisaient tous trois des retraites pour contempler les mystères de la Déesse du Soleil. Au cours de l'une de ces retraites, P'ou Yi avait eu l'idée de faire élever ce temple.

En juin 1940, il se rendit de nouveau à Tokyo. Au cours d'une rencontre privée avec le Mikado, il lui apprit avec humilité qu'il s'était converti au shintoïsme. Il se rendit ensuite en pèlerinage au sanctuaire d'Isé, où on lui offrit des copies des trois reliques sacrées : deux objets de bronze et de jade et un sabre. Il les rapporta au Palais du Sel et, au cours d'une cérémonie, ces reliques furent placées dans un tabernacle du temple.

Peu après, P'ou Yi publia un édit impérial qui, bien entendu, avait été rédigé par la Guêpe. Cet édit fut lu dans toutes les écoles du Mandchoukouo et à une assemblée du Mouvement pour la Concorde. Il disait en substance que l'Empereur comprenait que la prospérité du Mandchoukouo était due à la Déesse du Soleil et à la protection de son descendant, le Mikado. Afin que son peuple ne fît qu'un, en vertu et en esprit, avec celui de leur « pays frère », le Japon, l'Empereur dédiait la nation à la Grande Déesse du Soleil.

Le nouveau temple du Palais du Sel devint un objet d'intérêt pour les Japonais résidant au Mandchoukouo et des personnages importants lui rendirent visite. Le général Tojo, Premier ministre, y vint en 1942, accompagné par le grand vainqueur de la campagne de Malaisie et de Singapour, le général Yamashita. Tous deux inspectèrent la salle des opérations de P'ou Yi et le félicitèrent de l'intérêt qu'il prenait à la guerre. La Guêpe, lui aussi, reçut des éloges, car, à la carte accrochée à son mur, étaient épinglés les drapeaux des nations combattantes.

Les cérémonies, au Palais du Sel, ne devaient pas se prolonger longtemps. A l'automne de 1942, les choses commencèrent à tourner mal pour l'Axe. A Stalingrad, les Russes résistaient aux attaques allemandes qui devaient durer tout l'hiver. En février 1943, les Russes échappèrent à l'étreinte nazie et détruisirent l'armée de von Paulus. Yamashita, qui avait l'œil d'un stratège, comprit que Stalingrad était un tournant de la guerre.

Après Stalingrad, l'Ours soviétique devint furieux. Smolensk tomba, puis Kiev. Les Allemands battirent en retraite et, de ville en ville, le drapeau à croix gammée fut remplacé par celui à la faucille et au marteau. Les puissances de l'Axe furent défaites en Afrique du Nord, l'Italie fut envahie et, au cours de l'été de 1943, Mussolini démissionna. Le Mandchoukouo perdit son premier allié quand l'Italie capitula officiellement à l'automne suivant, et les visages étaient consternés le jour où la Guêpe enleva de la carte des opérations le dernier drapeau italien.

En 1944, les Américains, de leur côté, avaient repris le dessus dans le Pacifique. Ils envahirent les Philippines et, en octobre, ils infligèrent une défaite cuisante à la grande flotte japonaise.

P'ou Yi ne se réjouissait plus de cette guerre. Il ne portait plus son uniforme allemand et on ne le voyait que rarement dans la salle des opérations, où la Bannière étoilée encerclait les drapeaux aux couleurs du Soleil Levant. L'ombre de l'Ours soviétique, ce vieil ennemi, se projetait de nouveau sur le Mandchoukouo, ce que l'état-major de l'armée de Kouantoung avait toujours redouté. Le 5 avril 1945, la Russie rompit son pacte de neutralité avec le Japon. On envoya le général Yamashita prendre le commandement des troupes au Mandchoukouo, mais la situation était désespérée. Les meilleures divisions de l'armée de Kouantoung se trouvaient loin dans le Sud-Est asiatique. La frontière avec la Russie était très étendue et difficile à défendre. P'ou Yi revit Yamashita à cette époque et il trouva en lui un autre homme, triste et résigné.

P'ou Yi essayait de ne plus penser à la guerre, mais la Guêpe insistait pour lui énumérer de sinistres détails sur la fin de Mussolini et de Hitler. Cela donnait des cauchemars à P'ou Yi. Le 28 avril, le Duce avait été fusillé et on avait suspendu son cadavre par les pieds à la porte d'un garage dans la banlieue de Milan. Deux jours plus tard, Hitler s'était suicidé dans son bunker, avant que les hordes bolcheviques ne s'en emparassent.

Le Japon restait tout seul à se battre. Au Mandchoukouo, tout le monde craignait l'arrivée des Russes.
Okinawa tomba entre les mains des Américains le
21 juin, mais les forces nippones continuaient de lutter.
Alors arriva la terrible nouvelle. Le 6 août, une bombe
atomique avait été larguée sur Hiroshima. Le lendemain, des rapports parvinrent au Palais du Sel faisant
état de ce qui était arrivé au Japon et qui n'avait jamais
encore eu lieu auparavant. Le 8 août, les Russes
entrèrent en action. Quatre de leurs armées traversèrent
la frontière du Mandchoukouo, trois venant de Sibérie,
l'autre de la Mongolie extérieure. Le 9 août, le nouveau
commandant en chef de l'armée de Kouantoung
demanda à voir P'ou Yi. La capitale devait être transfé-
rée de Hsingking à Tounghua, dans l'est de la Mandchourie, près de la frontière coréenne, dit-il. Tandis
qu'il parlait, les sirènes d'alerte se mirent à rugir.
Quelques minutes plus tard, un chapelet de bombes
tomba juste à côté du Palais du Sel, tandis que P'ou Yi
et le général cherchaient refuge dans les caves. La nuit
même, il y eut un autre bombardement et toute la Cour,
P'ou Yi, Luth de Jade, P'ou Kie, Hiro et son enfant,
les sœurs et les neveux de P'ou Yi, la Guêpe et les
membres du cabinet se ruèrent dans les caves, où ils
trouvèrent les eunuques et les pages terrorisés accroupis
les uns sur les autres. Il ne manquait que l'Impératrice...

Tôt dans la matinée qui suivit le raid, P'ou Yi tint un
conseil de guerre dans son bureau. P'ou Kie, la Guêpe
et un officier d'état-major japonais y assistaient en
compagnie des ministres. P'ou Yi portait sa tunique
grise à la Napoléon. On aurait dit l'incarnation même de
ce dernier, grave et plein de dignité. Avant que la
séance ne commençât, P'ou Yi ordonna qu'on servît le
thé, mais la Guêpe l'informa que la cuisine était fermée
et que les domestiques s'étaient enfuis avec la concubine
mâle, les eunuques et les pages. Pis que tout, ajouta la
Guêpe, les portes de l'enceinte étaient grandes ouvertes
et il n'y avait plus aucune trace de la garde impériale.
L'Empereur guerrier avait maintenant la mine d'un chef
abandonné par son armée. Tandis que les ministres
parlaient entre eux avec excitation de ce qu'ils devaient

faire, P'ou Yi restait silencieux, la tête penchée en avant. La Guêpe annonça alors que l'état-major de l'armée de Kouantoung considérait que l'Empereur devait s'enfuir. P'ou Yi se redressa. Bien sûr, il désirait s'enfuir, mais avec dignité, revêtu de sa tunique à la Napoléon. Pour les autres détails, comme l'endroit où il devait aller et qui il devait emmener avec lui, c'était à la Guêpe de décider.

Hsingking était en pleine confusion. Des gens assiégeaient la gare de chemin de fer et devaient être repoussés par les soldats. Les seuls trains disponibles étaient bourrés d'officiers supérieurs japonais et de fonctionnaires qui entendaient gagner la Corée. Le 14 août, une foule morose contempla son Empereur au visage blafard, protégé par un peloton de soldats japonais, monter dans un train spécial. Il était suivi de ses courtisans dépenaillés. La dernière personne à monter dans le train fut l'Impératrice, qui portait un voile de deuil.

Après avoir voyagé pendant huit heures d'affilée, ils atteignirent Tounghua, dans l'est du Mandchoukouo, à cent cinquante kilomètres de la frontière coréenne. On avait prévu à l'origine que la Cour devait rester là, mais la Guêpe expliqua à P'ou Yi qu'on craignait des bombardements aériens et que la Cour serait mieux à l'abri dans une petite localité minière, dans la montagne, où les ravins profonds procureraient un abri sûr. Lentement, le train commença à gravir les pentes des Longues Montagnes Blanches. De leur compartiment, les ministres chinois, de plus en plus inquiets, voyaient des murailles abruptes de rochers apparaître au-dessus des sapins. Sur les pics escarpés surmontant ces falaises, se cachaient les rebelles de la Lance Rouge qu'ils redoutaient plus encore que les Russes.

Quatre heures après le départ de Tounghua, le train s'arrêta à la petite ville minière de Talitzu. Le groupe impérial descendit et se rendit dans sa demeure provisoire, une ancienne auberge de mineurs construite en bois. Ils étaient maintenant assez haut dans la montagne. Trois cents ans auparavant, dans cette région sauvage, les clans mandchous s'étaient réunis pour envahir la Chine. Ils s'étaient répandus dans la plaine par une brèche de la Grande Muraille, à Shanhaikwan, avaient envahi la Cité interdite et fondé la dynastie Ts'ing. Maintenant, le dernier empereur de cette dynastie et son petit groupe de ministres se tenaient serrés autour d'un poêle, n'osant même pas mettre le nez dehors.

Le lendemain, 15 août, P'ou Yi et P'ou Kie entendirent à la radio que le Japon avait capitulé. Le Mikado lui-même s'adressa à son peuple, pour déclarer en termes solennels que la guerre était finie. P'ou Yi réunit les siens dans la salle à manger de l'auberge. Comme s'ils jouaient une pièce, respectant strictement le protocole impérial, ils décidèrent à l'unanimité que P'ou Yi devait abdiquer. On rédigea un édit et, pour la troisième fois dans sa vie, P'ou Yi fut dépouillé de son titre d'Empereur.

Il serra la main à chacun des membres de son cabinet et les remercia pour leurs loyaux services. Aussitôt sortis de la salle, les ministres, qui avaient déjà fait leurs bagages, montèrent en toute hâte dans deux voitures qui les attendaient pour les mener à la gare. Ils savaient qu'un train, sans doute le dernier, devait partir pour Hsingking et ils ne pensaient qu'à une chose ; échapper aux rebelles. A peine étaient-ils de retour à Hsingking, qu'ils commencèrent à faire des avances à Tchang Kaïchek, déclarant qu'ils étaient prêts à servir dans toute administration républicaine pouvant être établie en Mandchourie.

La Guêpe montra qu'il était un homme d'action. Ils devaient regagner immédiatement le Japon, dit-il à P'ou Yi. Il s'était occupé de tout. Un avion les attendait à Tounghua. Il emmènerait P'ou Yi, P'ou Kie et lui-même en Corée, où ils changeraient d'appareil pour se rendre au Japon. Mais l'avion en question était petit et ne pouvait charger que sept autres passagers. C'était à P'ou Yi de décider qui viendrait avec eux. Il choisit trois de ses neveux, un médecin, un domestique et deux de ses beaux-frères. Il n'y avait pas de place pour *Mister* Tcheng.

Les femmes et *Mister* Tcheng se tenaient sur le seuil de l'auberge pour assister au départ de P'ou Yi et des autres. Tandis que l'on chargeait leurs bagages dans une voiture, *Mister* Tcheng tomba à genoux et demanda qu'on lui laissât une dernière chance, mais il fut repoussé. Luth de Jade se mit à crier : « Qu'est-ce que nous allons devenir ? Les rebelles vont nous tuer ! » Gêné par cet esclandre, P'ou Yi lui répondit : « Vous pouvez toujours prendre un train pour Moukden et, ensuite, essayer de gagner le Japon. » A ces mots, Luth de Jade devint hystérique. Hiro, qui portait son enfant dans les bras, pleurait. P'ou Kie grommela quelque chose où il était question de gagner la Corée à travers la montagne. Mais elle savait, comme tout le monde, que les troupes japonaises avaient quitté cette région et qu'à tout moment les rebelles pouvaient fondre sur eux.

Quelqu'un contemplait ce spectacle en silence : l'Impératrice. Une fois de plus, elle était abandonnée.

P'ou Yi et les siens arrivèrent sans encombre à Tounghua où ils montrèrent dans leur avion. Mais le temps était mauvais et, au lieu de se rendre en Corée, l'appareil se posa à Moukden. Ils attendirent, dans la salle d'attente de l'aéroport, qu'un autre avion les conduisît au Japon. Au bout d'un moment, un gros appareil de transport atterrit et, avec un rugissement de ses moteurs, s'avança vers la salle où ils se trouvaient. La Guêpe et P'ou Kie sortirent pour y réserver leurs places : c'était un avion russe. Un groupe de soldats armés de mitraillettes sauta sur le sol, se rua vers les bâtiments de l'aéroport et désarma les gardiens japonais. Ils donnèrent l'ordre à la Guêpe et à P'ou Kie de rentrer dans la salle d'attente. Un officier russe les suivait. Ils y trouvèrent P'ou Yi affalé dans son fauteuil. Il offrait l'image même de Napoléon, le soir de Waterloo.

Avait-il été trahi ? C'est probable, étant donné l'exactitude avec laquelle l'appareil russe avait atterri sur l'aérodrome de Moukden. L'un ou plusieurs de ses ministres, pour s'attirer les bonnes grâces des autorités soviétiques qui venaient de s'emparer de Hsingking, avaient facilement pu leur fournir tous les détails du plan d'évasion. P'ou Yi et ses compagnons furent embarqués dans l'appareil russe en direction de Toungliao, en Mongolie extérieure, où ils refirent le plein. Pendant l'escale, P'ou Yi demanda à voir l'officier responsable et, en montrant la Guêpe, le supplia de le débarrasser de cet homme « terrible » qui était la cause de tous ses malheurs. Les Russes satisfirent à sa prière et celui qui avait été, pendant treize ans, le producteur et le metteur en scène de la pièce où P'ou Yi avait joué le premier rôle, fut expulsé *manu militari* de l'appareil, malgré ses protestations. Dans un nuage de poussière, l'avion reprit son vol à destination de la Sibérie.

A Talitzu, dans les Longues Montagnes Blanches, les femmes n'avaient pas quitté l'auberge, ne sachant à quel moment les rebelles attaqueraient. La nuit, elles pouvaient voir leurs feux dans la montagne au-dessus de la ville. On disait que les Russes, qui avaient pris Tounghua, approchaient de Talitzu. Elles ne voyaient guère *Mister* Tcheng qui passait tout son temps à la ville. Luth de Jade ne cessait d'appeler sa mère à son secours. L'Impératrice, qui n'avait plus d'opium, hurlait toutes les nuits en réclamant sa dose. Hiro, qui devait aussi s'occuper de sa fille, maintenant âgée de cinq ans, prit en charge toute la maisonnée. Elle ne portait plus son kimono, mais se déguisait en Chinoise.

Avec les femmes, P'ou Yi avait laissé derrière lui tous ses bagages, parmi lesquels se trouvaient de véritables trésors d'art. Vingt ans auparavant, lui et Johnston s'en étaient emparés dans la Cité interdite et, depuis, P'ou Yi ne s'en était jamais séparé. Hiro, bientôt, eut de bonnes raisons de les maudire, car ils allaient la mettre en danger et lui causer, à elle et ses compagnes, des souffrances inouïes.

Le 21 septembre, un mois environ après le départ de P'ou Yi, les premières troupes russes arrivèrent à Talitzu. Elles ne devaient pas y rester longtemps et laissèrent la ville entre les mains d'un régiment de l'armée de Mao Tsé-toung, dont les forces avaient commencé d'occuper tout le sud de la Mandchourie. Les femmes furent traitées courtoisement par les hommes de l'Armée rouge de Mao et il semblait y avoir de bonnes chances qu'elles fussent remises en liberté. C'est alors que *Mister* Tcheng fit une visite au commandant de l'armée chinoise et lui révéla son identité et celle des femmes qui se trouvaient à l'auberge. Il y emmena le commandant, lui montra les caisses où étaient entassés les trésors de P'ou Yi et dénonça les femmes pour avoir pris part au vol de ces œuvres d'art qui étaient la propriété du peuple chinois. S'étant ainsi vengé de P'ou Yi, *Mister* Tcheng disparut, abandonnant son épouse et les autres femmes à leur propre sort.

Hiro, sa fille, les trois sœurs de P'ou Yi, Luth de Jade et l'Impératrice furent envoyées à la prison de Tch'ang-tch'ouen (Hsingking ayant retrouvé son premier nom). Elles y demeurèrent, souffrant terriblement du froid, pendant l'hiver de 1945. Aucun membre de l'ancien cabinet de P'ou Yi ne leur rendit visite. En avril 1946, Luth de Jade fut libérée et retourna chez sa mère qu'elle n'avait plus revue depuis son arrivée au Palais du Sel, à l'âge de quinze ans. Quelque temps plus tard, les trois sœurs de P'ou Yi furent libérées sous contrôle.

Hiro et l'Impératrice n'eurent pas la même chance. Elles furent renvoyées dans les Longues Montagnes Blanches dans une charrette découverte — un voyage de quatre cents kilomètres. On avait attaché à leur véhicule une bannière où étaient inscrits les mots : « Traîtres de la famille de l'Empereur Pantin. » Quand la charrette tirée par des poneys s'arrêtait dans une agglomération, la foule se rassemblait et, montrant l'Impératrice du doigt, s'écriait : « C'est la femme du pantin ! » Parfois, l'Impératrice suppliait qu'on lui donnât de l'opium et la foule, choquée par ses hurlements, brusquement se taisait.

Un mois après avoir quitté Tch'ang-tch'ouen, la charrette entra dans la ville de Yenchi, qui était sa destination finale, et s'arrêta devant la prison. Les gens se précipitèrent pour voir Hiro, son enfant et l'Impératrice. Hiro et sa fille furent mises dans une cellule en compagnie de quelques religieuses françaises, dont deux étaient enchaînées. L'Impératrice eut droit à une cellule particulière. Le bruit se répandit dans la ville et dans les environs que la dernière impératrice de la dynastie

Ts'ing se trouvait dans la prison locale et une foule d'hommes et de femmes se massèrent devant les grilles de la prison, demandant à voir Belle Contenance qui se tordait de douleur sur le sol de sa cellule. De temps à autre, elle gémissait, réclamait un bain et des vêtements propres. Puis, torturée par le manque d'opium, elle poussait des cris qui pétrifiaient l'entourage.

Au début de juin, Hiro et sa fille furent libérées. Ses geôliers auraient bien voulu se débarrasser également de l'Impératrice, mais elle était trop faible pour voyager. Hiro réussit à passer la frontière et arriva à Pékin, qui était entre les mains des nationalistes. Elle se réfugia chez le prince Tch'ouen à la Demeure du Nord. Le vieil homme s'enquit du sort de Belle Contenance et il fut bouleversé d'apprendre les terribles conditions dans lesquelles elle vivait. « Comme elle était belle le jour de ses noces ! » ne cessait-il de répéter.

Sans qu'il le sût, Belle Contenance avait été libérée de ses souffrances. Vers la mi-juin, des paysans qui avaient eu pitié d'elle la conduisirent à leur ferme dans la montagne. On la lava, elle reçut de nouveaux vêtements et une couche pour s'y reposer. Il est agréable de se dire que, dans les rares moments de lucidité qu'elle connut encore, elle eut conscience des soins dont elle était entourée. Elle mourut dans cette pauvre demeure à la fin du mois de juin. Elle avait quarante ans.

14

LE CITOYEN MODÈLE

LA nuit tombait lorsque l'appareil de P'ou Yi atteignit Chita, une station du Transsibérien, et atterrit sur une piste militaire. P'ou Yi, son frère et ses neveux furent embarqués dans un véhicule de l'armée. Après avoir roulé pendant environ une heure à travers une forêt de sapins, ils arrivèrent près d'un lac et s'arrêtèrent devant un hôtel qui servait de maison de repos aux officiers en congé de maladie. Le général commandant la garnison de Chita leur souhaita la bienvenue. On conduisit P'ou Yi dans une chambre confortable, où ses bagages l'attendaient déjà. Un excellent dîner fut servi à lui et aux siens dans un salon particulier. Aucun monarque n'aurait pu être mieux traité et tout cela semblait trop beau pour être vrai.

Au cours de son voyage de la Mongolie extérieure à la Sibérie, P'ou Yi n'avait pas osé jeter un seul regard par le hublot sur ce vaste plateau désert, angoissé à l'idée de ce que les Russes allaient faire de lui. Il se souvenait du récit terrifiant que Johnston lui avait fait de l'exécution de Nicolas II et de sa famille par les Bolcheviks, et son précepteur avait ajouté que le Chrétien Rouge, le général Fong Yu-siang, se montrerait pire encore que ces derniers, si P'ou Yi ne s'évadait pas de la Cité interdite. Quand on lui avait dit que son avion se rendait à Chita, il n'en avait été que plus inquiet. Cette ville avait été la base de l' « Ogre » Semenov, l'ennemi mortel des Bolcheviks, et ces derniers devaient être au courant de tout l'argent que P'ou Yi lui avait donné et

257

du pacte anti-bolchevik qu'ils avaient signé. Maintenant, en considérant toute l'attention dont il était entouré, les craintes de P'ou Yi avaient disparu et il se sentait beaucoup mieux. A en juger par ce vaste et confortable hôtel équipé d'un chauffage central, la Sibérie n'était pas un endroit désagréable. Et puis il y avait ce curieux uniforme que portait le général, avec un ceinturon sur sa blouse ! P'ou Yi s'imaginait ainsi vêtu, un verre de vodka à la main.

Chaque matin, il recevait la visite de deux charmantes infirmières qui venaient voir s'il avait bien les remèdes dont il avait besoin. P'ou Kie et ses neveux lui servaient de domestiques et s'empressaient autour de lui.

Après le déjeuner, une ordonnance russe l'accompagnait dans une promenade sur les bords du lac. Ensuite, venait l'heure du thé, à la mode anglaise, et il s'y délectait d'entendre, sur un gramophone, les chœurs de l'Armée Rouge accompagnés par les sons aigus des balalaïkas. Avant le dîner, on servait la vodka et le caviar sur la terrasse.

Jamais, au cours de sa vie, P'ou Yi n'avait connu un tel havre de paix. Il demanda, à trois reprises, de bénéficier du droit d'asile en Sibérie, mais les autorités soviétiques ne lui répondirent pas. Peut-être le moment était-il venu de leur offrir quelques présents. Il avait pu emporter avec lui une grande quantité de bijoux, dont les plus précieux se trouvaient dans sa valise à double fond, et il se demandait s'il ne devait pas en offrir quelques-uns au général de la garnison de Chita. P'ou Kie l'en dissuada aussitôt, en lui disant que les Russes n'aimaient guère être ainsi achetés.

Un après-midi, une voiture stoppa devant l'entrée de l'hôtel, alors que P'ou Yi rentrait de sa promenade. Il fut stupéfait de voir tous les membres de son cabinet en sortir. Ils semblaient tout penauds de le revoir. Alors que, à Tch'ang-tch'ouen, ils cherchaient à prendre contact avec les nationalistes de Tchang Kaï-chek, ils avaient été faits prisonniers par les Russes. P'ou Yi ne voulait plus entendre parler d'eux et il repoussa leurs avances. Il jouait à l'Empereur sur son rocher. En d'autres temps, il eût ordonné leur mort après de nombreuses tortures.

A l'automne de 1946, le général russe l'informa qu'il était cité comme témoin à charge au tribunal international de Tokyo devant lequel plusieurs dirigeants japonais, y compris le général Tojo, devaient être jugés au titre de criminels de guerre. P'ou Yi fut emmené à Khabarovsk, sur le fleuve Amour, en Sibérie orientale, où étaient rassemblés les témoins cités par les Russes.

Témoin à charge ! P'ou Yi accueillit avec enthousiasme ce nouveau rôle. Il surprit même les Russes par son opiniâtreté à accuser les Japonais de tous les crimes imaginables.

Quand le procès s'ouvrit à Tokyo, il apparut comme le témoin principal contre ses anciens alliés. La salle du tribunal était pleine à craquer et jamais P'ou Yi n'avait vu un spectacle aussi impressionnant. Il aurait bien voulu porter une blouse sibérienne avec un ceinturon par-dessus, mais les Russes lui donnèrent un complet bleu, une chemise blanche et une cravate rouge. P'ou Yi passa huit jours dans le box des témoins. Ce fut un véritable *tour de force* (1). Sa voix résonnait dans la salle d'audience quand il dénonçait ces odieux Japonais qui l'avaient kidnappé, emmené hors de Chine et s'étaient servis de lui pour réprimer le malheureux peuple de la Mandchourie. Il révéla aussi avec un sanglot d'angoisse, comment lui, un ardent bouddhiste qui passait la plupart de ses journées à méditer, les jambes croisées, avait été forcé de rendre un culte à la Déesse shintoïste du Soleil.

Ce fut lors des contre-interrogatoires qu'il montra tous ses talents. Quand un avocat américain de la défense l'attaqua, en suggérant qu'il était en partie coupable de ce qui s'était passé au Palais du Sel, il releva le menton sans dire un mot devant un tel outrage. Et, quand on lui répéta son fameux discours à l'adresse de l'empereur du Japon (« Je suis très honoré d'être la lune du soleil du Mikado... »), il regarda le tribunal avec l'air ahuri d'un accusé innocent. Comment oserait-on croire

(1) En français dans le texte (N.d.T.).

de telles choses de sa part ? semblait-il dire. Les juges, qui étaient de plus en plus impressionnés par cet homme fragile si longtemps persécuté, commencèrent à s'en prendre sèchement aux avocats de la défense.

A deux reprises cependant, P'ou Yi fut décontenancé. La première fois, un avocat lui demanda des comptes sur la manière dont il s'était évadé de Tientsin, en citant ce que Sir Reginald Johnston avait écrit dans son livre *Crépuscule sur la Cité interdite*, à savoir : « P'ou Yi quitta Tientsin et se rendit en Mandchourie de sa propre volonté. » Il y eut un grand silence dans la salle, mais qui ne dura guère. P'ou Yi s'écria d'une voix courroucée : « Mensonges ! Mensonges ! Tout le livre de Johnston est plein de mensonges. Il ne l'a écrit que pour se faire de l'argent ! » Puis il demeura comme vidé de toute substance : il venait de rompre le dernier lien qu'il avait avec son ancien précepteur.

L'avocat demanda ensuite à P'ou Yi : « Vous rejetez le blâme sur les Japonais, mais tôt ou tard, le gouvernement chinois mettra la main sur vous et vous fera payer vos crimes. » Alors P'ou Yi devint tout pâle et s'effondra dans un coin du box.

Les juges ordonnèrent aussitôt une suspension d'audience pour lui permettre de recouvrer ses esprits.

Le tribunal condamna à mort un certain nombre d'accusés japonais. Parmi eux, se trouvaient le général Tojo et le colonel Doihara. P'ou Yi regagna sa retraite sibérienne. Le soir, en savourant sa vodka, près du lac, la seule chose qui le dérangeait était la vue de ses anciens ministres qui s'avançaient à petits pas guindés dans le lointain et s'inclinaient obséquieusement dans sa direction.

Plusieurs matinées par semaine, un fonctionnaire du bureau des affaires courantes, qui parlait chinois, tenait ses assises dans la bibliothèque de l'hôtel à l'intention de P'ou Yi et des autres Chinois résidant à Chita. Il leur lisait les dernières nouvelles en les agrémentant de citations de Marx et de Lénine. P'ou Yi s'ennuyait et, la plupart du temps, gardait les yeux fermés, mais parfois, certaines bribes d'informations le faisaient sortir de sa léthargie. Un jour, un communiqué à la radio lui ramena à l'esprit un fantôme de son passé. Le Chrétien Rouge, le général Fong Yu-siang, que Johnston détestait tellement, venait de mourir à bord d'un navire russe dans la mer Noire : il regardait un film, *Les Trois Mousquetaires,* quand le feu avait pris dans la salle de projection du navire et il était mort asphyxié.

Un autre matin, le fonctionnaire russe annonça, avec un profond plaisir, que l'Inde avait conquis son indépendance, ce qui voulait dire, ajouta-t-il, que l'Empire britannique touchait à sa fin, comme Marx et Lénine l'avaient prévu. P'ou Yi se souvint de Johnston qui rêvait du jour où les empires chinois et britannique gouverneraient ensemble le monde et il fut envahi d'un sentiment étrange. Après la séance, il revint dans sa chambre, tira d'un classeur de cuir une photographie dédicacée de Johnston, la tint au-dessus d'une corbeille à papier et y mit le feu. Le visage de son ancien précepteur se gondola, noircit et tomba en cendres.

P'ou Yi trouvait les nouvelles en provenance de la Chine de plus en plus alarmantes : l'Armée rouge de Mao Tsé-toung, avec l'aide des milices paysannes, commençait à chasser les nationalistes du nord du pays. L'éventualité d'être renvoyé en Chine rouge se rapprochait. P'ou Yi demanda au fonctionnaire soviétique de la propagande de l'aider, mais celui-ci lui répondit qu'on ne pouvait rien faire pour hâter la décision du bureau de l'immigration qui étudiait son cas.

En octobre 1949, alors que P'ou Yi se trouvait en Sibérie depuis cinq ans, Mao fit son entrée à Pékin et proclama la République populaire. A cette nouvelle, P'ou Yi frémit, mais les ministres, toujours prêts à déclarer leur allégeance, demandèrent la permission d'envoyer à Mao un télégramme lui faisant part de leurs humbles et respectueuses félicitations. Terrifié à l'idée d'être renvoyé en Chine, P'ou Yi adressa un dernier appel désespéré au général de la garnison de Chita, le suppliant qu'on le laissât demeurer en Sibérie, mais il ne reçut aucune réponse. En revanche, en août 1950, il fut averti qu'on allait le remettre entre les mains des communistes chinois.

A la frontière de la Sibérie et de la Mandchourie,

P'ou Yi et ses compagnons furent accueillis par un petit homme d'âge moyen, plein de bienveillance, vêtu d'un uniforme gris boutonné jusqu'au cou. Il se présenta comme étant un « cadre ». P'ou Yi remarqua que les soldats chinois dans leurs uniformes gris, comme les employés du chemin de fer dans leurs uniformes bleus, s'empressaient d'obéir à ses ordres. Le mot « cadre », comme il devait l'apprendre bientôt, désignait un fonctionnaire d'État de la République populaire de Chine. Ce mot évoquait l'idée d'une petite élite attendant le jour où elle deviendrait une nombreuse armée de fonctionnaires civils, jouissant de certains, sinon de tous les privilèges de l'ancienne bureaucratie d'Empire. Déjà, en 1950, année où P'ou Yi quittait la Sibérie, les citoyens de la nouvelle République commençaient à déceler des traces de népotisme dans la nouvelle administration.

Le cadre qui accueillit P'ou Yi et les siens leur offrit des cigarettes et en alluma une lui-même. Il était heureux de leur souhaiter la bienvenue dans leur mère patrie, dit-il, en exhalant une bouffée de fumée bleue. Ils n'avaient rien à craindre, mais devaient se considérer comme des étudiants qui allaient apprendre un nouveau mode de vie. Quelques soldats, portant à leur casquette l'étoile rouge de l'Armée de libération, transportèrent les bagages des « étudiants » dans un autre train qui devait les emmener à Moukden.

Les soldats servirent le petit déjeuner au moment où le train s'ébranlait et P'ou Yi, qui se demandait avec sérieux ce que les Rouges allaient faire de lui, commença à se sentir rassuré. Le train s'arrêta en gare de Tch'ang-tch'ouen où, vingt ans auparavant, P'ou Yi et l'Impératrice avaient été chaleureusement accueillis par les élèves des écoles et une fanfare militaire. Aujourd'hui, la gare était déserte, à l'exception de quelques soldats. A un kilomètre de là, caché derrière un mur en béton, se trouvait le Palais du Sel. Curieux d'apprendre ce qu'était devenu cet endroit, P'ou Yi le demanda à l'un des soldats, mais ni lui ni ses camarades n'en avaient entendu parler.

A Moukden, P'ou Yi et ses compagnons « étudiants »

furent conduits à un centre de repos. La table de la cantine ployait sous les fruits, les gâteaux et les cigarettes. Un nuage de fumée emplissait la salle et les « étudiants » plaisantèrent avec le cadre, jusqu'à ce que le moment fût venu de prendre un autre train pour la ville minière de Fushun.

Le centre de détention pour les criminels de guerre, à Fushun, était une ancienne caserne. Le gouverneur, un petit homme grassouillet, qui parlait d'une voix douce, portait l'uniforme gris d'un cadre. S'adressant aux nouveaux venus, il insista sur le fait qu'ils étaient des « étudiants » plutôt que des prisonniers. P'ou Yi remarqua que son mot favori était « remodeler ». Il y a une nouvelle Chine, disait le gouverneur et, afin d'en devenir citoyen, chacun doit « remodeler » son caractère.

On demanda à P'ou Yi et aux autres de déclarer le contenu de leurs bagages et on leur désigna ensuite leur place. P'ou Yi partageait une grande chambre avec son frère et l'un de ses neveux. Au bout de quelques jours, le gouverneur et ses gardes découvrirent qu'il était incapable de s'occuper de lui-même et que P'ou Kie et les autres devaient tout faire à sa place. Le gouverneur essaya de le laisser se débrouiller tout seul pendant une semaine, mais ce fut un désastre. Il avait quarante-cinq ans, mais était incapable de s'habiller tout seul. Ses membres semblaient manquer de coordination et les actes les plus simples, comme de coudre un bouton ou lacer ses souliers, étaient au-delà de ses forces. Il arrivait pour manger dans le réfectoire chaussé d'un seul soulier ou portait sa veste à l'envers. L'après-midi, comme exercice physique, on demandait aux pensionnaires des lieux de désherber le jardin, mais il était interdit à P'ou Yi de s'approcher, car il arrachait toutes les fleurs et les plantes, les prenant pour des mauvaises herbes. En fait, P'ou Yi jouait la comédie. Pendant des années, en Mandchourie, il avait survécu sans que ses pieds touchent une seule fois le sol et il entendait bien continuer.

Le gouverneur était déçu de ce qu'il ne fît aucun effort physique, mais il était impressionné par les progrès qu'il faisait en politique. Les « étudiants » étaient partagés en deux groupes et on avait donné à chaque groupe un manuel à lire et à discuter. On leur demandait aussi de rédiger des devoirs personnels, où ils feraient état de ce qu'ils avaient appris. Le groupe de P'ou Yi reçut un manuel intitulé *De la nouvelle démocratie*. Au début, P'ou Yi ne pouvait que le citer de mémoire. Puis, un jour, il eut une idée géniale. Se souvenant de la comparaison qu'il avait faite entre le Mikado et le soleil, il écrivit une série de textes en l'honneur de Mao Tsé-toung, dans lesquels il y avait des phrases comme : « Il est pareil au soleil qui brille sur l'humanité », ou bien : « Tant que je vivrai, je suivrai ce tout-puissant soleil. » Et, se rappelant le mot favori du gouverneur, il prenait toujours soin de conclure en ces termes : « Je suis fermement résolu à remodeler mon caractère et à devenir un autre homme. » Chaque fois que des cadres et des inspecteurs venaient visiter le centre de rééducation, le gouverneur, non sans quelque fierté, leur montrait les devoirs de P'ou Yi.

Il y avait cependant quelque chose qui gâtait le plaisir que le gouverneur avait de constater les progrès de son élève. Il décida de s'y attaquer de front. Un jour, un membre de son groupe suggéra à P'ou Yi qu'il vaudrait mieux pour lui sortir de ses bagages la chose qu'il avait omis de déclarer. Comprenant que le gouverneur avait découvert son coupable secret, P'ou Yi décida de faire une pleine confession. Il apporta sa valise au bureau du gouverneur et, baissant honteusement la tête, confessa qu'il avait omis de déclarer quelques-uns de ses biens. Cette entorse au règlement pesait lourd sur sa conscience et il ne pouvait plus longtemps en supporter le poids. Ouvrant sa valise, il en renversa le contenu sur la table : des diamants, des perles, des ornements de jade et saphirs. En tout 468 pièces. Le gouverneur, fort embarrassé, qui n'avait jamais vu un pareil amoncellement de trésors, bredouilla quelques mots sur le fait que P'ou Yi avait vraiment remodelé son caractère. Il allait en faire la liste et... P'ou Yi protesta qu'il ne voulait aucun reçu. Ces bijoux appartenaient au peuple chinois et il était heureux de les lui rendre. Avec l'air noble d'un pauvre « étudiant » qui n'avait plus une seule perle à lui, il sortit du bureau, sa valise vide à la main.

Après cet épisode, la réputation de P'ou Yi comme l'étudiant le plus zélé et champion de la nouvelle démocratie devint sans égale. En juillet 1956, le gouverneur l'informa qu'il serait à nouveau le principal témoin à charge dans un procès qui allait être fait à un certain nombre de Japonais. Les prévenus avaient été administrateurs du Mandchoukouo lorsque P'ou Yi en était l'empereur et ils étaient accusés d'avoir commis des crimes de guerre.

Témoin à charge ! P'ou Yi se réjouissait de tenir à nouveau ce rôle. Comme la fois précédente, on l'entendit dénoncer avec mépris les prisonniers japonais tapis dans le box des accusés. Il ne fut troublé par aucune intervention de la défense. Les quarante-cinq accusés plaidèrent coupables et furent condamnés à de longues peines d'emprisonnement.

P'ou Yi retourna dans son centre de rééducation en héros et le gouverneur lui serra chaleureusement la main. En écoutant ses félicitations, P'ou Yi contemplait avec envie l'uniforme gris du gouverneur, avec ses deux poches sur la poitrine (à l'une d'elles était accroché un stylo), ses deux autres poches de chaque côté et son col boutonné jusque sous le menton. Il pensait que c'était là un uniforme à la fois pratique et élégant et espérait qu'un jour, lui aussi, pourrait porter ce sobre habit de cadre.

En 1955, en détention depuis cinq ans, il avait eu l'autorisation de recevoir des lettres et des visites. Nombre de ses relations à Pékin lui écrivirent. Aucun de ses correspondants ne semblait avoir eu à souffrir de la révolution communiste. Au contraire, certains avaient été placés à des postes de responsables. Le plus important était son oncle Ts'ai Tao, qui, lorsqu'il était jeune prince, avait été envoyé à la tête d'une délégation militaire en Allemagne en 1910. Aujourd'hui, il était membre de l'Assemblée du Peuple.

Une lettre pathétique parvint à P'ou Yi, non pas de Pékin, mais de Tch'ang-tch'ouen. Luth de Jade, son ancienne concubine, lui écrivait que maintenant elle travaillait dans une usine de textile. P'ou Yi lui répondit en lui demandant de venir le voir. Les trains étaient rares et il y avait un long et difficile voyage à faire pour une visite d'une heure, mais Luth de Jade s'arrangea pour venir. A la surprise de P'ou Yi, la petite écolière était devenue une femme solide aux mains de travailleuse. Luth de Jade, elle, trouva que P'ou Yi n'avait pas changé. L'année suivante, elle obtint un poste à la bibliothèque municipale de Tch'ang-tch'ouen. Pendant quelques mois, ils échangèrent des lettres. Cette correspondance qui ne portait que sur la santé de P'ou Yi et la nouvelle démocratie, se fit de plus en plus rare et finit par cesser. Luth de Jade disparut pour toujours de la vie de P'ou Yi.

Un jour, le gouvernement annonça à ses « étudiants » que, dans le cadre de leur éducation, ils iraient visiter diverses villes de Mandchourie, afin de constater l'œuvre de reconstruction socialiste qui y avait été entreprise. Au cours de l'une de ces visites, P'ou Yi se rendit à Tch'ang-tch'ouen. Un camion de l'armée attendait le groupe à la gare. Leur guide leur expliqua qu'on allait leur montrer une nouvelle usine, où l'on fabriquait des véhicules pour l'armée. Le camion pénétra dans la banlieue Ouest de la ville et s'arrêta bientôt devant un grand portail aux grilles de fer. « C'est l'entreprise numéro un pour la fabrication des moteurs », déclara le guide, tandis qu'on ouvrait les portes et que le camion pénétrait dans l'enceinte. Une rangée de camions flambant neufs était alignée devant le bâtiment central. P'ou Yi et ses compagnons en firent le tour, passèrent devant un court de tennis et une piscine vide. On entendait des coups de marteau venant des bungalows transformés en ateliers. « Le directeur nous attend », dit le guide, en emmenant le groupe dans le bâtiment principal. Ils prirent un couloir et pénétrèrent dans un vaste bureau. Le directeur était assis dans un fauteuil de rotin. Il souhaita la bienvenue à ses visiteurs et les fit asseoir sur des chaises disposées devant sa table. On se passa des cigarettes à la ronde et le directeur commença à parler de l'importance de la reconstruction socialiste. P'ou Yi contemplait ces vieux murs. Au bout de la pièce, exactement à l'endroit où il l'avait vu pour la dernière fois, se trouvait le tabouret sur lequel la Mante religieuse s'asseyait, raide comme un morceau de bois. Il s'attendait presque à voir apparaître la Guêpe, toujours affairé, déposant des liasses de papiers sur le bureau du directeur. Celui-ci arrivait au terme de son discours. « Nous avons fait de notre mieux pour rendre utile ce bâtiment abandonné. Nous y avons trouvé un immense tas d'ordures que nous avons dû enlever quand nous sommes arrivés. On avait laissé là les choses les plus étranges. Savez-vous qu'il y avait dans cette pièce un immense tapis rouge qui venait jusqu'à mon bureau ? Nous ne savions qu'en faire et, finalement, nous l'avons donné à la bibliothèque. »

L'oncle de P'ou Yi, Ts'ai Tao, rendit visite à son neveu au centre de rééducation. Le gouverneur se démena comme un beau diable pour accueillir cet illustre personnage, membre de l'Assemblée du Peuple. Des informations étaient parvenues à Fushun selon lesquelles le président Mao lui-même était à l'origine de la venue de Ts'ai Tao. Un jour, à l'extérieur de la Maison du Peuple, tout nouvellement reconstruite, place Tien An Men, à Pékin, le Premier ministre Chou En-lai avait présenté Ts'ai Tao à Mao, qui lui avait serré la main en lui disant : « J'ai appris que P'ou Yi fait de très bonnes études. Pourquoi n'allez-vous pas le voir là-bas ? »

Ts'ai Tao donna à P'ou Yi des nouvelles de sa famille, en particulier de la fin paisible du prince Tch'ouen à la Demeure du Nord. Aucune famille chinoise, ajouta Ts'ai Tao, ne pouvait recevoir tant de faveurs du gouvernement de la République populaire que l'ancienne famille impériale. Il attendait avec confiance le jour où P'ou Yi, ayant fini sa rééducation, retournerait à Pékin.

Luth de Jade n'avait constaté aucun changement chez P'ou Yi, mais le gouverneur continuait à se réjouir de ses progrès. Pour le Nouvel An, les « étudiants » avaient coutume de se réunir dans le réfectoire du camp et d'y jouer des pièces. Lors de la fête de 1957, P'ou Kie écrivit un acte intitulé « La défaite des agresseurs », basé sur des articles de journaux relatant l'invasion de l'Égypte par les Britanniques après la nationalisation de Suez. P'ou Yi jouait le rôle d'un député travailliste de gauche. La scène principale avait lieu à la Chambre des Communes, où il s'affrontait au ministre des Affaires étrangères, Selwyn Lloyd. Le public fut saisi par l'entrée en scène de P'ou Yi. Portant son complet bleu, sa chemise blanche et sa cravate rouge, il faisait irruption dans la Chambre des Communes et, avec un regard menaçant à l'égard des conservateurs, s'asseyait à son banc. Même le gouverneur, qui tenait le rôle du *speaker* (1), était éclipsé par lui. Le ministre des Affaires étrangères commença son discours pour justifier l'invasion de l'Égypte. C'était à P'ou Yi d'intervenir dans une courte réplique. Il sauta sur ses pieds — et oublia tout son texte. Il défia alors du regard le ministre, pointa son doigt vers lui et cria de toutes ses forces : « Dehors ! Dehors ! Dehors ! » Le public fut fasciné, de même que les autres acteurs, par cette intervention inattendue. Tout le monde éclata en applaudissements et cria en chœur : « Dehors ! Dehors ! Dehors ! » apportant son soutien à ce héros à la cravate rouge.

En 1959, la République populaire célébra son dixième anniversaire. Pour marquer cette occasion, le président Mao proposa qu'un certain nombre de criminels de guerre suffisamment rééduqués fussent amnistiés. L'Assemblée, à l'unanimité, se déclara en faveur de cette proposition et ce fut une joie sans limites au centre de Fushun, quand on apprit la nouvelle. Les « étudiants » furent relâchés par petits groupes, la priorité étant donnée à ceux qui avaient fait le plus de progrès dans leurs études. Le 4 décembre, tout le monde se réunit au réfectoire pour entendre la liste de ceux qui étaient libérés en premier. Il s'y fit un grand silence quand le gouverneur entra. Il commença à lire la liste : « P'ou Yi… » Un tonnerre d'applaudissements salua son nom. P'ou Kie, lui aussi, faisait partie de la première fournée. Avec P'ou Yi, ils serrèrent la main du gouverneur qui était manifestement ému, comme un maître d'école disant adieu à ses élèves favoris.

(1) Président de la Chambre des Communes (N.d.T.).

Le train emportant P'ou Yi franchit la Grande Muraille par la porte de Shanhaikwan, laissant la Mandchourie derrière lui. P'ou Yi avait cinquante-quatre ans. A part les cinq années passées en Sibérie, il avait vécu vingt-huit années sur la terre de ses ancêtres mandchous. Il avait été chef de l'Exécutif, Empereur, témoin à charge et le meilleur de la classe parmi ses condisciples criminels de guerre. Il pouvait se féliciter du fait qu'il n'avait jamais monté une seule fois un poney mandchou, ni touché du pied le sol de la Mandchourie.

Dans un nuage de vapeur, le train arriva en gare de Pékin. Ts'ai Tao, Hiro et sa fille (maintenant âgée de vingt et un ans) et d'autres membres de la famille accueillirent les héros rééduqués. Des bravos éclatèrent quand P'ou Yi et P'ou Kie descendirent sur le quai. On emmena P'ou Yi dans sa nouvelle demeure, une maison qui avait appartenu autrefois au prince Tch'ouen. L'État l'avait réquisitionnée en 1949, mais désormais, elle fut attribuée à P'ou Yi. Il devait la partager avec Hiro et P'ou Kie.

Le lendemain du retour de P'ou Yi à Pékin, toute la famille eut le rare privilège d'être reçue par le Premier ministre Chou En-lai. « Vous savez tout sur les empereurs, dit-il à P'ou Yi. Vous avez été empereur de Chine et empereur du Mandchoukouo. Mais souvenez-vous que maintenant, l'Empereur, c'est le peuple de Chine. » P'ou Yi sourit en signe d'assentiment.

Le soir même, il y eut une fête à la demeure de P'ou Yi. Les nombreux invités, parmi lesquels se trouvaient d'anciens courtisans, emplirent la salle de réception : on aurait dit une réunion de clans mandchous ! « Qu'il est bon d'être de retour à Pékin ! » ne cessait de dire P'ou Kie et sa femme Hiro, qu'il avait abandonnée dans les montagnes de Mandchourie, lui faisait écho. Oui, vraiment, c'était bon d'être de retour ! C'était bon aussi d'être vivant ! aurait-elle pu ajouter.

Au point culminant de la soirée, Ts'ai Tao, membre de l'Assemblée du Peuple, debout devant un portrait du président Mao, porta un toast en l'honneur de P'ou Yi, revenu sain et sauf des sauvages solitudes de la terre de ses ancêtres.

Le grand-père de P'ou Yi, officier de la police secrète et premier prince Tch'ouen, aurait été fier de ses descendants qui s'étaient remis de tous leurs malheurs, et montraient une telle souplesse à recommencer leur vie sous le nouveau régime ! La devise familiale qu'il avait fait frapper et qui était suspendue au mur de la Demeure du Nord n'aurait pas été déplacée dans celle de P'ou Yi, cette nuit-là :

> « *La Richesse et la Chance donnent encore plus de Chance,*
> *Les Royales Faveurs encore plus de Faveurs.* »

Cela aurait certes nui à ces festivités si, par hasard, quelqu'un eût poussé le manque de tact jusqu'à faire la moindre allusion à l'Impératrice qui n'était pas revenue avec P'ou Yi. A en juger par le comportement qu'ils avaient eu toute sa vie à son égard, peu des hommes présents — sinon aucun — durent avoir la plus fugitive pensée pour Belle Contenance qui, maintenant, était enterrée dans un coin perdu des Longues Montagnes Blanches.

Après la fête, il fallait songer à travailler pour l'État. Le premier poste qu'occupa P'ou Yi fut celui d'assistant au Jardin botanique de Pékin, ce qui donna lieu à la légende selon laquelle il aurait été employé comme jardinier dans son ancien palais. Mais P'ou Yi n'était pas fait pour les travaux manuels. Il passait son temps dans une grande serre à étudier la culture des graines. Cet emploi ne fut pas un succès et P'ou Yi se sentit mieux chez lui, quand il fut muté au département des archives historiques. Dans le même temps, une partie de ses obligations officielles fut consacrée à écrire l'histoire de sa vie.

Toute une équipe d'écrivains l'assista dans sa tâche. Son autobiographie fut publiée sous le titre *J'étais empereur de Chine*. En dehors d'un grand nombre de rédacteurs politiques, l'équipe comprenait P'ou Kie, auteur de quelques courtes pièces de théâtre, Lao Shih, un maître calligraphe et le romancier Wen Da, auteur d'un ouvrage célèbre, *La fille qui aime faire balancer ses nattes*. Johnston, dont le livre sur la Cité interdite avait causé un tel embarras à P'ou Yi lors du procès des criminels de guerre à Tokyo, joue le rôle d'un « méchant » dans le livre de P'ou Yi. Selon lui, « cet Écossais irascible dont les vêtements sentaient la naphtaline » n'était qu'avide d'honneurs. Le plus vaniteux des hommes, il aimait se faire photographier, habillé en mandarin, dans sa robe de zibeline, avec son insigne du plus haut grade, et il distribuait des exemplaires de cette photographie à tout le monde. En une phrase poignante (qui pourrait bien être de P'ou Yi lui-même), le livre déclare que, lorsque P'ou Yi avait quitté la Cité interdite, à l'âge de dix-neuf ans, « Johnston était devenu la plus grande partie de (son) âme ». L'Écossais « irascible » avait détourné P'ou Yi de l'amour qu'il professait pour l'ancienne musique chinoise et initié aux fanfares britanniques, peut-on lire encore dans cet ouvrage. Johnston exaltait sans cesse les mérites du « grand empire de Grande-Bretagne sur lequel jamais le soleil ne se couche », et il avait persuadé P'ou Yi que lui, Johnston, était le membre le plus éclairé de cet empire. Obsédé par son admiration pour le régime impérial, l'Écossais avait convaincu P'ou Yi que le peuple chinois ne désirait qu'une chose : la restauration de la dynastie Ts'ing. En fait, ce que ce peuple voulait du plus profond de son être, c'était une république communiste sous la protection de l'Armée rouge, mais, au seul mot de « rouge », Johnston était pris de panique et tout prêt à s'enfuir.

N'épargnant aucun effort pour vilipender Johnston, P'ou Yi et son équipe de nègres s'abaissaient aux plus bas dénigrements. P'ou Yi déclara qu'un jour il avait recopié des poèmes d'un célèbre poète Ming et s'en était attribué la paternité. Johnston, qui se vantait de ses connaissances en chinois, avait été complètement dupe des poétiques cadeaux de son élève — comme dit P'ou Yi. Nulle part, dans le livre, qui se montre si cruel à l'égard de son précepteur, n'est fait mention de ce

« couple de hérons » qui devaient voler de concert. Dans un dernier éreintement de cet « Écossais irascible », P'ou Yi évoqua la fin solitaire de Johnston. « Il avait même fait flotter le drapeau du Mandchoukouo sur une île qu'il avait achetée, pour montrer sa loyauté à l'Empereur. »

A travers cette « autobiographie », les quelques références à l'Impératrice sont pleines d'hostilité et de rancune, sauf dans une seule phrase à la fin de l'ouvrage, quand la nouvelle de la mort de Belle Contenance lui parvint en Sibérie : « Si, écrit-il, son destin n'était pas tracé dès sa naissance, sa mort était inévitable à partir du moment où elle m'épousa. »

J'étais empereur de Chine plut aux autorités et, en récompense de son travail, on offrit à P'ou Yi une nouvelle épouse, Li Chou-hien, une plantureuse infirmière de quarante ans. On lui donna aussi une carte d'électeur qui lui conférait la pleine citoyenneté chinoise. Le département des archives historiques le promut à la fonction de cadre et, à partir de ce moment, il porta toujours la casquette et l'uniforme gris qu'il avait trouvé si pratique, surtout si un stylo est accroché à une de ses poches. Il y ajouta cependant une touche d'exotisme qui le faisait remarquer parmi les autres cadres : une paire de lunettes noires.

L'étape suivante dans son ascension officielle intervint le jour où il fut élu au Conseil politique du Peuple, un organisme destiné à la « reconstruction de la mère patrie ». Le gouverneur du camp de criminels de guerre de Fushun pouvait être fier de son élève qui était maintenant devenu un fonctionnaire modèle.

ÉPILOGUE

L'ÎLE ENCHANTÉE

« MAINTENANT, c'est à vous d'être notre guide », dit l'homme des services de sécurité en souriant.

Ils se trouvaient devant la Porte du Midi, au cœur de la Cité interdite. Le conservateur et les autres hommes en uniformes gris applaudirent. Quelques-uns crièrent même « Hao ! Hao !... » (« Très bien, Très bien ! ») et s'assemblèrent autour de P'ou Yi, l'épiant avec une curiosité morbide.

P'ou Yi était gêné par son masque et, à la fin, il l'enleva. Il eut un sourire à l'égard de ceux qui l'entouraient, mais, derrière ses lunettes noires, il avait un regard froid et sans expression. Il connaissait bien ces anciens généraux et hauts fonctionnaires. Il avait passé des années en leur compagnie dans le camp de Fushun. Comme lui, ils professaient une foi toute nouvelle dans le Parti communiste, mais il ne faisait aucun doute que si l'Empire, à cet instant même, eût été restauré, ils se fussent prosternés devant lui. Après sa libération, il avait espéré ne plus jamais revoir ces traîtres. Ils en savaient trop sur son compte, mais la municipalité de Pékin avait inclus ce genre de visite dans sa politique de rééducation. Quelques semaines auparavant, on les avait envoyés dans une commune populaire, au nord-ouest de Pékin. C'était une région victime de la sécheresse, où la poussière recouvrait toutes choses, et les paysans ne se gênaient pas pour faire part de leurs récriminations à l'égard des gens de la ville. Quand des rebelles (ces « vagabonds », comme on les appelait officiellement) furent signalés dans les parages de leur hôtel, les hommes en gris furent pris de panique. Ils assiégèrent le fonctionnaire qui les accompagnait, le suppliant de raccourcir leur visite et de les ramener le plus vite possible à Pékin.

La visite de la Cité interdite avait été organisée sur la demande des compagnons de P'ou Yi, qui préféraient en faire le tour accompagnés par l'ancien empereur en personne. Il marchait un peu en arrière des autres, tandis qu'ils traversaient les cours des anciens palais. De temps à autre, un détail attirait son attention et il s'arrêtait. En approchant du palais présidentiel, ce qui avait été jadis le lieu où l'on distribuait les punitions, il remarqua un fourré d'arbustes qui n'avaient pas été taillés depuis de longues années. « Est-ce que le véhicule blindé de Yuan Che-k'ai est toujours là ? » se demandait-il.

Ayant pris maintenant la tête du groupe, P'ou Yi conduisit ses hôtes au-delà de la Porte du Midi, en passant sur un pont, vers la Salle de la Suprême Harmonie, puis dans le Grand Intérieur. Devant eux se dressait un bâtiment entouré de terrasses de marbre blanc, derrière lequel s'étendait un océan de toits coiffés de tuiles jaunes, jusqu'à la porte de la Salle de la Valeur Spirituelle. Après la tempête de sable qui avait fait rage place Tien An Men, il régnait en ces lieux un étrange silence. P'ou Yi, en se promenant parmi ces différents palais, était étonné de cette tranquillité. Ces terrasses, ces cours, ces jardins qui, jadis, étaient emplis du tumulte qu'y faisaient les fonctionnaires du palais, les porteurs de palanquins, les eunuques, les concubines, les pages et les gardes, n'étaient plus qu'une scène déserte. Il conduisit le groupe de demeure en demeure. Dépouillés de leurs décorations, les murs de la salle des grandes audiences sentaient le moisi. Le moindre bruit s'y répercutait. P'ou Yi dit quelques mots à propos de chaque endroit qu'ils visitaient, mais, dans cet autre monde que ses compagnons ne pouvaient pas comprendre, il ne s'aventurait pas au-delà de simples détails.

Au palais de la Nourriture de l'Esprit, il s'arrêta dans la salle de classe désertée, où, comme Alice, il avait peu à peu creusé un puits profond, pour se retrouver dans un pays merveilleux, où les domestiques étaient des grenouilles revêtues de livrées, où la duchesse faisait battre les enfants qui éternuaient, où les soldats étaient des bourreaux, les témoins menacés, et la Reine de Cœur ordonnait les châtiments les plus durs pour la moindre des fautes. Ce monde souterrain avait tellement enflammé l'imagination de P'ou Yi qu'il l'avait peuplé de toute une armée de fourmis aux diverses couleurs. Mais que pouvait-il dire de tout cela à ces hommes en gris ?

Il les emmena dans le théâtre des eunuques, où le Vénérable Bouddha passait de si longues heures. Le théâtre de marionnettes était encore là, caché par un rideau de damas fané. P'ou Yi se souvenait du temps où il était fasciné quand ce rideau se levait sur un Polichinelle bossu, fourbe et coléreux. Après chaque séance, le montreur de marionnettes apparaissait, avec un sourire obséquieux, attendant de se faire applaudir du public. Un jour, P'ou Yi était passé derrière le rideau. C'était ce jour-là qu'il avait offert au montreur de marionnettes un gâteau fourré de limaille de fer et qu'une gouvernante prise de pitié avait dit à l'homme ce que ce gâteau contenait. P'ou Yi, en souriant, se souvint de la panique qui avait alors envahi cet homme ignoble, qui se confondait en prosternations. En voyant P'ou Yi sourire, ses compagnons le regardèrent d'un air interrogateur, mais les seuls mots qu'il put prononcer furent : « Il y avait, ici, un théâtre. » Comment leur expliquer le désir qui l'avait rongé de venger ce Polichinelle bossu qu'on utilisait pour jouer les méchants et puis qu'on jetait dans une caisse, une fois le spectacle terminé ?

Ils traversèrent la cour du palais de la Vieillesse Tranquille, qui avait été la résidence du Vénérable Bouddha. Au milieu de la cour, P'ou Yi eut un instant d'hésitation devant un puits fermé par un couvercle de fer. Il donna l'impression d'être prêt à dire quelque chose, mais continua son chèmin. Un sentier couvert d'herbes folles conduisait vers les rives du Lac du Couchant. Arrivés là, ils furent de nouveau la proie du vent et des tourbillons de poussière. P'ou Yi remit son masque. A quelque distance se trouvaient l'Ile Enchantée et son pavillon à moitié caché par les saules.

« Quel merveilleux endroit ! Est-ce là que vous vous retiriez ? » demanda un des hommes en gris à P'ou Yi.

Il ne répondit pas. D'un tel lieu, il ne pouvait rien dire. Tournant le dos à ses compagnons, il contemplait la petite île. A l'intérieur du pavillon, il y avait la Chambre Vide, ce lieu funèbre où, bien des années auparavant, son enfance s'était terminée. Une rafale de vent balaya l'île et les eaux du lac, faisant gémir les branches des saules. Le visage blafard et les épaules courbées, P'ou Yi se retourna vers ses compagnons. Aucun d'eux ne pouvait deviner que ces lunettes noires et ce masque cachaient les larmes d'un vieil homme.

Pendant sept ans, P'ou Yi mena une existence tranquille, entouré des soins de son épouse, se bornant à dire et à faire tout ce qu'on attendait d'un cadre qui suivait la ligne du Parti. Il n'avait plus d'autre rôle à jouer sur la scène du monde. Il mourut le 17 octobre 1967.

P'ou Yi fut vite oublié. Dans les livres, y compris celui qu'il a « écrit », on le voit entouré de personnages éminents. Le destin a voulu qu'il fût à jamais recouvert par l'ombre du Vénérable Bouddha. Quant à ses sujets, des millions de Chinois, ils considèrent le dernier empereur, si tant est qu'ils pensent encore à lui, comme une marionnette qui a joué son rôle dans une pièce puis a été rejetée dans les poubelles de l'histoire.

Une tout autre place fut donnée à Belle Contenance, cette Impératrice de tragédie. Quelques années après sa mort, une légende se fit autour d'elle : elle vivait encore et des paysans avaient vu sa fragile et pourtant impassible personne dans les Longues Montagnes Blanches, comme ces autres « immortels », Loup Blanc et Lotus Jaune. Les conteurs d'histoires en ont fait un personnage de leur répertoire, pas seulement en Mandchourie, mais dans cet Intérieur qu'elle aimait tant, et on parle d'elle avec affection, disant que cette belle et noble femme a pour mission de venir au secours de tous ceux qui sont emprisonnés et cruellement traités. Ces fables sont prises au sérieux par les fonctionnaires du gouvernement à qui il est inutile de rappeler que, parmi les masses paysannes, la légende se fait facilement réalité. Au printemps de 1985, alors que la Chine était en pleine « modernisation », les autorités de Pékin se sentirent obligées de publier un édit dénonçant l'esprit « Robin des Bois » qui prévaut encore dans les campagnes entourant la capitale.

Contrairement à l'Empereur, Belle Contenance vit encore. On ne meurt que lorsqu'on est oublié...

RÉFÉRENCES BIBLIOGRAPHIQUES

Bland, J.O.P. and Backhouse, E. *China under the Empress Dowager*. London, 1911.

Annals and Memoirs of the Court of Peking. London, 1914.

Chesneaux, Jean. *Peasant Revolts in China 1840-1949*. London, 1973.

Creel, H. G. *Chinese Thought from Confucius to Mao Tsetung*. Chicago, Ill., 1953.

Dmitriev-Mamonov, A. dand Zdziarski (eds). *Guide to the Great Siberian Railway*. (David & Charles Reprints). Newton Abbot, 1971.

Fleming, Peter. *One's Company*. London, 1934.

Gale, Esson. *Salt for the Dragon*. Michigan, Ind., 1953.

Haldane, Charlotte. *The Last Great Empress of China*. London, 1965.

Hummel, A. W. (ed.). *Eminent Chinese of the Ching Period*. Washington, DC, 2 vols, 1943.

Johnston, Reginald F. *Twilight in the Forbidden City*. London, 1934.

McAleavy, Henry. *A dream of Tartary*. London, 1963.

The Peking and Tientsin Times, 1925-1940.

Pu Yi, Aisin-Gioro. *From Emperor to Citizen : The Autobiography of Aisin-Gioro Pu Yi*. Peking, 2 vols, 1964.

Riencourt, Amaury de, *The Soul of China*. London, 1959.

Trevor-Roper, Hugh. *A Hidden Life : The Enigma of Sir Edmund Backhouse*. London, 1976.

Varè, Daniele, *Laughing Diplomat*. London, 1968.

Woodhead, H.G.W. *A Journalist in China*. London, 1934.

TABLE

BRIAN POWER

LA VIE DE P'OU YI
LE DERNIER EMPEREUR DE CHINE

Ce récit vous fera découvrir la vie de P'ou Yi, qui fut le dernier empereur de la Chine impérialiste. Vous pénétrerez dans la Cité Interdite construite par Yong Lô, troisième empereur de la dynastie des Ming en 1420.

Vous ferez connaissance avec les femmes et concubines de P'ou Yi, encadrées par leurs eunuques.

Enfin vous assisterez à la fin de la vie de ce grand petit homme, envoyé dans les camps de travail par les ennemis de la révolution culturelle.

*Achevé d'imprimer en mai 1988
sur les presses de l'Imprimerie Bussière
à Saint-Amand (Cher)*

PRESSES POCKET - 8, rue Garancière - 75285 Paris
Tél. : 46-34-12-80

— N° d'édit. 4007. — N° d'imp. 3887. —
Dépôt légal : mai 1988.
Imprimé en France